STEFAN BREUER

BÜROKRATIE UND CHARISMA

STEFAN BREUER

BÜROKRATIE UND CHARISMA

Zur politischen Soziologie Max Webers

WISSENSCHAFTLICHE BUCHGESELLSCHAFT
DARMSTADT

Einbandgestaltung: Neil McBeath, Stuttgart.
Einbandbild: Max Weber, 1919
(Foto: Geiges, Staufen)

Die Deutsche Bibliothek – CIP-Einheitsaufnahme

Breuer, Stefan:
Bürokratie und Charisma: zur politischen
Soziologie Max Webers / Stefan Breuer. –
Darmstadt: Wiss. Buchges., 1994
ISBN 3-534-12336-0

Bestellnummer 12336-0

© 1994 by Wissenschaftliche Buchgesellschaft, Darmstadt
Gedruckt auf säurefreiem und alterungsbeständigem Werkdruckpapier
Satz: Setzerei Gutowski, Weiterstadt
Druck und Einband: Wissenschaftliche Buchgesellschaft, Darmstadt
Printed in Germany
Schrift: Linotype Times, 9.5/11

ISBN 3-534-12336-0

INHALT

EINLEITUNG

Wenn in der politischen Soziologie auf Max Weber die Rede kommt, so gilt das Interesse in erster Linie dem Theoretiker der Bürokratisierung. Dessen Leistung wird anerkannt, jedoch zugleich relativiert: Sie sei Ausdruck einer spezifischen Form der Modernisierung „unter der Vorherrschaft eines ausgeprägten, militärisch ausgerichteten bürokratischen Apparates" (Wagner 1990, 169), ein Echo des preußisch-deutschen Machtstaates (Giddens 1986, 30), und eben deshalb nicht verallgemeinerbar. Webers Instrumentarium, so der Tenor, eigne sich nur zur Analyse determinierter Sozialsysteme, nicht aber zum Verständnis umweltoffener, umweltempfindlicher, Eindrücke verarbeitender und kompensierender Leistungseinheiten, zu denen sich gerade auch die modernen Bürokratien entwickelt hätten (Luhmann 1983, 101). Mit ihrer Prognose einer zunehmenden Schematisierung und Uniformierung des gesellschaftlichen Lebens sei Webers Theorie an eine überholte geschichtliche Phase gebunden und gehöre daher ins „Museum der Soziologiegeschichte" (Haferkamp 1989, 489).

Wir wollen uns nicht lange mit diesen Einwänden aufhalten, denn sie sind triftig. Webers Bürokratiekonzeption ist in der Tat für die multizentrischen und 'heterarchischen' Gesellschaften der Gegenwart nur von begrenztem Nutzen. Gleichwohl ist seine politische Soziologie damit nicht erledigt. Sie ist es erstens nicht, weil sie immerhin für die historische Phase der Formierung rationaler Bürokratien ihre Gültigkeit bewahrt, was auch von den Kritikern nicht bestritten wird; und zweitens nicht, weil sie eine Reihe von Kategorien bereitstellt, um die historisch-spezifische Ausprägung von Entwicklungspfaden in die Moderne herauszuarbeiten – ein Zug, der sie von den heute tonangebenden Formen der Systemtheorie mit ihren insgesamt doch sehr abstrakt-allgemeinen Kategorien vorteilhaft abhebt.

Weber hat die politischen Aspekte des Modernisierungsprozesses keineswegs nur unter dem Vorzeichen einer gleichsam entwicklungsautomatisch verlaufenden Bürokratisierung konzipiert. Er hat vielmehr seine Aufmerksamkeit ganz auf das Fortwirken religiöser Traditionen, auf die Intervention von Intellektuellenschichten, auf das Eigengewicht symbolischer Praktiken und nicht zuletzt auf das aktive

Eingreifen der Beherrschten gerichtet, was in der Literatur viel zu selten gewürdigt wird. Da diese Welt heute wohl technisch, nicht aber sozial und kulturell zu einer Weltgesellschaft zusammenwächst, kann eine Soziologie, die der Eigenständigkeit des Kulturellen so hohe Bedeutung beimißt, auch weiterhin mit großem Interesse rechnen.

Eine zentrale Rolle kommt dabei dem Begriff des Charismas zu. Obwohl Weber langfristig gesehen von der abnehmenden Bedeutung des Charismas ausging, war er doch davon überzeugt, daß die entscheidenden Weichenstellungen für die politische Rationalisierung durch charismatische Einbrüche erfolgten – und zwar nicht so sehr in dem üblicherweise damit verbundenen Sinne der Stifterleistungen großer Kulturheroen, als vielmehr in dem umfassenderen Sinne eines Auftretens nichtalltäglicher sozialer und politischer Kräfte, das seinerseits durch die Struktur des Verbandes und die Rationalisierung der Verbandsbeziehungen bestimmt ist. Je nachdem, in welcher Gestalt das Charisma auftritt – ob in genuiner, rein individueller Form, ob im Personalcharismatismus einer Sekte oder sozialer Bewegungen, ob versachlicht und entpersönlicht zu einem 'Charisma der Vernunft' –, nimmt die Modernisierung eine je spezifische, unverwechselbare Färbung an. Die demokratische Revolution in Amerika, die ohne die puritanische Tradition nicht zu denken ist, führte zu völlig anderen politischen Institutionen als die Revolution in Frankreich, die den bürokratischen Anstaltsstaat der Moderne begründete – jenes von Weber verallgemeinerte, heute eher als auslaufend angesehene Modell. Die Versachlichung und Entpersönlichung des Charismas zu einem Charisma der Vernunft ermöglichte Frankreich die Herausbildung eines relativ rationalen Nationsbegriffs, während etwa in Deutschland der Nationsgedanke stark im Banne des religiösen Charismas blieb. Kurzum: Weber hat Modernisierung nicht einfach als Rationalisierung verstanden, sondern statt dessen eine ständige Wechselwirkung von Rationalität und Charisma angenommen, die noch der Aufbereitung harrt.

Um diese Wechselwirkung – das Wort Dialektik wäre zu hoch gegriffen – soll es in diesem Buch gehen. Es enthält eine Reihe von Studien, die in sich selbständig sind, gleichwohl in engem thematischem Zusammenhang stehen. Den Auftakt macht eine Skizze von Webers geplanter, aber nicht mehr zur Niederschrift gelangter 'Staatssoziologie', in der es um Begriff und Formen des Staates sowie um das Verhältnis von Herrschern und Beherrschten, Macht und Gegenmacht geht. Das Kapitel über die Rationalisierung des Staates schildert den Prozeß der Monopolisierung und Bürokratisierung des Politischen im frühneuzeitlichen Okzident und arbeitet die Schlüsselstellung heraus, die der französischen Revolution für die Herausbildung des rationalen Staates zukommt. Die Revolution wiederum, das ist die These des folgenden Kapitels, erhielt ihre eigentliche Dynamik durch das Charisma der Vernunft, das eine radikale Rationalisierung der politischen, administrativen und rechtlichen Institutionen ermöglichte und ihr doch zugleich auf lange Sicht entgegenstand. Diese Paradoxie wird am Beispiel einer anderen Revolution, der russischen, näher erläutert. Das Kapitel über das Charisma der Nation wendet sich zunächst wieder Frankreich zu und geht den Beziehungen zwischen dem Charisma der Vernunft und dem modernen Nationsbegriff nach; es untersucht sodann die andersartige Entwicklung des Nationalismus in Deutschland und beleuchtet Webers Stellung hierzu. Unter dem Titel 'Das Charisma des Führers' geht es um den Versuch einer Wiederverzauberung der Welt im Zeichen des genuinen Charismas, wie er in Deutschland zu Lebzeiten Webers durch den George-Kreis unternommen wurde. Daran schließt eine Erörterung der vieldiskutierten Frage nach der Rolle des charismatischen Führers in Webers politischer Soziologie an. „Die vier reinen Typen der Demokratie" unternimmt einen Versuch zur Systematisierung der gewonnenen Erkenntnisse. Den Abschluß bilden einige Überlegungen über das Verhältnis von Bürokratie und Charisma heute sowie zwei Corollarien über den Beitrag der Kirche zur politischen Rationalisierung und über den Begriff des Cäsarismus.

Für die Genehmigung, andernorts publizierte Texte in den vorliegenden Band aufnehmen zu dürfen, danke ich der Kölner Zeitschrift für Soziologie (Max Webers Staatssoziologie, 1993), dem Journal of Historical Sociology (Soviet Communism and Weberian Sociology, 1992) und den Herausgebern des Bandes ›Charisma, Theorie – Religion – Politik‹ (Berlin: De Gruyter 1993), Michael N. Ebertz, Winfried Gebhardt, Arnold Zingerle (Das Charisma der Vernunft).

Für Rat und Hilfe bin ich Hubert Treiber verpflichtet.

MAX WEBERS STAATSSOZIOLOGIE

Unter den verschiedenen Vorhaben, die sich aus Max Webers Mitarbeit am ›Grundriß der Sozialökonomik‹ ergaben, war auch eine Staatssoziologie. 1913 kündigte er seinem Verleger eine „vollständige soziologische Staatslehre im Grundriß" an (Winckelmann 1986, 30), die Neufassung seines Beitrags enthält Vorausverweise auf eine „Staatssoziologie" (WG 168), und die letzte Vorlesung im Sommersemester 1920 trug den Titel „Allgemeine Staatslehre und Politik (Staatssoziologie)" (MWG I/17, 21). Während jedoch für die anderen Teilsoziologien umfassende Vorarbeiten vorliegen, findet sich zu diesem Thema nichts, jedenfalls nicht unter dem avisierten Titel. Der entsprechende Abschnitt 8 im Zweiten Teil der 5. Auflage von ›Wirtschaft und Gesellschaft‹ ist von Johannes Winckelmann aus verschiedenen anderen Schriften Webers zusammengestellt worden. Da weder anzunehmen ist, daß Weber seinen Verleger falsch informiert hat, noch, daß die geplante Staatssoziologie verlorengegangen ist, bleibt zu prüfen, was Weber meinte, als er schrieb, er habe eine „umfassende soziologische Staats- und Herrschafts-Lehre" entwickelt, für welche es bisher kein Vorbild gebe (Brief vom 30. 12. 1913, zit. n. Winckelmann 1986, 36). Meine These ist: in der Erstfassung seines Grundrißbeitrags hat Weber noch keinen klaren Staatsbegriff, sondern schwankt zwischen einer an Tönnies und einer an Jellinek orientierten Konzeption, was ihn dazu führt, die Staatssoziologie noch weitgehend in der Herrschaftssoziologie aufgehen zu lassen. Erst in der Zweitfassung gelangt er zu einer klareren Auffassung, die ihn veranlaßt, die Staatssoziologie stärker von der Herrschaftssoziologie abzugrenzen.

I.

Wenn man Webers Gedankengänge aus der unmittelbaren Vorkriegszeit angemessen erfassen will, so empfiehlt es sich, nicht sogleich mit den materialen soziologischen Texten zu beginnen. Statt dessen sollte man erst einen Blick auf die Gesamtanlage werfen, wie sie aus dem wohl ursprünglich für den ›Grundriß‹ geschriebenen, dann aber 1913 separat publizierten Aufsatz ›Über einige Kategorien der verstehenden Soziologie‹ hervorgeht. In diesem Text kommt Weber zwar nur beiläufig auf den Staat zu sprechen, doch ist es interessant zu sehen, daß er dies ausgerechnet an der Stelle tut, an der er die Eigenart der soziologischen Betrachtungsweise von der juristischen abzugrenzen versucht. Während die Jurisprudenz den Staat als eine Rechtspersönlichkeit behandle und damit mit einem Einzelmenschen gleichsetze, komme es für die Soziologie primär darauf an, solche Fiktionen aufzulösen. Auch hinter dem Wort 'Staat' stehe nur ein Ablauf von menschlichem Handeln besonderer Art. Die juristischen Verfahrensweisen verlören damit nicht ihr Recht. Aufgabe des Soziologen aber sei es, Kategorien wie Staat, Feudalismus oder Genossenschaft auf verständliches Handeln, und das heißt: auf individuelles Handeln, zu reduzieren (GAWL 439).

Um dieses Handeln zu erfassen, schlägt Weber eine einfache Typologie vor. Als Oberbegriff fungiert das 'Gemeinschaftshandeln', welches das primäre Objekt einer verstehenden Soziologie sei; von ihm sei stets da zu sprechen, wo menschliches Handeln subjektiv sinnhaft auf das Verhalten anderer Menschen bezogen werde. Sei ein solches Handeln durch eine bestimmte Ordnung strukturiert wie z. B. in einer Sprachgemeinschaft, liege 'Einverständnishandeln' vor. Sei die Ordnung für eine Gruppe von einverständnismäßig Handelnden wirksam und werde diese Wirksamkeit durch die Bereitschaft zum Einsatz von Zwang garantiert, habe man es mit einem Verband zu tun.

Je mehr nun die Ordnungen durch 'Rationalität' bestimmt würden (und zwar sowohl im Hinblick auf die Struktur der Satzung als auch im Hinblick auf die subjektive Orientierung der Handelnden), desto mehr verschiebe sich die Achse in Richtung auf einen Extrempol. Aus dem Einverständnishandeln wird 'Gesellschaftshandeln' bzw. 'Vergesellschaftung', aus dem Verband der 'Zweckverein' oder die 'Anstalt', wobei die beiden letzteren unterschieden sind durch die Freiwilligkeit oder Unfreiwilligkeit der Mitgliedschaft. Die Rationalisierung der Ordnungen macht die politischen Gemeinschaften zum Staat, die religiösen zur Kirche. Dies ist nach Weber das hervorstechendste Merkmal der historischen Entwicklung: Zwar sei, soweit man sehen könne, nicht eindeutig ein Ersatz von Einverständnishandeln durch Vergesellschaftung erkennbar, „wohl aber eine immer weitergreifende zweckrationale Ordnung des Einverständnishandelns durch Satzung und insbesondere eine immer weitere Umwandlung von Verbänden in zweckrational geordnete Anstalten zu konstatieren" (GAWL 471).

Bezieht man diese hier stark vereinfachten Kategorien auf die soziologische Diskussion der damaligen Zeit, so fällt ihre Nähe zu einem Autor auf, dessen Einfluß auf Weber notorisch unterschätzt zu werden pflegt – Ferdinand Tönnies. Gewiß gibt es gute Gründe, Tönnies und Weber nicht ohne weiteres in einem Atemzug zu nennen. Weber löst die von Tönnies geprägten Begriffe Gemeinschaft und Gesellschaft handlungstheoretisch auf und spricht von Gemeinschaftshandeln und Gesellschaftshandeln. Er behauptet nicht einfach eine Ersetzung des ersteren durch das letztere, sondern behält den Begriff des Gemeinschaftshandelns als Oberbegriff auch für das vergesellschaftete Handeln bei. Außerdem kennt er nicht nur eine Entwicklung von der Vergemeinschaftung zur Vergesellschaftung, sondern betont, fast jede Vergesellschaftung pflege eine über den Umkreis ihrer rationalen Zwecke hinausgreifende Einverständnisgemeinschaft zu stiften – von anderen, in der Literatur zu Recht hervorgehobenen Unterschieden einmal ganz abgesehen (König 1987, 144 ff.; Bickel 1991, 147 f.).

Dies alles aber ändert nichts daran, daß Webers Konzeption vor 1914 in vielen Punkten auf Tönnies aufbaut und überall den Grundriß von ›Gemeinschaft und Gesellschaft‹, diesem „dauernd wichtigen Werk", durchscheinen läßt[1].

Es war Tönnies, der zuerst zwischen zwei grundlegend verschiedenen Formen des menschlichen Zusammenlebens unterschieden hatte, von welchen die eine auf Einverständnis und Eintracht beruhen und durch Sitte und Religion ausgebildet und veredelt werden sollte, während die andere durch Konvention, Satzung und Gesetzgebung bestimmt sei. Es war Tönnies, der von einem zunehmenden Eingreifen gesatzter, durch den Staat garantierter Ordnungen gesprochen hatte, die anstelle von Überlieferung, Glaube und Herkommen träten und aus der historisch gewachsenen Gemeinschaft ein Artefakt, ein bewußt geplantes menschliches Aggregat machten – die Gesellschaft.

---

[1] GAWL 427. Weber und Tönnies kannten sich seit den 90er Jahren aus dem Verein für Sozialpolitik, wo sie zusammen mit Sombart, Schulze-Gävernitz u. a. zur jüngeren, reformorientierten Generation gehörten. Auch später kam es immer wieder zu längeren Begegnungen: so auf der Amerikareise 1904, während des Internationalen Philosophenkongresses in Heidelberg 1908, als Tönnies im Hause Webers wohnte, auf den Tagungen der Soziologischen Gesellschaft und auf Burg Lauenstein im September 1917 (Marianne Weber 1950, 434, 465, 642). 1906 hat Weber sogar versucht, Tönnies als seinen Nachfolger für die Redaktion des 'Archivs' ins Gespräch zu bringen (MWG II/5, 196). Wie groß dessen Einfluß zu dieser Zeit war, ist sowohl aus Webers Aufsatz über Kirchen und Sekten in Nordamerika als auch der Diskussion auf dem Ersten Deutschen Soziologentag abzulesen (Weber 1906, 394; GASS 463, 467).

Und es war Tönnies, der schließlich für diese Entwicklung den in ›Gemeinschaft und Gesellschaft‹ noch nicht explizit formulierten, gleichwohl implizit enthaltenen Begriff gefunden hatte, der zur Leitidee von Webers entwicklungsgeschichtlichen Konzeptionen werden sollte – den Begriff der Rationalisierung. „Der gesellschaftliche Prozeß", heißt es in dem 1894 erschienenen Aufsatz ›Historismus und Rationalismus‹, „ist seinem Wesen nach eine Rationalisierung, und der Wissenschaft innerlich verwandt. Er erhebt die rationalen, rechnenden Individuen, die sich der wissenschaftlichen Kenntnisse und ihrer Träger wie anderer Mittel und Werkzeuge bedienen"[2].

Aus der Sicht von Tönnies ist der Staat eine Einrichtung, die nur auf dem Boden der Gesellschaft und der für sie typischen Rationalisierung möglich ist. Zwar kennen auch die gemeinschaftlichen Lebensarten und Ordnungen Strukturformen wie Herrschaft und Recht, doch gehen diese aus dem 'Wesenwillen' hervor, jener Willensart, bei der das Denken vorgeordneten, konkret-natürlichen, obschon keineswegs statischen Gegebenheiten untergeordnet ist: die Herrschaft gestaltet sich nach dem Urbild der patriarchalisch-häuslichen Autorität, das Recht bleibt Gewohnheitsrecht, ein Derivat der Sitte, welche nicht disponibel ist. Das Staatstum indes, das Konkurrenz und wechselseitige Feindseligkeit der Individuen impliziert, ist der gemeinschaftlichen Ordnung entgegen. Seine geschichtliche Stunde schlägt erst, wenn sich das Band der Gemeinschaft gelockert hat und die Individuen nicht mehr zu binden vermag – eine Entwicklung, zu der es nach Tönnies zweimal im Laufe der Geschichte gekommen ist: im Römischen Reich und am Ende des christlichen Mittelalters (GG 243, 212 f., 255).

Dieser Verfall der Gemeinschaft entbindet die zweite Hauptform des Willens, den 'Kürwillen', in dem sich das Denken absolut gesetzt hat. Die von ihm erzeugten Formen sind nicht mehr organisch, wie die Formen des Wesenwillens. Es sind vielmehr „Systeme von Gedanken, nämlich Absichten, Zwecken und Mitteln, welche ein Mensch als seinen *Apparat* im Kopfe trägt, um damit die Wirklichkeiten aufzufassen und anzufassen" (GG 111). Die von ihnen abgeleiteten sozialen Aggregate verhalten sich zu denen des Wesenwillens „wie ein künstliches Gerät oder eine Maschine, welche zu bestimmten *Zwecken* angefertigt werden, zu den Organsystemen und einzelnen Organen

---

[2] Tönnies 1925, 111. Von Rationalisierung spricht Tönnies schon 1891 in seiner Besprechung von Simmels Schrift ›Über soziale Differenzierung‹, doch wird der Begriff hier nur beiläufig verwendet (Tönnies 1929, 421).

eines tierischen Leibes sich verhält" (GG 125). Die einzige Verbindung, die zwischen diesen kalkulierenden und je ihre eigenen Zwecke verfolgenden Individuen übrigbleibt, ist der Kontrakt. Dieser wird zur Basis der Gesellschaft, „und der Kürwille der Gesellschaft, durch ihr Interesse bestimmt, erscheint mehr und mehr, teils an und für sich, teils als vollstreckender Staatswille, als der alleinige Urheber, Erhalter und Beweger der *Rechtsordnung*, welche mithin die Gesellschaft von Grund aus verändern zu können und zu dürfen gedacht wird, nach ihrem Mögen und Belieben, das aber um ihrer selbst willen ein nützliches oder zweckmäßiges sein wird" (GG 244). A. Mitzman hat daher recht, wenn er die logische und historische Abhängigkeit des Tönniesschen Staatsbegriffs von der Gesellschaft herausstellt und konstatiert: "For Tönnies, there was no other state"[3].

Max Weber hat diese Konzeption, wie bereits bemerkt, nicht zur Gänze übernommen; insbesondere hat er, neben den erwähnten Unterschieden, die von Tönnies behauptete Analogie von Gemeinschaft und Organismus zurückgewiesen (GAWL 454). Was jedoch die Einschätzung der Gesellschaft und der für sie charakteristischen Rationalität betrifft, so sind die Parallelen schon erstaunlich. Wie Tönnies sieht Weber die moderne Zivilisation vor allem dadurch bestimmt, daß in ihr fast alles Verbandshandeln mindestens partiell durch rationale Ordnungen geprägt ist. Wie Tönnies hebt er als zentrales Merkmal des Zivilisierten den Glauben hervor, die wichtigsten Einrichtungen des sozialen Lebens seien „*prinzipiell* rationalen Wesens, d. h. der rationalen Kenntnis, Schaffung und Kontrolle zugängliche menschliche Artefakte", deren Funktionsmodus sich rational kalkulieren lasse. Und wie Tönnies lokalisiert er die Hauptmerkmale dieser Rationalität in der Kombination von gewillkürter Setzung/Neuschöpfung und Systematik (GAWL 465 ff.). Daß Tönnies' Werk keinen größeren Einfluß auf ihn gehabt hätte, läßt sich also kaum behaupten.

---

[3] Mitzman 1987, 82. In einem späteren Text hat Tönnies diese Einschätzung selbst bestätigt. Der Staat, heißt es dort, müsse zweifach begriffen werden, „als *Gemeinwesen* im Typus Gemeinschaft, als (eigentlicher, moderner) Staat im Typus *Gesellschaft*" (1929, 84; 1965, 33). Theoriegeschichtlich dürfte diese Dichotomisierung auf Lewis H. Morgan zurückgehen, der in seiner ›Ancient Society‹ (1877) zwischen der auf rein persönlichen Beziehungen gegründeten societas und der auf Landgebiet und Privateigentum beruhenden politischen Gesellschaft (civitas) unterschieden und die Institution des Staates allein der letzteren zugeordnet hatte. Tönnies hat im Vorwort zur 2. Auflage seines Hauptwerkes den tiefen Eindruck unterstrichen, den Morgans Buch auf ihn gemacht habe (GG, XXXV).

Der Sache näher kommt der Vorschlag von Wilhelm Hennis, das Werk
Webers als eine Radikalisierung und Universalisierung von Tönnies'
Sicht zu interpretieren (Hennis 1987, 108).

Es spricht viel dafür, auch die Staatsauffassung Webers vor 1914 in
diesem Licht zu sehen. Wiewohl der Kategorienaufsatz hierzu nur
wenig enthält, zeigt doch die Akzentuierung des Anstaltsbegriffs, daß
Weber wie Tönnies das Hauptmerkmal des Staates in der Existenz
einer rational gesatzten Ordnung sah. Der Anstaltsbegriff in dem ihm
von Weber verliehenen Sinne erschöpft sich zwar nicht in diesem
Merkmal[4]. Er enthält auch das Moment des Zwangs, der den einzelnen notfalls zur Beteiligung am Gemeinschaftshandeln verpflichtet. Die Qualität dieses Zwangs aber ergibt sich nicht aus dem
Anstaltsbegriff, sondern aus der besonderen Struktur der Gemeinschaft, die durch das Anstaltshandeln rational geordnet wird: physischer Zwang im Falle der politischen, psychischer Zwang in dem der
religiösen Gemeinschaft. Daraus folgt, daß das spezifische Merkmal,
das einer Gemeinschaft bzw. einem Verband durch die anstaltliche
Ordnung hinzugefügt wird, die rationale Satzung ist: die Rationalisierung einer schon zuvor einverständnismäßig wirksamen Ordnung, die
ihre empirische Geltung durch Zwangsbereitschaft sichert. Webers

---

[4] Die Wurzeln des Weberschen Anstaltsbegriffs sind heute nicht mehr leicht
auszumachen. Man geht aber wohl nicht fehl, wenn man sie nicht bei Otto
Mayer sucht, der in seinem ›Deutschen Verwaltungsrecht‹ (1895/96) die bis
heute h. M. begründete, wonach darunter ein Bestand von Mitteln zu verstehen sei, „welche in der Hand eines Trägers öffentlicher Verwaltung einem
besonderen öffentlichen Zwecke dauernd zu dienen bestimmt sind" (Mayer
1969, II, 268), sondern bei Otto Gierke, bei dem Weber deutsche Rechtsge-
schichte studiert hat. Gierke, welcher seinerseits an Puchta und Stahl an-
knüpfte, lokalisierte den Ursprung des Anstaltsbegriffs im kanonischen
Recht, das die Kirche als sichtbare Verkörperung eines den Verbundenen tran-
szendenten Willens gefaßt habe, einer unsichtbaren Einheit, „deren Lebens-
quelle außerhalb der durch sie verbundenen Vielheit lag" (Gierke 1873, 961).
Diese Lehre sei dann vom frühmodernen Obrigkeitsstaat übernommen
worden und habe sowohl die Loslösung von der Individualpersönlichkeit des
Landesherrn als auch vom lebendigen Willen der Gesamtheit gefördert. Auch
Weber hat den Anstaltsbegriff zunächst hauptsächlich auf die Kirche bezogen
und wie Gierke die transzendente Stiftung (Amtscharisma) und die Zwangszu-
gehörigkeit betont (GARS I, 152 f.; 1906, 389 f.). Nach der Übertragung auf
den politischen Verband schiebt sich das Merkmal der rationalen Satzung in
den Vordergrund, was freilich Gierke ebenfalls schon gesehen hat. Siehe dazu
seine Bemerkungen über die Kirche als „Lehrmeisterin der Völker im
Abstrakten, Systematischen, Principiellen" (1873, 554).

Bestimmung des Staates als der Anstaltsform der politischen Gemeinschaft meint deshalb im Prinzip dasselbe wie Tönnies, für den der
Staat das Subjekt der Politik ist, die „der Mensch mit seiner ganzen
Berechnung (setzt)" (GG 251). Es liegt nahe zu vermuten, Weber
könnte auch die entwicklungsgeschichtliche Sicht von Tönnies geteilt
haben, derzufolge der Staat eine relativ späte Erscheinungsform ist,
die eine maximale Freisetzung des Kürwillens zur Bedingung hat.
Dies wäre jedenfalls eine Erklärung dafür, weshalb der Grundrißplan
von 1914 noch keine eigenständige Staatssoziologie kennt und nur
einen Abschnitt über den modernen Staat ausweist (Winckelmann
1986, 169).

II.

In der Erstfassung von Webers Grundrißbeitrag ist der überragende
Einfluß von Tönnies noch gut zu erkennen. Während die Zweitfassung, wie den verschiedenen Hinweisen im Text zu entnehmen ist
(WG 43, 58, 65, 73, 75), die Typen der Vergemeinschaftung erst im Anschluß an Kapitel III (Die Typen der Herrschaft) und IV (Stände und
Klassen) behandelt hätte, setzt das ältere Manuskript nach einlei-
tenden Kapiteln über Wirtschaft und Recht sowie über die wirtschaftlichen Beziehungen der Gemeinschaften mit einer Erörterung der
„allgemeinen Struktur*formen* menschlicher Gemeinschaften" ein
(WG 212). Die Reihenfolge ist vergleichbar mit den von Tönnies angebotenen Kategorien Haus bzw. Verwandtschaft – Dorf/Nachbar-
schaft – Stadt/Freundschaft, nämlich: Haus-, Sippen-, Nachbar-
schafts- und politische Gemeinschaft, an welche dann die ethnischen
und religiösen Gemeinschaftsbeziehungen anschließen; und vergleichbar ist auch die einleitend aufgezeigte entwicklungsgeschichtliche Perspektive, nach der die Anfänge des Gemeinschaftshandelns
als trieb- und instinktbedingte Einübung eines milieuangepaßten Ver-
haltens betrachtet werden sollen, „welches zunächst jedenfalls nicht
durch eine gesatzte Ordnung bedingt war und auch nicht durch eine
solche verändert wurde". Das zunehmende Eingreifen gesatzter Ordnungen sei vielmehr, wie es in paralleler Formulierung zum Kategorienaufsatz heißt, „nur ein besonders charakteristischer Bestandteil
jenes Rationalisierungs- und Vergesellschaftungsprozesses, dessen
fortschreitendes Umsichgreifen in allem Gemeinschaftshandeln wir
auf allen Gebieten als *wesentlichste Triebkraft* der Entwicklung zu
verfolgen haben werden" (WG 196, H. v. m., S. B.).
Dieser Leitidee entspricht ein weiterer wichtiger Unterschied zwi-

schen der ersten und der zweiten Fassung des Grundrißbeitrags. Während in der letzteren die Herrschaftssoziologie vor der Rechtssoziologie steht und damit eine Perspektive begünstigt, in der Recht vor allem als Artikulationsmedium von Herrschaft erscheint, plaziert das ältere Manuskript die Rechtssoziologie vor der Herrschaftssoziologie, was sich sowohl aus zahlreichen Textverweisen als auch aus dem Plan von 1914 ergibt (Weber 1960, 18; Winckelmann 1986, 168 f.). Damit zielt Weber gewiß nicht auf eine Auflösung der herrschaftlichen und staatlichen Gebilde in Recht, wie man sie in manchen zeitgenössischen juristischen Konzeptionen beobachten kann. Das Recht wird vielmehr als eine Strukturform des empirischen Gemeinschaftshandelns gedacht, und zwar als eine solche, die im Unterschied zu Brauch, Sitte und Konvention zu ihrer Geltung stets einen Zwangsapparat voraussetzt. Entscheidend aber ist, daß im älteren Manuskript die Rationalisierung des Rechts als „wesentlichste Triebkraft" für die Transformation der politischen Gemeinschaft in einen Staat gedacht wird. Wohingegen in der zweiten Fassung genau umgekehrt der Staat zur Voraussetzung der Rationalisierung des Rechts avanciert. Das ist genauer zu begründen.

Man kann den verwickelten Gedankengang der Rechtssoziologie am leichtesten aufdröseln, wenn man vom Ende her beginnt: dem modernen rationalen Recht. Dieses ist durch zwei Merkmale bestimmt. Es ist, erstens, gewillkürtes, gesatztes Recht, das im Prinzip beliebig und jederzeit änderbar ist – positives Recht in der Terminologie Luhmanns. Und es ist, zweitens, ein geordnetes, systematisiertes, logisch geschlossenes Recht, das neue Bestimmungen nur insoweit in sich aufnimmt, als sie mit dem gegebenen Normenbestand kompatibel sind. Auf eine einfache Formel gebracht: Das rationale Recht ist Voluntarismus, aber mit System.

Die Rechtssoziologie kann als Genealogie dieser beiden Komponenten gelesen werden. Die Entwicklungsgeschichte des Satzungsprinzips beginnt bereits in primitiven und archaischen Rechtsgemeinschaften, in denen der Gedanke, man könne Normen absichtsvoll schaffen, noch vollständig fehlt. Wegen der Prädominanz urwüchsiger, durch Magie und Tradition geprägter Einverständnisgemeinschaften kann neues Recht ausschließlich auf dem Wege der charismatischen Rechtsoffenbarung oktroyiert werden – ein Modus, der nichtsdestoweniger ein dynamisches, revolutionierendes Element in die Welt der Tradition hineinträgt und deshalb als „die Mutter aller 'Satzung' von Recht" anzusehen ist (WG 446).

Auf diese charismatische Epoche der Rechtsfindung und Rechtsschöpfung folgt, begünstigt durch kriegerische Auseinandersetzungen zwischen den Gemeinwesen, die Satzung qua Imperium, d. h. der Oktroyierungsmacht des Kriegsfürsten und später der patrimonialfürstlichen Gewalten, deren Entwicklung vor allem das Kapitel 6 über 'Amtsrecht und patrimonialfürstliche Satzung' gewidmet ist. Weber zufolge agiert das Imperium nicht nur in arbiträrer Weise; es fördert vielmehr die Rationalisierung, indem es Ordnung, Einheit und Geschlossenheit des politischen Verbandes erzwingt. Dennoch bleibt diese Rationalisierung eine höchst spezifische, nämlich materiale Rationalisierung, die nur eine begrenzte Entfaltung der Eigengesetzlichkeiten des Sinnsystems Recht gestattet. Wo immer das politische oder hierokratische Imperium allein wirkte, „ist die Säkularisation des Rechts und die Herausdifferenzierung eines streng formal juristischen Denkens entweder in den Anfängen steckengeblieben, oder es ist ihr geradezu entgegengewirkt worden" (WG 468). In der Sprache von Tönnies ausgedrückt: Rationales Recht kann nicht aus den Äußerungen des Wesenwillens entspringen, es bedarf einer Freisetzung des Kürwillens. Diese aber setzt voraus, was das Imperium unter keinen Umständen zulassen kann: „die aktuelle Emanzipation der Individuen von allen Banden der Familie, des Landes und der Stadt, des Aberglaubens und Glaubens, der angeerbten überlieferten Formen, der Gewohnheit und Pflicht" (GG 212).

Genau diese Voraussetzungen benennt auch Weber in seiner Genealogie der zweiten Komponente. Rationalität im Sinne von Berechenbarkeit und systematischer Geschlossenheit kann es nur da geben, wo es garantierte subjektive Rechte gibt, die der patriarchal-patrimonialen Willkür entzogen sind. Dafür aber bedarf es bestimmter Adressaten und Interessenten, wie sie wiederum nur unter besonderen sozialen und wirtschaftlichen Bedingungen zu erwarten sind. Um subjektive Rechte gegenüber dem Imperium wahrnehmen zu können, müssen die Individuen frei sein. Sie müssen sich herausgelöst haben aus jenen „stets auf universelle Qualitäten des sozialen Status der Person, ihrer Eingeordnetheit in einen die ganze Persönlichkeit umfassenden Verband, abzielenden Verbrüderungs- oder anderen Statuskontrakten" und sich statt dessen primär über Geldkontrakte aufeinander beziehen – jenen Kontrakttypus also, der sich wegen seines qualitätsfremden, abstrakten und anethischen Charakters so vorzüglich als Mittel der Rechtsprofanierung eignet. Sie müssen die „Epoche der Rechtspersonalität" hinter sich gelassen und einen neuen Zustand erreicht haben, in dem nicht mehr ständische, d. h. durch Geburt, Lebensführung oder Verbandszugehörigkeit bestimmte Qualitäten

dominieren, sondern formal gleiche Rechte und Möglichkeiten: ein
Zustand, wie er sich nach Weber von einer gewissen Stufe der Markterweiterung an ergibt, welche alle partikularen, meist auf ökonomischen Monopolen ruhenden ständischen Zwangsgebilde zersetzt. Die
Marktvergesellschaftung zerstört die personalen Gemeinschaften und
etabliert neue Beziehungsmuster, die durch absolute Versachlichung
geprägt sind. Tönnies hätte es nicht anders formulieren können:
„Wo der Markt seiner Eigengesetzlichkeit überlassen ist, kennt er
nur Ansehen der Sache, kein Ansehen der Person, keine Brüderlich-
keits- und Pietätspflichten, keine der urwüchsigen, von den persönlichen Gemeinschaften getragenen menschlichen Beziehungen. Sie
alle bilden Hemmungen der freien Entfaltung der nackten Marktver-
gemeinschaftung und deren spezifische Interessen wiederum die spezifische Versuchung für sie alle. Rationale Zweckinteressen bestimmen
die Marktvorgänge in besonders hohem Maße, und rationale Legalität, insbesondere: formale Unverbrüchlichkeit des einmal Verspro-
chenen, ist die Qualität, welche vom Tauschpartner erwartet wird und
den Inhalt der Marktethik bildet, welche in dieser Hinsicht ungemein
strenge Auffassungen anerzieht" (WG 383).

Max Weber hat nun allerdings, und dies unterscheidet ihn von
Tönnies, in der Markterweiterung und ihrer Begleiterscheinung: der
Nivellierung ständischer Differenzen, nur eine notwendige, keine hin-
reichende Bedingung für die Rationalisierung des Rechts gesehen. Die
ökonomischen wie die politischen Bedingungen erscheinen bei ihm
als 'außerjuristische' Verhältnisse, die den Rationalisierungsprozeß
nur indirekt beeinflussen. Eine direkte Wirkung dagegen haben die
'innerjuristischen' Verhältnisse, die von Tönnies allenfalls gestreift
werden (WG 455f.; Treiber 1984, 33f.). Dazu gehört in erster Linie
„die Eigenart der Personenkreise, welche auf die Art der Rechtsge-
staltung *berufsmäßig* Einfluß zu nehmen in der Lage sind", also Qualität und Struktur der Trägerschichten des Rechts. Eine Schulung der
Rechtspraktiker durch eine zunftmäßig organisierte Anwaltschaft ergibt, wie das englische Beispiel zeigt, ein empirisch-handwerksmäßig
bestimmtes Recht von geringem Abstraktionsgrad und wenig ausge-
bildeter rationaler Systematik, das vor allem die Schaffung praktisch
brauchbarer Schemata erstrebt. Nur die theoretische Fachschulung an
Universitäten, wie sie auf dem europäischen Kontinent seit dem Mittelalter üblich ist, ermöglicht dagegen eine Verwissenschaftlichung
des Rechts und dessen Ausgestaltung „zu zunehmend fachmäßig juri-
stischer, also logischer Rationalität und Systematik und damit – zunächst rein äußerlich betrachtet – zu einer zunehmend logischen Sub-

limierung und deduktiven Strenge des Rechts und einer zunehmend rationalen Technik des Rechtsgangs" (WG 504f.). Es waren gerade nicht die unmittelbaren ökonomischen Interessen des aufstrebenden Bürgertums, welche die Logisierung des Rechts förderten, und erst recht nicht die Machtinteressen der politischen Gewalten, deren Bedürfnisse weit eher durch ein materiales Satzungsrecht gewahrt wurden. „Sondern es waren interne Denkbedürfnisse der Rechtstheoretiker und der von ihnen geschulten Doktoren: einer typischen Aristokratie der literarischen 'Bildung' auf dem Gebiet des Rechts, von welcher jene Entwicklung getragen wurde" (WG 493).

Die Tatsache, daß die Rechtsschulung auf dem europäischen Kontinent seit dem Mittelalter in den Händen einer neuartigen Schicht von Rechtshonoratioren lag, die am Recht selbst ein ideelles Interesse besaßen, ist für den Staatsbegriff von größter Tragweite gewesen. Natürlich nicht in dem Sinne, daß erst die Fachjuristen die institutionellen Voraussetzungen für den Staat geschaffen hätten. Wie die Herrschaftssoziologie zeigt, vollzog sich parallel zur Rationalisierung des Rechts eine Monopolisierung der physischen Gewaltsamkeit durch den (patrimonialen) politischen Gebietsverband, worauf im nächsten Abschnitt näher einzugehen ist. Die wissenschaftliche Bearbeitung des Rechts vollzog sich nicht im luftleeren Raum, sondern innerhalb von politischen Verbänden, die Gebietsherrschaft mit der Bereitschaft zur Gewaltsamkeit verknüpften und sich dafür die nötigen Zwangsapparate schufen. Indem jedoch die Juristen, ihren internen Denkbedürfnissen folgend, den schon in der Antike entwickelten und vom kanonischen Recht fortgebildeten Korporationsbegriff aufnahmen und spezifizierten; indem sie den Begriff der juristischen Person konzipierten und auf den politischen Verband übertrugen; indem sie schließlich das moderne formale Naturrecht mit seiner Lehre von den Grund- und Menschenrechten begründeten, ermöglichten sie erst die begriffliche Trennung von öffentlichem und privatem Recht und die Auffassung des Staates als eines abstrakten Trägers von Befehlsgewalten und Schöpfers von Rechtsnormen. Die politische Gewalt, die unter vormodernen Verhältnissen mit derjenigen des Hausvaters, Grundherrn oder Leibherrn gleichgesetzt wurde, konnte damit verselbständigt und in jene Form gebracht werden, die das Wesen des modernen Staats ausmacht: „eine anstaltsmäßige Vergesellschaftung der, nach bestimmten Regeln ausgelesenen, Träger bestimmter, ebenfalls durch allgemeine Regeln der Gewaltenteilung nach außen gegeneinander abgegrenzter imperia, welche zugleich auch sämtlich durch gesatzte Gewaltenbegrenzung innere Schranken der Legitimität ihrer

Befehlsgewalt haben" (WG 393f.). Es ist deshalb nur folgerichtig, wenn Weber den Staat als genuin moderne Erscheinung ansieht und konstatiert, seine Geburt sei, ebenso wie die der okzidentalen Kirchen, „zum wesentlichsten Teil *Juristen*werk gewesen" (WG 519; GARS I, 272). Auf Formulierungen dieser Art stützt sich die Ansicht Carl Schmitts, wonach der Staat für Weber eine spezifische Leistung und ein Bestandteil des okzidentalen Rationalismus gewesen sei und schon deshalb nicht mit Herrschaftsorganisationen anderer Kulturen und Epochen gleich benannt werden dürfe (Schmitt 1973, 384).

III.

Schon eine oberflächliche Lektüre von › Wirtschaft und Gesellschaft‹ zeigt indes, wie wenig Weber sich an diese Konzeption gehalten hat. Bereits in der Rechtssoziologie benutzt er unbekümmert den Staatsbegriff für die politischen Verbände der Antike; noch ausufernder geschieht dies in der Herrschaftssoziologie, in der von einer epochalen oder kulturellen Eingrenzung des Staatsbegriffs nichts mehr zu spüren ist. Weber spricht vom Staat mit Blick auf das pharaonische Ägypten, auf Assyrien und Phönizien, die antike und die islamische Welt, das konfuzianische China, das moskowitische Rußland, das feudale Japan und das Peru der Inka[5]; darüber hinaus verwendet er Begriffe, die eindeutig typologischen Charakter haben: Geschlechterstaat, Patrimonialstaat, Feudalstaat, Lehensstaat, Staaten mit Honoratiorenherrschaft bzw. ständischer Honoratiorenstaat, cäsaropapistischer und parlamentarischer Staat. Die Redeweise von der „Staatssoziologie der vorbürokratischen Epoche" (GAWL 480) in einem vermutlich ebenfalls vor 1914 verfaßten Text macht vollends klar, daß Weber nicht im geringsten daran dachte, den Staatsbegriff im Sinne von Tönnies für Konfigurationen zu reservieren, die auf der Rationalität des Kürwillens basieren.

Das aber heißt nichts anderes, als daß bei Weber noch ein anderer Staatsbegriff im Spiel ist als der bislang diskutierte. Eine politische Gemeinschaft wird offenbar für ihn nicht erst zum Staat, wenn sie über eine rational gesatzte Ordnung verfügt, sondern bereits dann,

---

[5] Eine kleine Auswahl von Belegen: WG 560, 569, 644f., 678, 684 (Ägypten); 684, 739 (Assyrien, Phönizien); 523, 606, 614, 691, 701, 714, 800; 629f. (antike und islamische Welt); 228, 559, 640 (China); 621, 690, 699 (Rußland); 638, 702, 725 (Japan); 585 (Inka).

wenn zum politischen Gemeinschaftshandeln ein zusätzliches Merkmal hinzukommt. Aber welches? Um dies zu verstehen, müssen wir uns zunächst den Begriff der politischen Gemeinschaft genauer ansehen. Eine politische Gemeinschaft ist bei Weber, sehr im Gegensatz zu Carl Schmitts späterer, einseitig die Freund-Feind-Beziehung akzentuierender Lehre, durch drei Merkmale bestimmt. Sie sichert, erstens, ein bestimmtes, nicht unbedingt exakt, aber doch 'irgendwie' abgrenzbares Gebiet für das jeweilige Gemeinschaftshandeln. Sie ist, zweitens, bereit, die Kontrolle über dieses Gebiet und das Handeln der darauf lebenden Menschen durch den Einsatz physischer Gewalt zu behaupten. Und sie entfaltet, drittens, „ein nicht nur in einem gemeinwirtschaftlichen Betrieb zur gemeinsamen Bedarfsdeckung sich erschöpfendes, die Beziehungen der auf dem Gebiet befindlichen Menschen regulierendes Gemeinschaftshandeln, um eine gesonderte 'politische' Gemeinschaft zu konstituieren" (WG 515) – eine Bestimmung, die gewöhnlich von denen übersehen wird, die Webers Politikbegriff eine Verengung auf Befehls-Gehorsams-Verhältnisse vorhalten. Allerdings bildet sich diese Besonderung historisch nur sehr langsam heraus. In den Frühstadien der Entwicklung überlagern und kreuzen sich die politischen Gemeinschaftsbeziehungen noch stark mit anderen Gemeinschaftsbeziehungen und führen zu vielfachen Kollisionen. „Erst die allmähliche Monopolisierung der Anwendung von physischer Gewalt durch die politische Gemeinschaft beseitigt diese drastischen 'Pflichtenkonflikte'" (WG 220 f.).

Die zunehmende Konzentration der Gewaltsamkeit ist jedoch nicht nur grundlegend für die Differenzierung zwischen der politischen Gemeinschaft und anderen Gemeinschaftsformen. Sie ist zugleich verantwortlich für eine Änderung im Aggregatzustand der politischen Gemeinschaft selbst. Zunächst für ihre Umwandlung in einen politischen *Verband*, dessen differentia specifica nach dem Kategorienaufsatz in der Durchsetzung einer wirksamen Ordnung durch bestimmte Personen (Gewalthaber) liegt. Dazu kommt es, wenn eine Kriegerschaft, die sich ursprünglich in Gelegenheitsvergesellschaftungen formt, zu einer perennierenden Einrichtung wird und sich die nötigen Ressourcen für ihren Unterhalt durch die Unterdrückung der Schwächeren sichert (GAWL 466, 451). Gelingt es der Kriegerschaft und dem sie leitenden Kriegsfürsten, die Fügsamkeit der Unterworfenen nicht nur durch permanente Gewaltandrohung oder die Gewährleistung von materiellen Interessen zu sichern, vielmehr darüber hinaus die Überzeugung einer Berechtigung ihrer Herrschaft zu wecken, so ist der entscheidende Schritt getan, um aus dem bloß faktischen

Gewaltbesitz ein Monopol der *legitimen* physischen Gewaltsamkeit zu machen. Das aber ist zugleich der Schritt, durch den sich der politische Verband in einen *Staat* verwandelt.

Näher ausgeführt wird dieser Gedanke im Kapitel 'Entstehung und Umbildung der charismatischen Autorität'. Weber zeigt hier, wie alles Gemeinschaftshandeln, das über den Umkreis der Hausgemeinschaften hinausgeht, außeralltägliche Züge besitzt und deshalb notwendig eine charismatische Struktur annimmt. Ganz besonders gilt dies für die Jagd und den Krieg, die den auf diesen Gebieten Erfolgreichen die Chance gewähren, ein spezifisches (militärisches) Charisma zu erwerben. Wird der Kriegszustand chronisch und nötigt die Entwicklung der Kampftechnik zu systematischer Übung und Aushebung der Wehrfähigen, so wird aus dem charismatischen Jagd- und Kriegshäuptling, der seine Funktionen nur gelegentlich ausübt, ein permanenter charismatischer Herrscher, der über einen eigenen, wenn auch zumeist noch bescheidenen, 'Stab' verfügt. „Die Entstehung eines Kriegsfürstentums als Dauergebilde und mit einem Dauerapparat bedeutet gegenüber dem Häuptling (...) denjenigen entscheidenden Schritt, an welchen man zweckmäßiger Weise den Begriff Königtum und Staat anknüpft" (WG 670).

Für die Umwandlung des politischen Verbands in einen Staat verantwortlich ist also zweierlei: einmal die Herausbildung charismatischer Autorität und deren Monopolisierung durch eine einzelne Person; sodann die Veralltäglichung des Charismas zu einem Dauergebilde. Hinzu kommt als weitere Bedingung ein Vorgang, den Weber als 'Versachlichung' des Charismas bezeichnet. Das Charisma löst sich von seinem personalen Träger ab und verwandelt sich in eine Gabe, die entweder übertragbar oder erwerbbar oder an ein Amt bzw. eine Institution als solche geknüpft ist. Aus dem ersten Fall leitet Weber den 'Geschlechterstaat' ab, den er in der mediterranen Frühgeschichte, dem germanischen Altertum, aber auch im archaischen Japan verwirklicht sieht; aus dem zweiten die – historisch sehr viel späteren – Einrichtungen der Wahlmonarchie oder der katholischen Kirche (WG 672ff.).

Auch auf der Ebene der traditionalen Herrschaft ist es nicht sowohl der Anstalts- als der Monopolcharakter, der die Staatlichkeit begründet. Zwar spricht Weber dem traditionalen Staat, insbesondere seiner patrimonialen Variante, durchaus eine Tendenz zur Rationalisierung zu, die sich vor allem in der Gestaltung der fürstlichen Bedarfsdeckung zeigt; doch führt diese nur im Okzident aufgrund später zu erörternder Umstände zu einer rationalen Organisation, die schließlich den Rahmen des Patrimonialismus sprengt. Und selbst in diesem Fall warnt Weber, die Eigendynamik der politisch-administrativen Rationalisierung nicht zu überschätzen: „die Bürokratie des 'aufgeklärten Despotismus' ist noch ebenso stark patrimonial, wie es die Grundauffassung vom 'Staat', auf der er ruhte, überhaupt war" (WG 645). Überall sonst ist es die Regel, daß die patrimoniale Rationalisierung, auch und gerade dort, wo sie mit der Durchführung der Geldwirtschaft einhergeht, frühzeitig steckenbleibt und weder die Trennung von Amt und Person noch die Gliederung der Herrschaftsausübung nach sachlich geregelten Kompetenzen erreicht. Die Ordnung, an die das Gemeinschaftshandeln der Herrschaftsträger gebunden bleibt, ist nicht durch eine anstaltliche Struktur, sondern durch traditionelle Autoritätsverhältnisse bestimmt, seien diese nun mehr arbiträren Charakters wie im Orient oder mehr 'stereotypiert' wie in China oder im französischen Ancien régime.

Als Kriterium, das den Unterschied zwischen der einfachen patriarchalen bzw. patrimonialen Herrschaft und einem Patrimonial*staat* markiert, bleibt deshalb nur die Monopolisierung: der Übergang von einer polyarchischen zu einer monarchischen bzw. monozentrischen Struktur. Wo es einem 'Hausherrn' gelingt, die Herrschaft über andere, nicht seiner Hausgewalt unterworfene Hausherrn zu gewinnen und die beiden spezifisch politischen Gewalten – Militärhoheit und Gerichtsgewalt – auf sich zu vereinigen, „da sprechen wir von einem *patrimonialstaatlichen* Gebilde" (WG 585). Wo umgekehrt dieses Monopol sich lockert und einer Struktur weicht, in der die Mitglieder des Verwaltungsstabes die Herrenrechte appropriieren, da ist auch stets eine Dekomposition der Staatsgewalt zu registrieren: noch nicht so stark auf der Ebene des ständischen Honoratiorenstaates, der u. U. infolge der Vergesellschaftung der Privilegienträger sogar eine gewisse Stärkung des Verbandszusammenhanges mit sich bringen kann; deutlicher schon auf der Ebene des Lehensstaates; am ausgeprägtesten unter den Bedingungen voll durchgeführter Feudalisierung, welche ein Gemeinschaftshandeln entstehen läßt, „das mit modernen publizistischen Kategorien nicht konstruierbar und auf welches der Name 'Staat' im heutigen Sinne des Wortes eher noch weniger anwendbar ist als auf rein patrimoniale politische Gebilde" (WG 636). Man sieht: Weber hatte also nicht übertrieben, als er seinem Verleger eine soziologische Staats- und Herrschaftslehre angekündigt hatte. Die Kapitel über Patrimonialismus, Feudalismus und Charisma bieten in der Tat beides.

Die hier nur knapp umrissene Sichtweise war in der Wissenschaft der Vorkriegszeit weit verbreitet. Für das Altertum konnte sich Weber auf Eduard Meyer berufen, der vom Geschlechterstaat und vom Stadtstaat der griechischen Antike sprach und als Hauptmerkmal des Staates die Einheit des Willens und der Zwangsgewalt herausstellte (Meyer 1884, 9 f.; 1902, 278 ff.); für das Mittelalter auf die Forschungen Georg v. Belows über Patrimonial- und Feudalstaat, denen Weber 1914 in einem Brief ausdrücklich zustimmte (Below 1925, XXV). Auch in anderen Standardwerken der Zeit wie in der von Weber zitierten ›Englischen Verfassungsgeschichte‹ Julius Hatscheks (1913) waren Feudalstaat und Ständestaat geläufige Begriffe.

Von besonderem Einfluß aber dürfte die ›Allgemeine Staatslehre‹ Georg Jellineks gewesen sein, deren Bedeutung auch und gerade für soziologische Fragestellungen Weber in seiner Gedenkrede auf Jellinek gewürdigt hat[6]. Jellinek unterscheidet genau wie Weber scharf zwischen der juristischen und der soziologischen Betrachtung des Staates und differenziert deshalb zwischen einer allgemeinen Staatsrechtslehre und einer allgemeinen Soziallehre des Staates. Während die erstere hier nur insoweit erwähnenswert ist, als Jellinek den Anstaltsbegriff expressis verbis zurückweist (1914, 165 f.), fällt an der letzteren vor allem das Gewicht auf, das der Herrschaft als dem spezifischen Merkmal des Staates zugewiesen wird. Der Staat, so die Definition der allgemeinen Soziallehre,

„hat Herrschergewalt. Herrschen heißt aber die Fähigkeit haben, seinen Willen anderen Willen unbedingt zur Erfüllung auferlegen, gegen anderen Willen unbedingt durchsetzen zu können. Diese Macht unbedingter Durchsetzung des eigenen Willens gegen anderen Willen hat nur der Staat. Er ist der einzige kraft ihm innewohnender ursprünglicher, rechtlich von keiner anderen Macht abgeleiteter Macht herrschende Verband" (1914, 180).

Wenngleich Weber nicht einfach von Herrschaft schlechthin spricht, sondern von legitimer Herrschaft, und wenngleich er von daher dazu

---

[6] Vgl. Marianne Weber 1950, 520. Die Bedeutung Jellineks für Weber ist bislang noch nicht umfassend untersucht worden. Vgl. einstweilen Hübinger 1988; Vollrath 1990, der allerdings in seinem Bestreben, Webers Soziologie auf die „herrschaftskategorialrealpolitisch-etatistische Position" (sic) der deutschen Staatsrechtslehre zu reduzieren, weit über das Ziel hinausschießt. Webers Soziologie erklärt sich mitnichten durch den Bezug auf Jellineks soziale Staatslehre, denn diese bleibt, ungeachtet der Anregungsfunktion, die sie für Weber gehabt haben mag, im Banne eines teleologischen Verständnisses, wie es für Weber inakzeptabel war (etwa: Jellinek 1914, 179). Siehe dazu auch die Bemerkungen von Lübbe 1991, 52.

gelangt, die Unbedingtheit des Staatswillens einzugrenzen (z.b. durch die Macht der Tradition), so dürfte doch der Akzent, den Jellinek in begrifflicher Hinsicht auf den Monismus der staatlichen Herrschaft, das für sie typische „Ineinsfassen der zahlreichen Willensverhältnisse", in entwicklungsgeschichtlicher Hinsicht auf den Prozeß der Konzentration und Zentralisation der öffentlichen Gewalten gelegt hat, seine Wirkung auf ihn nicht verfehlt haben[7]. Auch die Selbstverständlichkeit, mit der Jellinek vom altorientalischen, antiken und mittelalterlichen Staat spricht, dürfte Webers Bereitschaft gefördert haben, den Staatsbegriff auf vormoderne Herrschaftsgebilde auszudehnen.

In der Erstfassung des Grundrißbeitrags, soviel dürfte nunmehr klar sein, verfügt Weber noch nicht über einen einheitlichen Staatsbegriff. Im Kategorienaufsatz und in der Rechtssoziologie dominiert eine Definition, die den Staat wesentlich als Anstaltsordnung nimmt und dazu führt, ihn als genuin modernes Phänomen anzusehen, das mit der Rationalisierung von Einverständnisgemeinschaften entsteht. Wir haben gesehen, wieviel diese Sicht im Kern, wenn auch nicht in allen Begründungen, dem Einfluß von Tönnies verdankt. In der Herrschaftssoziologie dagegen – nicht nur in ihr, aber in ihr doch am ausgeprägtesten – haben wir es mit einer Definition zu tun, die den Staat vom Monopol der legitimen Gewaltsamkeit her konzipiert: ein Zugang, der es erlaubt, auch vormoderne Formen des Staates auf der Grundlage der charismatischen und der traditionalen Herrschaft in Betracht zu ziehen. Die Betonung dieses Aspekts rückt Weber in die Nähe von Jellinek, von dem er sich freilich durch die Berücksichtigung der Legitimitätsgeltung unterscheidet. Einen Versuch, beide Definitionen miteinander zu vermitteln, hat Weber vor 1914 nicht mehr unternommen. Statt dessen hat er die Arbeit am Grundrißbeitrag abrupt abgebrochen und sich den Studien über die Wirtschaftsethik der Weltreligionen zugewandt. Erst nach Kriegsende unternimmt er einen neuen Anlauf, der sich mitnichten darin erschöpft, den alten Manuskripten lediglich einen propädeutischen, begriffstypologischen Teil voranzuschicken (Winckelmann 1986, 78). Womit wir es zu tun haben,

---

[7] Vgl. Jellinek 1914, 181, 313 ff., 324 ff. Anregungen ähnlicher Art mögen auch noch von einem anderen Juristen ausgegangen sein, der seit 1911 in Heidelberg lehrte und zeitweilig in Webers Haus wohnte: Richard Thoma, in der Weimarer Republik neben Gerhard Anschütz einer der bedeutendsten Vertreter des Rechtspositivismus und der Konzeption einer 'wertneutralen' Demokratie. Zu Webers Kontakten mit Thoma siehe MWG I/16, 198, 547 ff.

ist vielmehr auf weite Strecken ein Neuansatz, der sich im Hinblick auf die Staatssoziologie präzise charakterisieren läßt: als Abkehr von der an Tönnies orientierten Konzeption und als Entscheidung für eine Begrifflichkeit, die den Staat vom Monopolcharakter der legitimen physischen Gewaltsamkeit her denkt.

IV.

Vergleicht man die 'Soziologischen Grundbegriffe' von 1920 mit dem Kategorienaufsatz von 1913, so ist einer der zuerst ins Auge springenden Unterschiede das Abrücken von Tönnies. Begriffe wie Gemeinschaftshandeln und Einverständnisgemeinschaft, auf denen 1913 der gesamte Bau der verstehenden Soziologie ruht, verschwinden, an ihre Stelle treten das soziale Handeln und die soziale Beziehung, von denen zumindest die letztere eher an Simmel denken läßt als an Tönnies. Erst in § 9 tauchen die Begriffe Vergemeinschaftung und Vergesellschaftung auf, nun aber nicht mehr als 'primäre Objekte' der verstehenden Soziologie, sondern als Konstrukte, die aus der Kombination von bestimmten Typen des sozialen Handelns mit der sozialen Beziehung abgeleitet sind.

In die gleiche Richtung einer Distanzierung von Tönnies deutet der Akzent, der jetzt auf den 'Kampf' als einer Grundform sozialer Beziehungen gelegt wird. Dieser Begriff findet sich wohl schon im Logos-Aufsatz mit einer deutlichen Spitze gegen Tönnies, der nur die Beziehungen wechselseitiger Bejahung in die Soziologie aufgenommen wissen wollte, doch steht er hier in einem Zusammenhang, der leicht überlesen werden kann. In den 'Soziologischen Grundbegriffen' dagegen wird er in § 8, also noch vor den Kategorien Vergemeinschaftung und Vergesellschaftung, eingeführt. Seine Beziehung zu Begriffen wie Macht, Herrschaft, Knappheit der Mittel etc. ist so eng, daß man ihn mit gewissem Recht zum Dreh- und Angelpunkt der Weberschen Soziologie insgesamt erklärt hat (Zängle 1988, 33).

Andere Texte aus dieser Phase bestätigen dies: etwa die im Mai 1918 publizierte Schrift ›Parlament und Regierung im neugeordneten Deutschland‹, in der wieder und wieder der Kampf, der Wille zur Macht als das Wesen aller Politik herausgestellt wird; der im Oktober 1919 im Druck erschienene Vortrag ›Politik als Beruf‹, der den (modernen) Staat als Ergebnis eines Kampfes um die Verwaltungsmittel auffaßt; oder die überarbeitete Einleitung zur Wirtschaftsethik der Weltreligionen, die sich von der Erstfassung u. a. durch den Einschub

eines längeren Abschnitts über den Kampf des politischen oder hierokratischen Herrn mit den Inhabern oder Usurpatoren ständischer
Herrenrechte unterscheidet (GARS I, 271 f.). Die intrikate Frage, ob
sich hier Einflüsse des Sozialdarwinismus oder Nietzsches geltend machen, mag hier ausgeklammert bleiben; gewiß aber dürften es auch
die Erfahrungen des Weltkriegs gewesen sein, die Weber zu einer
derart starken Betonung des Kampfbegriffs gedrängt haben.

Kampf und Konkurrenz, Auslese und Monopolbildung – diese Begriffe bestimmen nun auch zunehmend Webers Verständnis vom
Staat. Schon in ›Politik als Beruf‹ wird die Frage nach dem Wesen des
Staates ganz apodiktisch im Sinne der zweiten Version beantwortet,
die oben herausgearbeitet wurde. Staat sei diejenige menschliche Gemeinschaft, die innerhalb eines bestimmten Gebietes mit Erfolg das
Monopol legitimer physischer Gewaltsamkeit für sich beanspruche[8].
Diese Definition enthält, neben dem Hinweis auf die Gebietsherrschaft, zwei wesentliche Aspekte: zum einen die monopolistische Verfügung über die 'äußeren Sachgüter', deren es zur Aufrechterhaltung
gewaltsamer Herrschaft bedarf, allen voran: der Verwaltungs- und
Kriegsbetriebsmittel. Sodann eine Monopolbildung auf der Ebene
der Legitimitätsvorstellungen, durch die alle gleich- oder höherran-
gigen inneren Bindungen der Unterworfenen ausgeschaltet bzw.
daran gehindert werden, sich mit physischer Gewaltsamkeit zu fusio-
nieren. Konzentration und Zentralisation der inneren Rechtferti-
gungsgründe wie der äußeren Mittel – das ist der Kern, um den sich
Webers Staatsbegriff kristallisiert.

Sehr deutlich läßt sich dies am Aufbau der 'Soziologischen Grundbegriffe' verfolgen. Nach einem einleuchtenden Vorschlag von Klaus
Allerbeck konstruiert Weber seine Kategorien in einem 'sukzessiven
Partitionierungsverfahren'. Er bildet Klassen, welche alsdann durch
(meist dichotome) Merkmale in Subklassen unterteilt werden, so daß
eine hierarchisch strukturierte Liste entsteht, die sich als Baumdia-
gramm darstellen läßt (Allerbeck 1982, 667). Zwar ist die Rekonstruktion dieser Liste nicht ganz leicht, weil Weber die Dichotomien nicht
voll ausschreibt und in der Regel nur den weiterführenden Ast näher
bestimmt, doch ist die Struktur von § 10 an klar zu erkennen. Weber
gliedert hier die in § 3 eingeführte 'Soziale Beziehung' nach dem
Schema offen/geschlossen – je nachdem, ob sie die Teilnahme an dem

---

[8] Vgl. MWG I/17, 158 f. Die gleiche Bestimmung hat Weber später bei der
Überarbeitung der 'Zwischenbetrachtung' eingeschoben: vgl. GARS I, 507
mit Weber 1916, 399.

an ihrem Sinngehalt orientierten gegenseitigen sozialen Handeln Dritten freigibt oder verwehrt. Er unterteilt dann die geschlossenen sozialen Beziehungen in solche mit und ohne Erzwingungscharakter und bezeichnet die ersteren als Verband. Die Verbände wiederum werden differenziert in solche mit und solche ohne Herrschaftsbeziehung bzw. genauer gesagt, weil die Existenz von Erzwingungsstäben immer ein gewisses Maß an Herrschaft involviert, in solche mit ausgeprägter und solche mit weniger ausgeprägter Herrschaftsbeziehung. Schließlich unterscheidet er zwischen Herrschaftsverbänden, die sich primär auf physischen Zwang stützen (politische Verbände) und solchen, die den psychischen Zwang privilegieren (hierokratische Verbände). Nimmt der politische Verband für den von ihm ausgeübten Zwang ein Monopol in Anspruch und gelingt es ihm zugleich, dafür Legitimität zu erwerben, so handelt es sich um einen Staat. Graphisch läßt sich diese Liste folgendermaßen darstellen (Abb. 1):

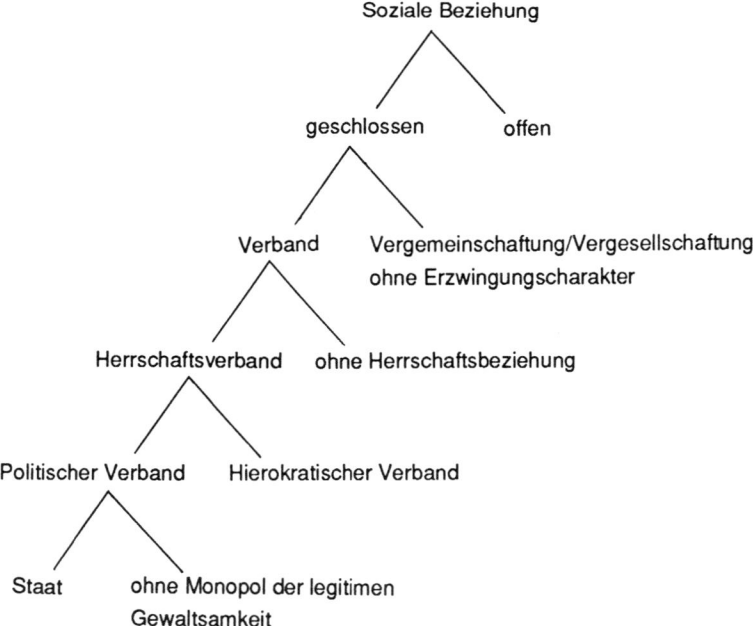

Freilich: so ganz hat sich Weber auch in dieser Phase noch nicht von dem doppelten Staatsbegriff gelöst, den er in der Erstfassung verwendet. Staat, so lautet die abschließende Definition in § 17, „soll ein politischer *Anstaltsbetrieb* heißen, wenn und insoweit sein Verwaltungsstab erfolgreich das *Monopol legitimen* physischen Zwanges für die Durchführung der Ordnungen in Anspruch nimmt". Der Begriff des Anstaltsbetriebes läßt sich jedoch in das obenstehende Diagramm nicht einfügen. Er folgt aus einer anderen Dichotomisierung des Verbandes, durch die eine parallele Liste eröffnet wird. In § 15 unterscheidet Weber zwischen Verbänden mit rational gesatzten Ordnungen und solchen ohne rational gesatzte Ordnungen (letzteres allerdings nur implizit). Die zweite Variante wird nicht näher untersucht, die erste dagegen in 'Anstalt' und 'Verein' gegliedert. Ein Verein ist z. B. eine Sekte, die auf dem Prinzip freier Mitgliedschaft beruht; eine Anstalt ein Verband, dessen Ordnung jedem oktroyiert wird, auf den bestimmte Merkmale zutreffen. Wird das Anstaltsprinzip auf dem Boden des politischen Verbandes durchgeführt, so verwandelt sich dieser in einen Staat. Wird es auf den hierokratischen Verband angewendet, so wird dieser zur Kirche. Die formale Struktur dieser Liste sieht so aus (Abb. 2):

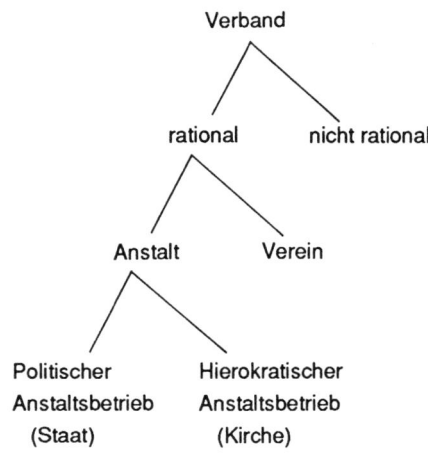

Die Erläuterungen indes, die Weber dem § 17 hinzugefügt hat, zeigen: die Kombination beider Listen gilt nicht für den Staat schlechthin, sondern nur für den modernen Staat. Den Staatsbegriff, heißt es dort, habe man tunlichst seinem modernen Typus entsprechend zu definieren, „da er in seiner Vollentwicklung durchaus modern ist". Wenn dies jedoch nicht bedeuten soll, daß es nur einen Idealtypus des *modernen* Staates gibt – eine Konsequenz, die mit Webers materialen Arbeiten nicht zu vereinbaren wäre –, so müssen wir genauer als Weber nach den Minimalbedingungen fragen, die den Typus des Staates ausmachen; und diese können letztlich nur auf der ersten, nicht auf der zweiten Liste zu finden sein. Staatlichkeit gibt es auch ohne rational gesatzte Ordnung, ohne den Anstaltsbegriff, auf der Basis von Herrschaftsverhältnissen, die auf Charisma oder Tradition beruhen. Ein politischer Verband, so sollte man deshalb die oben zitierte Definition präzisieren, soll dann ein Staat heißen, wenn sein Bestand und die Geltung seiner Ordnungen innerhalb eines angebbaren geographischen Gebiets durch eine Herrschaft garantiert werden, welche zur Durchführung der Ordnungen erfolgreich das Monopol legitimen physischen Zwangs in Anspruch nimmt[9]. Aus dem Staat wird ein moderner Staat, wenn das Merkmal des politischen Anstaltsbetriebs hinzukommt.

Diese These wird auch durch die neue Gliederung der Zweitfassung gestützt. War in der Erstfassung die Rechtssoziologie der Herrschaft vorgeschaltet, so folgt jetzt im Anschluß an die 'Soziologischen Grundbegriffe' und die 'Soziologischen Kategorien des Wirtschaftens' sogleich das Kapitel III, 'Die Typen der Herrschaft', in dem ich mit Schluchter (1988, II, 623) nicht einen Abschnitt einer allgemeinen soziologischen Kategorienlehre sehe, sondern die neue, wesentlich verknappte und verdichtete Fassung der Herrschaftssoziologie des älteren Manuskripts. Geplant waren weiterhin, wie aus verschiedenen Verweisen im Text hervorgeht (WG 18, 19, 25, 27, 28, 30, 38, 157, 168), eine Rechts-, Staats- und Religionssoziologie, von denen zu vermuten ist, daß sie in ähnlich verknappter Form dargeboten worden wären. Über ihre genaue Reihenfolge wissen wir nichts, bis auf das unbestreitbare Faktum, daß sie nach der Herrschaftssoziologie plaziert

---

[9] Die Betonung muß bei dieser Definition auf 'Anspruch' liegen, während 'erfolgreich' nur cum grano salis zu nehmen ist. Anthony Giddens, dessen Staatsbegriff in eine ähnliche Richtung geht, äußert zu Recht folgendes Caveat: "All traditional states have laid claim to the formalized monopoly over the means of violence within their territories. But it is only within nation-states that this claim characteristically becomes more or less successfully" (1985, 120). Zu beachten ist, daß Monopol nicht dasselbe ist wie Monarchie. Das Monopol der legitimen physischen Gewaltsamkeit kann auch von einer ständischen Honoratiorenschicht wie der englischen Gentry in Anspruch genommen werden oder vom Senat eines Stadtstaates. Seine Ausübung kann auch aufgeteilt werden – z. B. zwischen einer Zentralinstanz und örtlichen Notabeln. Aus dem Begriff des Monopols folgt für die faktische Machtverteilung nur eines: daß es eine hierarchische, in einer Spitze gipfelnde Staffelung der Herrschaftsrechte gibt. Über die genaue Beschaffenheit dieser Spitze ist damit noch nichts gesagt.

waren. Die These Winckelmanns (1986, 57), die Rechtssoziologie sitze genau dort richtig, wo sie sich in seiner Edition befindet – nämlich zwischen dem Abschnitt über die Marktvergesellschaftung und den Kapiteln über die politische Gemeinschaft und die Soziologie der Herrschaft –, hat Webers eigene Anordnung gegen sich. Alle Indizien sprechen dafür, daß Weber 1920 den Plan von 1914 aufgegeben und sich anstatt der Reihenfolge Recht – Herrschaft – Staat für eine neue Gliederung entschieden hatte, in der die Herrschaft an erster Stelle stand.

V.

Wenn dies so ist: was folgt daraus für die geplante Staatssoziologie? Orientiert man sich an der Neufassung der Herrschaftssoziologie mit ihrem stark typologischen Zuschnitt, so erscheint die Annahme wenig wahrscheinlich, Weber hätte mit einem Abschnitt über die Entstehung des rationalen Staates begonnen und sich dann ausschließlich mit dessen Aufbau befaßt (so Winckelmann in: Weber 1966, 11). Da die Neufassung der Herrschaftssoziologie im Unterschied zum alten Manuskript nur mehr beiläufige Bemerkungen zum vormodernen Staat enthält, spricht mehr dafür, daß die Staatssoziologie mit einer allgemeinen Typenlehre eingesetzt hätte, in der die Formen des Geschlechter-, Patrimonial-, Feudal- und Ständestaates genauer erläutert und definitorisch präzisiert worden wären. Dies wird im übrigen nicht nur durch die Logik der Konstruktion, sondern auch durch die Disposition der Vorlesung gestützt, die Weber im Sommer 1920 gehalten hat und die, wie wir aus zwei Nachschriften wissen, dem Thema 'Staatssoziologie' gewidmet war (siehe den Bericht von Winckelmann, a. a. O. 113). Auf die ersten drei Paragraphen über den Begriff des Staates, die Typen der legitimen Herrschaft und Stände und Klassen folgen hier nämlich ein Abschnitt über 'Geschlechterstaat und Lehnsstaat' (§ 4), ein weiterer über 'Patrimonialismus und Fachbeamtentum' (§ 5) sowie Ausführungen über Bürgertum und Stadtstaat (§ 6) und ständische Gewaltenteilung (§ 7) – eine Reihenfolge, die ziemlich genau das Spektrum der charismatischen und der traditionalen Herrschaftsformen abdeckt (denn auch das Bürgertum im Stadtstaat gehört zu einer Form der traditionalen Herrschaft: der Honoratiorenverwaltung). Es ist anzunehmen, daß Weber sich bei der Fortführung des Grundrißbeitrags an dieses Raster gehalten hätte.

Erst im Anschluß daran hätte sich dann die Soziologie des modernen Staates angeschlossen. Wie sie ausgesehen hätte, läßt sich nicht mit Sicherheit sagen, doch verfügen wir immerhin über genügend Hinweise aus der Zweitfassung der Herrschaftssoziologie, der Vorlesungsdisposition von 1920 und den politischen Schriften, um einige begründete Vermutungen anstellen zu können – Vermutungen, die im übrigen in diesem Punkt weitgehend auf der Linie von Winckelmann liegen. Weber hätte zunächst den institutionellen Kern des modernen Staates, die rational-legale Bürokratie, dargestellt, wobei er sich mit Blick auf die detaillierten Ausführungen der Herrschaftssoziologie relativ kurz hätte fassen können; denkbar wäre außerdem eine knappe Erörterung der nationalen Unterschiede im Bürokratisierungsgrad, etwa zwischen England, den Vereinigten Staaten, Frankreich und Deutschland. Entsprechend § 8 der Vorlesung hätte er sodann die Themen 'Rationale Gewaltenteilung, Parteien und Parlamentarismus' behandelt, wobei freilich auch hier auffällt, wieviel davon bereits in der Herrschaftssoziologie vorweggenommen ist. In den Paragraphen 14 ff. von Kapitel III, die, wie Zingerle (1981, 116) zu Recht moniert, in der Rezeption weitgehend unbeachtet geblieben sind, entwirft Weber eine breite Skala von möglichen Beschränkungen der Herrschaft durch soziale Beziehungen und Verbände, die als Ge-geninstanzen gegen den bürokratischen Staatsapparat figurieren. Sieht man von den älteren, historisch im Schwinden begriffenen Formen wie Kollegialität und ständische Gewaltenteilung ab, so handelt es sich vor allem um die 'spezifizierte', d. h. nach funktional-sachlichen Gesichtspunkten vollzogene Gewaltenteilung, um die Mitherrschaft von Repräsentativkörperschaften (Parlamenten) und um die Techniken der Minimierung der Herrschaft durch unmittelbare Demokratie und Honoratiorenverwaltung.

Der dieser Konstruktion zugrundeliegende Gedanke ist einfach. Während die Herrschaftssoziologie, mit der einzigen Ausnahme der 'antiautoritären' Umdeutung des Charismas, von oben, d. h. aus der Perspektive des Herrn komponiert ist, der für seine Legitimitätsansprüche beim Verwaltungsstab wie bei den Beherrschten Folgebereitschaft sucht, wird in den an die drei reinen Typen anschließenden Paragraphen die Blickrichtung umgekehrt. Es geht um soziale und politische Formen von Gegenmacht, die aus den Beherrschten heraus gebildet werden und auf die Herrschaft in vielfältiger Weise einwirken. Die staatstechnisch praktikabelste Form basiert dabei auf dem Prinzip der Repräsentation, und zwar, wie Weber deutlich macht, der freien Repräsentation, bei der der Repräsentant wohl gewählt wird, jedoch an keine Instruktion gebunden ist, sondern „Eigenherr über sein Verhalten" bleibt; von den vier weiteren Formen der Repräsentation, die Weber auflistet, gehören zwei der traditional-ständi-schen Welt an, die dritte wird als Surrogat der in Massenverbänden unmöglichen unmittelbaren Demokratie eingestuft und lediglich der vierten – der Repräsentation durch Interessenvertreter – eine gewisse Bedeutung eingeräumt. Die freien Repräsentanten wiederum finden ihren Ort in den modernen Parlamenten, die sich einen Anteil an den Herrengewalten erkämpfen. Solche 'spezifizierte' Gewaltenteilung ist zwar nicht allein in der Moderne anzutreffen, doch „ist die rationale, durch Satzung (Konstitution) begründete Form der Gewaltenteilung: die konstitutionelle, durchaus modern" (WG 172, 166).

In der verfassungsmäßig abgesicherten Mitherrschaft der Parlamente hat Weber ein unbedingtes Erfordernis moderner Großstaaten gesehen. Angesichts der überwältigenden Machtfülle der staatlichen Bürokratie erschienen sie ihm als die einzigen Institutionen, die auf Dauer gesehen eine wirksame Rolle „als kontrollierende und richtungweisende Instanzen" zu spielen vermochten (MWG I/15, 469). Der Monarch war dazu nicht in der Lage, weil ihm sowohl das Fachwissen als auch die Schulung im politischen Tageskampf fehlten; die unmittelbare Demokratie war für Massenstaaten ungeeignet und die plebiszitäre Demokratie mit ihrer Tendenz zum Cäsarismus zu katastrophenträchtig. Als Organ der Beamtenkontrolle und der Verwaltungspublizität, als Wächter der „staatsrechtlichen Garantien der bürgerlichen Ordnung", als Stätte der Budgetfeststellung und der unvermeidlichen politischen Kompromisse, als Ort der Erziehung der politischen Führer wie auch ihrer Ausschaltung, wenn sie das Vertrauen der Wähler verloren haben, war das Parlament schlechterdings unersetzbar. „Gerade unter den heutigen Bedingungen der Führerauslese sind ein starkes Parlament, verantwortliche Parlamentsparteien, und das heißt: deren Funktion als Stätte der Auslese und Bewährung der Massenführer als Staatsleiter, Grundbedingungen stetiger Politik" (MWG I/15, 549).

Weber übersah dabei nicht die Probleme, mit denen die Parlamente konfrontiert waren. Er beleuchtete scharf die Spannung zwischen dem Prinzip der freien Repräsentation, das den Abgeordneten zum 'Herrn' der Wähler erhob, und dem Aufstieg der modernen Parteimaschinen, die diesen Herrn seinerseits zum Diener des Parteiapparats machten. Er wies auf die Gefahr einer 'führerlosen Demokratie' hin, die sich stets dann ergab, wenn die leitenden Positionen auf dem Wege des Kuhhandels unter den Parteien verteilt wurden. Er kritisierte die Neigung zur Cliquenwirtschaft, zur Herrschaft des 'Klüngels', zur Korruption und zur Ämterpatronage, die er überall dort walten sah, wo die Parteien keine Konkurrenz zu fürchten hatten. Und er warnte davor, daß bei einer ausschließlich parlamentarischen Führerauslese die höchsten Gewalten bei der Masse an Autorität verlieren könnten. Dennoch stand für ihn die Notwendigkeit von Parlamenten außer jedem Zweifel, und dies im übrigen nicht nur aus inneren, sondern auch aus äußeren Gründen: konnte doch nur unter den Bedingungen parlamentarischer Kontrolle die politische Leitung des Staates auf jene Verantwortlichkeit und Berechenbarkeit festgelegt werden, die für eine erfolgreiche Weltpolitik unverzichtbar waren. Die Zukunftsfrage der deutschen, und nicht nur der deutschen Staatsordnung konnte für ihn deshalb nur lauten: *„wie macht man das Parlament fähig zur Macht?"* (MWG I/15, 501, 540; WG 172 ff.; MWG I/17, 224 f.).

Die Vorlesungsdisposition von 1920 läßt die Staatssoziologie mit einem Paragraphen über 'Die verschiedenen Formen der Demokratie' enden. Das ist, unter dem Gesichtspunkt des bereits erwähnten Perspektivenwechsels, konsequent. Schon im Abschnitt über Gewaltenteilung, Parlamentarismus und Parteien ist der Ausgangspunkt nicht mehr der von oben verfügende 'Herr', sondern die Gruppe der Beherrschten; allerdings reicht deren Willensäußerung nur bis zur Wahl von Repräsentanten, welche dann ihrerseits zu Herren werden. In einem vergleichenden Kapitel über Demokratie hätte Weber Gelegenheit gehabt, diese gebrochene, mittelbare Form der (parlamentarischen) Demokratie samt ihrem Derivat, der führerlosen Demokratie, von anderen, direkteren Verkörperungen des Demokratieprinzips abzugrenzen. Dazu hätte sicherlich die im Kern bereits in § 19 WG skizzierte unmittelbare Demokratie gehört, ferner die in § 14 vorgestellte plebiszitäre Demokratie; des weiteren wäre Weber vielleicht auf die Unterschiede zwischen antiker und moderner Demokratie eingegangen, wozu sich in der unvollendeten Studie über ›Die Stadt‹ wichtige Vorarbeiten finden. Da ich weiter unten ausführlicher auf die Struktur von Webers Demokratiebegriff eingehen werde, mag es mit diesen Hinweisen vorerst sein Bewenden haben.

Ob die Staatssoziologie außer den genannten Themen noch weitere behandelt hätte, muß bei der gegenwärtigen Textlage Mutmaßung bleiben. Johannes Winckelmann hat sämtliche Verweise Webers auf noch unerledigte Fragen in einer verdienstvollen Übersicht zusammengestellt und daraus eine Liste von neun weiteren Paragraphen entwickelt[10], doch läßt eine nähere Prüfung vieles davon als nicht zwin-

---

[10] Zur leichteren Orientierung sei Winckelmanns Gliederung hier wieder-

gend erscheinen. Wenn Weber etwa auf S. 116 WG feststellt, es liege ihm an dieser Stelle ganz fern, die moderne staatliche Steuerordnung zu analysieren, so muß dies kein Merkposten für die Staatssoziologie sein; wenn er auf den Seiten 124 und 130 auf die Darstellung der Demokratie verweist, so kann damit ebensogut der betreffende Abschnitt in der Herrschaftssoziologie (§ 14) gemeint sein. Ähnlich skeptisch sind die übrigen Abschnitte von Winckelmanns Rekonstruktion zu bewerten. Eine genauere Analyse des Verhältnisses von Staat und Wirtschaft entspräche wohl dem Aufbau der Herrschaftssoziologie, wird aber in der Vorlesungsdisposition einem eigenen Kapitel zugewiesen; dort entdeckt man auch den Abschnitt über die Beeinflussung der inneren durch die äußere Politik, den Winckelmann für die Staatssoziologie reklamiert. Die Untersuchung der Selbstverwaltung und des Heerwesens war offenbar ebenfalls einem selbständigen Kapitel mit dem Titel 'Politische Gewalten' zugedacht, das darüber hinaus das Verhältnis zur hierokratischen Herrschaft thematisieren sollte. Welche sachlichen Gründe Weber für die gesonderte Behandlung dieser Themen hatte, ist eine Frage, die sich nicht anders als spekulativ beantworten läßt. Daß er dies vorhatte, steht indes fest und stimmt im übrigen auch mit seiner Tendenz zusammen, die Staatssoziologie ähnlich knapp zu halten wie die Herrschaftssoziologie.

Deren Aufbau stellt sich nach alledem folgendermaßen dar. Die Staatssoziologie hätte ihren Schwerpunkt in einer Typenlehre gehabt und daher vielleicht einfach 'Typen des Staates' geheißen. In ihr hätte Weber kurz die wichtigsten Formen des charismatischen, traditionalen und rationalen Staates skizziert und möglicherweise eine Beziehung zu den diversen Trägerschichten hergestellt, wie dies in ›Politik als Beruf‹ geschieht. Am ausführlichsten, darin ist Winckelmann zuzustimmen, wäre er dabei auf den rationalen Staat und die damit verbundenen Themen wie Parteien, Parlamentarismus und Regierungsformen eingegangen, woran sich dann ein Abschnitt über die Formen der Demokratie angeschlossen hätte. Für alle übrigen Fragen haben wir nichts als die Vorlesungsdisposition von 1920; diese aber läßt die

gegeben: Formen der Demokratie (§ 7); Rationale Staatsgewalt und Selbstverwaltung (§ 8); Der Rationalismus des modernen Staates und sein Verhältnis zu den kirchlichen Gewalten (§ 9); Politische Gewalt und Heeresgewalt (§ 10); Das Abgabenwesen im modernen Staat (§ 11); Staatsform und Wirtschaftsform (§ 12); Die politischen Umwälzungen (§ 13); Der Rätestaat (§ 14); Innere Staats- und Wirtschaftsstruktur und auswärtige Politik (§ 15): in: Weber 1966, 13. Die §§ 1–6 sind über die 4. und 5. Aufl. von WG leicht zugänglich.

Staatssoziologie hier enden und weist alles weitere den geplanten Kapiteln über 'Politische Gewalten' und 'Staatsform und Wirtschaftsform' zu. Das mag auf den ersten Blick kein sehr eindrucksvolles Ergebnis sein. Aber schon die bloße Rekonstruktion der Typen und ihre Überprüfung und Korrektur vor dem Hintergrund der heutigen Forschungslage ist eine Aufgabe, die den Arbeitern im Weinberg Webers eine Dauerbeschäftigung sichert.

DIE RATIONALISIERUNG DES STAATES

Eine Soziologie des modernen Staates im Anschluß an Max Weber, das haben die vorstehenden Ausführungen gezeigt, hat mindestens zwei Linien zu verfolgen: die Konzentration der Verfügungsgewalt über die Verwaltungs- und Kriegsbetriebsmittel in einer einzigen Instanz und die Schaffung einer 'anstaltsmäßigen' Ordnung. Sie hat dabei außerdem zwischen dem Beitrag der Herrschenden und dem der Beherrschten zu unterscheiden. Die Transformation traditionaler politischer Verbände in rationale Anstalten vollzieht sich nicht wie die Rationalisierung einer Firma *par ordre de moufti*, sondern muß gegen die Interessenten des Status quo durchgesetzt werden – was angesichts der Massivität dieser Interessen nur auf dem Wege der Revolution geschehen kann. Herrschaft und Revolution dürfen dabei jedoch nicht in einen absoluten Gegensatz gerückt werden. Die Revolution schafft wohl neue Institutionen, doch wird sie von den Beherrschten gemacht, von Individuen also, die durch die jeweilige Herrschaftsstruktur geprägt sind. Es gibt keine völligen Neuanfänge in der Geschichte. Strukturen mögen zerbrechen, doch werden stets einige der Elemente, aus denen sie bestanden, weitergeführt und unter Umständen sogar verstärkt.

Das soll im folgenden am Beispiel der politischen Rationalisierung im Okzident näher untersucht werden. Der rationale Staat, so möchte ich zeigen, entsteht aus der Wechselwirkung zweier Prozesse: der Herausbildung des kontinentaleuropäischen Absolutismus, der einerseits noch ganz im Rahmen traditional-patrimonialer Herrschaft steht, andererseits aber diesen Rahmen in einzelnen Bereichen, insbesondere in der Militärverfassung, überschreitet; und der demokratischen Revolution, die sich zwar formal und inhaltlich gegen den Absolutismus richtet, ihm nichtsdestoweniger in wesentlichen Punkten verhaftet bleibt. Erst die demokratische Revolution hat das Gehäuse der Pfründnerinteressen gesprengt, an dem alle Ansätze zur Rationalisierung von Staat und Wirtschaft regelmäßig zu scheitern pflegten. Erst sie hat eine umfassende Implementierung jenes juristischen Rationalismus ermöglicht, dessen Wurzeln, wie oben bemerkt, bis weit ins Mittelalter zurückreichen. Erst sie hat schließlich jene Homogenisierung und Nivellierung des politischen Verbandes durchzusetzen vermocht, von der die absolutistischen Herrscher und ihre Diener nur träumen konnten. Mirabeau hatte von daher nicht unrecht, als er 1790 seinem König die Revolution schmackhaft zu machen versuchte (Tocqueville 1978, 25). Er übersah nur oder verschwieg dabei die Rückwirkungen, die eine solche Rationalisierung auf das Gottesgnadentum haben mußte.

I.

Die Entstehung des rationalen Staates im Okzident vollzog sich in engstem Zusammenhang mit einer Entwicklung, die, wäre sie erfolgreich gewesen, dem spezifisch okzidentalen Rationalismus à la longue den Boden entzogen hätte. In allen großen Hochkulturen, vom Alten Orient über Indien und China bis hin zur antiken und islamischen Welt war es ein regelmäßiger Vorgang, daß aus der für stratifizierte Gesellschaften typischen Konkurrenz um die Verwaltungs-, Kriegsbetriebs-, Produktions- und Heilsmittel ein 'Monopolmechanismus' (Norbert Elias) erwuchs, der mit dem Sieg eines patrimonialen Zentrums und der Errichtung eines Weltreichs zu enden pflegte. Wie wenig Alternativen es hierzu gab, hatte noch das alte Rom erfahren müssen, das sich lange gegen diesen Mechanismus sträubte und doch am Ende ebenfalls seine bis dahin einzigartige Honoratiorenverfassung einer zunehmend patrimonial-bürokratischen Organisation opfern mußte.

Zu Beginn der Neuzeit schienen in Europa erneut die Weichen für eine analoge Entwicklung gestellt. In einem langen und mühsamen Prozeß, dessen Anfänge sich bis auf das 11. Jahrhundert zurückverfolgen lassen, hatte sich eine Reihe von Machtzentren herausgebildet, die immer klarer drei Ziele verfolgten: die Herauslösung ihrer Hoheitsgewalt aus dem Netz der Verpflichtungen und Mitspracherechte, das ein Erbe der feudalen Polyarchie war; die Schließung des Herrschaftsverbands, seine Abschottung gegenüber äußeren Eingriffen; die Bündelung und Zusammenfassung aller Kräfte für die letzte Runde des Monopolmechanismus: den Kampf um das Imperium oder doch mindestens, sofern die Ressourcen dazu nicht ausreichten, die Sicherung einer hegemonialen Sphäre, die groß genug war, um eine gewisse politische und wirtschaftliche Autarkie zu gewährleisten.

Am erfolgreichsten waren dabei die Staaten der *Frontier*-Zonen im Südwesten und Osten Europas. In Kastilien, wo der Lehensfeudalismus nie hatte Fuß fassen können, gelang es der Krone schon im 15. Jahrhundert, die Satzungskompetenz zu monopolisieren und einen arbiträren Patrimonialismus zu etablieren, der auf dem Prinzip

quod principi placuit legis habet vigorem beruhte. Als Vikar Gottes auf
Erden besaß der König den *poder real absoluto*, der ihm Macht über
den Adel und die Städte verlieh und es ihm im 16. Jahrhundert ermöglichte, die Kontrolle über riesige überseeische Besitzungen auszuüben
(MacKay 1977, 133 ff.). – Noch ausgeprägter war die Position der Zentrale in Rußland. Die Großfürsten von Moskau waren die größten
Grundbesitzer des Landes und betrachteten ihr Territorium als *vot-
čina*, ein Begriff, der dem lateinischen *patrimonium* entspricht. Die
beiden imperialen Mächte, die zuvor mit psychischen oder physischen
Zwangsmitteln einen Anspruch auf Oberhoheit geltend gemacht
hatten – die Goldene Horde und die Byzantinische Kirche –, brachen
im 15. Jahrhundert zusammen und überließen einen Teil ihrer Macht-
mittel den Herrschern von Moskau. Mit dieser Hilfe gelang es den
Zaren, die übrigen Teilfürsten zu unterwerfen und ein rein patrimoniales Regime zu errichten, dessen Territorium um 1600 so groß wie
das übrige Europa war und sich mit beispielloser Geschwindigkeit ausdehnte. Als dieser Staat sich im 18. Jahrhundert anschickte, die Hegemonie Schwedens im Ostseeraum und die der Osmanen im Schwarz-
meerraum zu brechen, war er territorial gesehen bereits der größte
der Welt (Pipes 1977, 49, 82, 91).

Ganz anders lagen die Dinge in den Kernzonen des alten Karolin-
gerreichs. Zwar verfügten auch hier die Herrscher über durchaus
nicht unbedeutende Ressourcen und Rechte und nahmen als oberste
Lehensherren die Spitzenpositionen in der politischen und gesellschaftlichen Hierarchie ein. Als Seigneurs waren sie indes durch die
Gerechtsame und Freiheiten der anderen Lehensherren eingeschränkt,
die sie nicht nach Belieben übergehen konnten. Das Land bzw. das
Königreich war kein Privatbesitz einer Dynastie. Es war vielmehr
unter zahlreiche geistliche und weltliche Würdenträger verteilt, von
denen einige durchaus mit der Krone konkurrieren konnten. Obwohl
die Regel bestand, daß die Könige die mit ihrer Funktion zusammen-
hängenden Ausgaben aus ihren eigenen Einnahmen zu bestreiten
hatten *(the king should live of his own)*, wobei in der Praxis nicht zwischen dem Hausbesitz und dem Krongut unterschieden wurde, bestand man zumindest in der Theorie auf dieser Differenz: der Staat erschien hier schon früh als eine transpersonale Ordnung, die vom
König lediglich treuhänderisch verwaltet wurde. Der 'depositäre',
nicht-patrimoniale Charakter dieser Ordnung, der politisch durch ein
breites Netz von Konsultations- und Partizipationsrechten der
maiores et meliores terrae abgesichert war, wurde Ende des 15. Jahrhunderts präzise von dem spanischen Juristen Palacio Rubio formu-

liert: „Dem König ist allein die Verwaltung des Königreichs anver-
traut, nicht aber das Dominium über Sachen, denn das Eigentum und
die Rechte des Staates sind öffentlich und können nicht das private
Patrimonium von jemand sein" (zit. n. Elliott 1976, 84).

In der Sicht Webers wurde diese aus dem okzidentalen Lehensfeudalismus hervorgegangene Struktur zu Beginn der Neuzeit durch eine
„Renaissance des Patrimonialismus" transformiert, „welcher für die
kontinentalen europäischen politischen Gebilde bis zur Zeit der französischen Revolution herrschend blieb" (WG 637). Damit ist nicht gemeint, daß sich der Westen in die gleiche Richtung bewegt hätte wie
Kastilien oder Rußland. Die beiden letzteren standen für einen *arbiträren* Patrimonialismus, der kein politisches Gegengewicht besaß
und keine ständische Gewaltenteilung kannte; wohingegen im Westen
sich nur ein *stereotypierter* Patrimonialismus durchzusetzen vermochte, der seine Grenze teils in bereits vorhandenen, wie immer
auch in ihren Kompetenzen zusehends eingeschränkten ständischen,
landschaftlichen, beruflichen Organisationen und Korporationen
fand, teils in intermediären Gewalten, die er selbst erst erzeugte:
durch Privilegierungen und Konzessionierungen, ganz besonders
aber durch den Verkauf von Ämtern und Pfründen, der in der frühen
Neuzeit zu einer der wichtigsten Einnahmequellen der Krone wurde,
sehr bald aber die Verfügung der Herrscher über ihren Behördenapparat
empfindlich einschränkte und eine strukturelle Dezentralisation
einleitete (Hinrichs 1986, 15; Reinhard 1986).

Doch diese Limitierung der Herrengewalt, die im übrigen, wie
Webers China-Studie zeigt, auch außerhalb Europas ihre Parallelen
hatte, sollte nicht den Blick dafür verstellen, daß auch der stereo-
typierte Patrimonialismus ein Patrimonialismus war, also eine Herrschaftsform, die auf der persönlichen Autorität eines Herrn beruht
und damit sowohl der feudal-ständischen als auch der rationalen
Struktur entgegensteht[11]. Der Gegensatz gegen die erstere springt ins

---

[11] Nur am Rande sei vermerkt, daß der Patrimonialismus von Weber an der
eigentumsartigen Verfügung über Herrenrechte festgemacht wird, jedoch mitnichten impliziert, daß sämtlicher Grundbesitz in der Hand des Herrn konzen-
triert ist (marxistisch ausgedrückt: daß Steuer und Rente zusammenfallen).
Eine derart enge Definition würde die Anwendbarkeit des Begriffs auf einige
wenige Regime wie das moskowitische Rußland oder verschiedene türkische
Staaten beschränken, in denen die Herrscher einen totalen Anspruch auf das
Land erhoben (Wickham 1985, 179ff.). In vielen Staaten, die Weber als patrimonial einstuft, erstreckte sich der Eigenbesitz des Herrschers nur auf einen
Teil des Bodens: im Indien der Moguln auf 5–25%, in China seit den T'ang auf

Auge und ist das Thema vieler historischer Darstellungen. In den Ländern der Wenzelskrone etwa setzten die Habsburger bald nach ihrem Sieg von 1620 die uneingeschränkte Handhabe des *absolutum et merum dominium* durch, das die Stände von jeglicher Mitsprache über Krieg und Frieden, Steuern oder Verleihungen, Ämterbesetzung oder Regelung der Nachfolge ausschloß. Brandenburg-Preußen nahm seit dem letzten Drittel des 17. Jahrhunderts immer mehr die Züge eines 'Haus-Staates' an, über den der Herrscher, zugleich politischer Monokrat und Summus episcopus, im Stil eines Majoratsherrn regierte. In Dänemark-Norwegen mußten es die Stände hinnehmen, daß Friedrich III. einen großen Teil ihrer Rechte kassierte und die Verfassung in eine autoritäre Alleinherrschaft umpolte. Selbst Schweden, während des Dreißigjährigen Krieges noch ein Hort altständischer Libertät, geriet unter Karl XI. und seinem Nachfolger unter ein absolutistisches Regime, das keine rechtlichen Schranken mehr kannte. Der französische Absolutismus endlich schaltete von 1614/15 bis zur Revolution die Generalstände aus und nahm immer wieder das Recht in Anspruch, die der Regierung qua Tradition gesetzten Schranken durch ein nezzisitäres Regime zu durchbrechen und anstelle des *pouvoir ordinaire* den *pouvoir absolu* zu setzen (Barudio 1981, 269 f., 190 ff., 167 f., 44 ff.; Mager 1980, 111).

Weitaus seltener pflegt dagegen der Gegensatz zwischen Patrimonialismus und rationaler Herrschaft gesehen zu werden. Da die meisten Darstellungen lediglich die Entwicklung von der feudal-mittelalterlichen zur modernen Welt behandeln, liegt es nahe, den Bruch mit der Entstehung zentralisierter Staatsgewalten anzusetzen und manchmal schon die frühen Herrschaftsbildungen des 12. Jahrhunderts (Berman 1991, 19, 443, 630), spätestens aber die *new monarchies* der frühen Neuzeit als Vorformen des modernen Staates zu interpretieren; und in der Tat ist in beiden Fällen nicht zu leugnen, daß die zentrifugalen Tendenzen gestoppt und die verstreuten Gewalten in einer einzigen Instanz zusammengefaßt wurden. So hat es bereits Tocqueville gesehen, für den die absoluten Herrscher die Wegbereiter des modernen demokratischen Staates waren; so später Marx oder Jellinek; und so auch die traditionelle Geschichtswissenschaft, die die Geschichte des modernen Staates mit dem Absolutismus beginnen läßt. Auch heute findet diese Sichtweise bei Historikern wie Sozialwissenschaftlern zahlreiche Anhänger.

10–20%, im Japan der Tokugawa auf etwa ein Viertel: siehe Raychaudhuri/Habib 1982, 241; Lorenz 1977, 54; Bendix 1980, II, 292 ff.

Mithilfe der idealtypischen Methode lassen sich indessen solche uni-
linearen Sequenzen aufbrechen und Komponenten sichtbar machen,
die sich in dieses Bild nicht fügen. Bezieht man die geschilderten Vor-
gänge nicht nur auf den feudal-ständischen Hintergrund, sondern
auch auf den Typus des Patrimonialstaates, so wird deutlich, daß in
Europa Kräfte und Tendenzen am Werk waren, wie sie sich auch in anderen Hochkulturen von einer gewissen Stufe der soziopolitischen
Evolution an finden. Zu einer Zurückdrängung der zentrifugalen Gewalten und der Etablierung eines Einheitsstaates kam es in China
schon gegen Ende des 3. vorchristlichen Jahrhunderts und danach
noch mehrmals; was die funktionale Gliederung der Staatstätig-
keiten, die Vereinheitlichung der Gesetzgebung und die Kontrolle der
Zentrale über die Beamten betrifft, gab es beachtliche Parallelen zum
europäischen Absolutismus, ebenso allerdings was die präbendale Dezentralisierung angeht, die man nicht zu Unrecht mit dem französischen Ancien régime verglichen hat (Hinrichs 1989). In Indien wurde
schon in der Epoche der *mahajanapadas* das Monopol der Krieger-
kaste auf die politischen Ämter gebrochen und ein Staatsgebilde errichtet, das sich auf besoldete Beamte stützte und von der Zentrale
ernannte Inspektoren kannte, die das Land bereisten und Steuerein-
ziehung und Rechtsprechung beaufsichtigten. In Japan endlich kri-
stallisierte sich in der zweiten Hälfte des 16. Jahrhunderts das System
der Sengoku-daimyo heraus, in dem die Fürsten durch sogenannte
Haus-Gesetze ihren Gefolgsleuten das Recht auf Fehde und Selbst-
hilfe entzogen und ihre Untertanen einer patrimonialbürokratischen
Kontrolle unterwarfen. Das Tokugawa-Regime, das aus den Ausschei-
dungskämpfen dieser Ära hervorging, trug stark patrimoniale Züge
und ist deshalb zu Recht mit dem europäischen Absolutismus verglichen worden[12].

Selbstverständlich sollen damit die vielfältigen Unterschiede nicht
geleugnet werden, die zwischen diesen Ländern und dem Okzident
bestanden. Von ihnen wird gleich ausführlicher zu sprechen sein.
Diese dürfen aber nicht von der grundlegenden Gemeinsamkeit ab-
lenken, die sich aus dem ubiquitären „*Kampf* des (politischen oder
hierokratischen) Herrn mit den Inhabern oder Usurpatoren ständisch
appropriierter Herrenrechte" ergibt (GARS I, 271). Die äußeren Um-

---

[12] Vgl. Bendix 1980, II, 290; Trimberger 1978, 44 ff. Freilich gilt dieser Vergleich nur cum grano salis. Das monokratische Element, das im europäischen
Absolutismus zeitweise im Vordergrund steht, war in Japan temperiert durch
die Betonung konsensueller Strukturen: siehe Pye 1989, 57 ff.

stände, die Mittel wie auch die Ergebnisse dieses Kampfes mögen nach Zeit und Raum differieren. Daß es ihn auch in Europa gegeben hat und daß er hier ebenfalls zu einer, wie immer auch spezifischen Form des Patrimonialstaates geführt hat, läßt die Unterschiede zur außerokzidentalen Welt als bei weitem nicht so fundamental erscheinen, wie oft behauptet wird.

II.

Max Weber hat nun aber mit Blick auf die frühneuzeitliche Staatenwelt nicht bloß von einer Renaissance des Patrimonialismus gesprochen. Er hat zugleich die These vertreten, daß der Patrimonialismus der absoluten Monarchien „überall dem reinen Bürokratismus sich je länger je mehr annäherte" (WG 637). Die absolute Fürstengewalt hatte „schon bürokratisch-rationale Struktur" (WG 643), sie besaß eine rationale Finanzverwaltung – in England und Frankreich schon vor dem 17. Jahrhundert –, eine rationale Wirtschaftspolitik – den Merkantilismus –, ein rationales, diszipliniertes Heer und einen fachgeschulten Verwaltungsstab: Merkmale, die es nach Weber rechtfertigen, die „Keime des modernen okzidentalen Staats" in der frühen Neuzeit, z. T. sogar bereits im Mittelalter zu suchen (WG 151, 819, 683, 685, 140). Ist diese Behauptung stichhaltig? Und wenn ja: wie läßt sie sich mit der These von der patrimonialen Struktur der absolutistischen Staatenwelt vereinbaren?

Um diese Frage zu beantworten, müssen wir zunächst präzisieren, was mit dem Ausdruck 'rational' gemeint ist. Wenn darunter, wie Weber selbst verschiedentlich nahelegt und wie eine große Zahl von Interpreten meint, die Orientierung des Handelns am Zweck-Mittel-Schematismus zu verstehen ist, also Zweckrationalität, so ist die Differenz zwischen der politischen Rationalisierung innerhalb des Okzidents und außerhalb desselben nicht sehr groß. Durchaus zweckmäßig eingerichtet waren bereits die altorientalischen Imperien mit ihren umfangreichen Stäben von Schreibern, Sekretären und Palastbeamten, ihren Garnisonen und Kurieren; nicht weniger zweckgemäß unter dem Gesichtspunkt der Herrschaftssicherung war die abbasidische Diwanverwaltung mit ihren Abteilungen für Steuern und Finanzen, Heer- und Rechnungswesen, Post und Spionage. Zur planvollen Organisation der chinesischen Bürokratie mit ihrem komplizierten System von Prüfungen und ihrem Zensorat gab es in der westlichen Welt bis ins 18. Jahrhundert kein Pendant. Weber hat denn auch nicht gezögert, im Hinblick auf die orientalischen Patrimonialstaaten von Rationalität und Rationalisierung zu sprechen (WG 586, 645). Mit dem Begriff der Zweckrationalität kommt man nicht sehr weit, wenn man kulturspezifische Rationalisierungsprozesse erfassen will.

Schon etwas anders sieht es aus, wenn man Rationalisierung als Ausdifferenzierung der inneren Eigengesetzlichkeiten von Ordnungen versteht (GARS I, 541). Hier finden sich innerhalb des Okzidents in der Tat bereits im Mittelalter einige Ansätze, für die es in anderen Kulturen keine Parallele gibt. Durch die weiter unten noch zu behandelnde 'päpstliche Revolution' des 11./12. Jahrhunderts (siehe Corollarium I) löste sich die Kirche aus ihrer Verflechtung mit den weltlichen Herrschafts- und Rechtsverhältnissen und gestaltete sich zu einer mehr oder weniger autonomen Institution mit eigener Verwaltungshierarchie, eigener Jurisdiktion und eigenem Recht aus. Die mittelalterliche Stadt Nordwest- und Mitteleuropas war ein sehr stark ökonomisch orientiertes Gebilde, dessen Interesse weniger die territoriale Expansion mit politisch-militärischen Mitteln als der Erwerb durch rationale Wirtschaft war. Sie bot darüber hinaus einen Schutzraum, in dem sich auch die ideellen Interessen freier entfalten konnten als irgendwo sonst auf der Welt. Namentlich für die Rationalisierung des Rechts war es von fundamentaler Bedeutung, daß die Schulung der Rechtspraktiker an Universitäten erfolgte, relativ autonomen Einrichtungen, die Distanz zu den Alltagsbedürfnissen der Rechtsinteressenten ermöglichten. Nicht weniger wichtig war der Umstand, daß durch die Konkurrenz mehrerer Staaten die Eigengesetzlichkeiten der Staatsräson – die Orientierung am Selbstzweck der Erhaltung oder Umgestaltung der inneren und äußeren Gewaltverteilung – einen mächtigen Auftrieb erhielten (GARS I, 547). Die Entstehung einer pragmatischen, nicht mehr primär religiös-teleologischen Politik im Sinne Machiavellis hat hier ebenso ihre Wurzel wie das System zwischenstaatlicher, durch Diplomatie, Kongresse und Verträge regulierter Beziehungen, in dem Giddens (1985, 85 ff.) eine Besonderheit des europäischen Absolutismus sieht.

Ansätze zur Ausdifferenzierung von Eigengesetzlichkeiten gab es also, doch sollte man ihre Einzigartigkeit nicht überschätzen. Auch wenn die Behauptung Münchs überzogen ist, die außereuropäischen Hochkulturen seien durch eine weitaus schärfere Auseinanderziehung von eigengesetzlichen Handlungssphären gekennzeichnet (Münch 1984, 22), so ist doch der Hinweis auf die Existenz solcher Eigengesetzlichkeiten richtig. Indien kannte, wie das Arthaśāstra dokumentiert, schon zur Maurya-Zeit eine machiavellistische Politik und eine ausgefeilte politische Geometrie (GARS II, 3, 145). In China erstrebten die Legalisten eine Emanzipation der Politik von der Moral und entwickelten eine Lehre, nach der die Politik nur die Gesamtheit der Techniken und Mittel war, die die Vorherrschaft des Staates garantierten. Diese Ansätze wurden zwar mit dem Übergang zur imperialen Ordnung z. T. wieder eingeebnet, doch gilt dies unter verändertem Vorzeichen auch für den Okzident. Die erstarkende Fürstenherrschaft machte hier schon bald der städtischen Autonomie ein Ende, unterwarf die Universitäten obrigkeitlicher Kontrolle, ordnete die Wirtschaft patrimonialen Zielen unter und setzte rechtspolitisch Akzente, die mitnichten auf der Linie weiterer Logisierung und Systematisierung lagen. Die im Kern patrimoniale politische Herrschaft, schreibt Weber über den aufgeklärten Despotismus des 18. Jahrhunderts, hat den „Typus des Wohlfahrtsstaats angenommen und schreitet unbekümmert über das konkrete Wollen der Rechtsinteressenten ebenso wie über den Formalismus des geschulten juristischen Denkens hinweg" (WG 493). Von einer gleichsam entwicklungsautomatisch wirkenden Tendenz zur Differenzierung, wie sie die funktionalistische Soziologie unterstellt, findet sich bei Weber keine Spur.

Was unter dem „spezifisch gearteten 'Rationalismus' der okzidentalen Kultur" zu verstehen ist (GARS I, 11), erschließt sich mithin weder mit Hilfe der Kategorie der Zweckrationalität noch allein mit Hilfe des Differenzierungstheorems. Grundlegend ist vielmehr etwas anderes: die Unterscheidung von materialer und formaler Rationalität. Beide Begriffe werden oft mit Wert- bzw. Zweckrationalität gleichgesetzt, liegen aber auf unterschiedlichen Ebenen. Formale Rationalität meint Rechenhaftigkeit, materiale Rationalität dagegen eine Dimension des Begründens, die auf die objektiven Handlungsergebnisse abstellt. Dabei kann die Orientierung an Werten hineinspielen, doch ist dies nicht zwingend erforderlich. 'Material' zielt auf Inhalte, und davon sind Werte nur eine Teilmenge. Materiale Rationalisierung läßt sich dann so verstehen, daß eine Handlung oder eine Ordnung derart organisiert wird, daß die Ergebnisse des Handelns einem vorausgesetzten Zweck entsprechen; formale Rationalisierung als ein Vorgang, bei dem Handlungen oder Ordnungen kognitiv durchstrukturiert, logifiziert und systematisiert werden, so daß jeder Schritt sicher und berechenbar ist[13].

---

[13] Vgl. Döbert 1989, 232 f., 241. In die gleiche Richtung weist Rigbys Unterscheidung von *goal-rationality*, die er den *task-achieving bureaucracies*, und *formal-legal rationality*, die er den *rule-applying bureaucracies* zuweist (1982,

Vor dem Hintergrund dieser Überlegungen läßt sich Webers These folgendermaßen fassen. Der frühneuzeitliche Staat ist nicht deswegen 'rational', weil er instrumentelle Rationalität implementiert; das haben traditionale Staaten außerhalb des Okzidents ebenfalls getan. Er ist es auch nicht deswegen, weil er eine Differenzierung der politisch-administrativen Teilordnung von anderen Teilordnungen einleitet; die patrimoniale Komponente hat vielmehr im Okzident genau wie in anderen Hochkulturen dazu geführt, vorhandene Ansätze zur Ausdifferenzierung von Eigengesetzlichkeiten wieder einzuebnen. Ebensowenig liegt seine Besonderheit in der Durchführung einer materialen Rationalisierung; denn auch diese hat es, wenngleich nicht mit denselben Zielvorgaben, in anderen Kulturen gegeben. Wenn es eine Differenz gibt, so liegt sie darin, daß die materiale Rationalisierung im Okzident zumindest partiell Methoden und Techniken zu Hilfe nahm, die für die formale Rationalität charakteristisch sind. Woher diese letztere stammt und warum sie vor allem im Okzident zu so herausragender Bedeutung gelangt ist, hat Weber in meinen Augen nicht befriedigend geklärt[14]. Daß jedoch gerade in ihr das Moment liegt, das die Rationalisierung des Staates im Okzident von allen anderen bekannten Formen der politischen Rationalisierung unterscheidet, hat Weber noch in einem seiner letzten Texte, der überarbeiteten Fassung der Einleitung zur ›Wirtschaftsethik der Weltreligionen‹, nachdrücklich hervorgehoben (GARS I, 272).

Versteht man jedoch Rationalität im engeren Sinne als formale Rationalität, so erscheint es fraglich, ob man, wie Weber, schon dem Staat des 16. und 17. Jahrhunderts rationale Züge zusprechen kann. Gewiß: das 16. und mehr noch das folgende Jahrhundert ist in mancher Hinsicht das 'Heldenzeitalter des occidentalen Rationalismus' (Carl Schmitt), dessen Heroen den archimedischen Punkt entdeckt zu haben glaubten, von dem aus die Welt aus den Angeln zu heben sei: sei es, wie Galilei, in der Geometrie, die eine absolute, objektive Sicherheit der Erkenntnis verbürgen sollte; sei es, wie Descartes, im Cogito

11 f.). Rigby entwickelt diese Unterscheidung für die Analyse kommunistischer Systeme, doch taugt sie ebensogut für frühneuzeitliche Staaten.

[14] Dies kontrastiert eigentümlich damit, daß z. B. bei Tönnies und Simmel bemerkenswerte Ansätze vorlagen, einen Zusammenhang zwischen dem Vordringen der Geldwirtschaft und dem Abstraktionsprozeß des begrifflichen Denkens herzustellen: vgl. GG 46; Bickel 1991, 279; Simmel 1958, 360 ff., 496 ff. Auf eine systematisch überzeugende Ebene wurden diese Ansätze erst später gehoben, von Lukács und Sohn-Rethel.

oder, wie Hobbes, im Leviathan, welch letzterer die Anarchie des
Naturzustandes beseitigen und den modernen Sicherheitsstaat begründen sollte. Und gewiß auch gab es einen starken Schub in der Verwissenschaftlichung des Rechts, der mit der Rezeption des *ius commune* in der frühen Neuzeit einsetzte und auf das Staatsrecht nicht
weniger ausstrahlte als auf das Privatrecht.

Eine nüchterne Abwägung wird freilich zu dem Ergebnis kommen,
daß dieser neue Rationalismus sich im 16. und 17. Jahrhundert weitgehend auf die Ebene des Gelehrtendiskurses beschränkte und noch
kaum zu einer Umstrukturierung der sozialen und politischen Ordnungen genutzt wurde. Was das Recht betrifft, so war etwa der französische König, Bodins Souveränitätslehre zum Trotz, keineswegs in der
Lage *de donner loy à tous en general & à chacun en particulier.* Das
französische Staatsgebiet war in drei rechtlich unterschiedene Länder-
gruppen gespalten, von denen zwei (*pays d'états* und *pays conquis*)
über ein hohes Maß an Autonomie verfügten. Auch die Trennungs-
linie zwischen der Zone des kodifizierten römischen Rechts und derjenigen der Gewohnheitsrechte blieb bis weit zum Ende des Ancien régime erhalten (Mager 1980, 157). Ähnlich uneinheitlich waren die
meisten anderen Großmächte dieser Zeit. Spanien, Österreich und
Brandenburg-Preußen waren eher Staatsagglomerationen als Staaten.
Sie hatten ihre Einheit nur auf oberster Ebene in der Person des Landesherrn und waren in rechtlicher Hinsicht nicht weniger zersplittert
als Frankreich. Noch das vielgepriesene Allgemeine Landrecht in
Preußen Ende des 18. Jahrhunderts galt lediglich subsidiär in bezug
auf die Provinzialgesetze und war mit seinen rund 19000 Paragraphen
sowie seinen wohlfahrtsstaatlichen Zielsetzungen eher ein Dokument
des materialen als des formalen Rationalismus (WG 494).

Nicht anders steht es um die Verwaltung. An Webers These vom
Sieg des Fachbeamtentums im 16. Jahrhundert (MWG I/17, 177) ist
nur soviel richtig, daß seit dem Spätmittelalter überall in Kontinental-
europa fachgeschulte Berufsjuristen die wichtigsten Ämter okku-
pierten und eine in der Tat weltgeschichtlich einmalige Verrechtlichung des öffentlichen Lebens durchsetzten. Zugleich aber gilt, daß
das 16. und 17. Jahrhundert den Höhepunkt des staatlichen Ämterhandels erlebten, der darauf hinauslief, die öffentlichen Funktionen
zu privatisieren und die Verfügung der Zentrale über weite Teile ihres
Apparats einzuschränken. In Frankreich rekrutierten sich auf diesem
Wege ganze Zweige der Finanzverwaltung und der Justiz; eine erbliche Kaste von *officiers,* die in den *parlements* über mächtige Veto-
positionen verfügte, setzte jedem Rationalisierungsversuch reform-

freudiger Minister erbitterten Widerstand entgegen und zwang die Zentrale dadurch, sich ihre Ressourcen durch außergewöhnliche und arbiträre Maßnahmen zu beschaffen. Vergleichbare Entwicklungen finden sich in Venedig, im Kirchenstaat, in Spanien und selbst in Preußen, wo unter Friedrich Wilhelm I. die Ämter in der Justiz und in den städtischen Verwaltungen so gut wie käuflich wurden (Reinhard 1986; Hintze 1970, 250).

Eine rationale Finanz- und Wirtschaftsverwaltung, wie sie Weber schon für die frühe Neuzeit sehen will, war unter diesen Umständen ausgeschlossen. Die Fürsten lebten von der Hand in den Mund, lavierten ständig am Rande des Bankrotts und sahen sich immer wieder zu Verzweiflungsmaßnahmen wie Steuerverpachtung, Münzverschlechterung oder sogar Konfiskationen genötigt. Selbst der Merkantilismus, in dem Autoren wie Schmoller ein umfassendes System staatlicher Machtschöpfung und -erweiterung sahen, erweist sich bei genauerer Prüfung als gekennzeichnet durch „zunehmende doktrinäre Erstarrung, sachfremde Anforderungen der Politik, durch Fiskalismus und Korruption, durch Imitationsgebaren und Verwaltungsmarasmus" (Hinrichs 1986, 355). Daß der Staat des 17. Jahrhunderts, wie Carl Schmitt durchaus auf der Linie Max Webers behauptet, das erste Produkt des technischen Zeitalters gewesen sei, der erste moderne Mechanismus großen Stils, gehört zu den Legenden einer Wissenschaft, die das Reich der Ideen mit der historischen Wirklichkeit verwechselt.

Es widerspricht dieser Feststellung nicht, wenn man dem frühneuzeitlichen Staat gleichzeitig ein hohes Maß an *materialer* Rationalisierung attestiert. Dazu gehört die von Elias (1975) so meisterhaft herausgearbeitete Formierung der höfischen Gesellschaft, die für die Mitglieder des einstigen Kriegeradels eine ausgeprägte Affektmodellierung und eine starke Ritualisierung der Interaktion mit sich brachte. Dazu gehört weiter die Ausrichtung der Außenpolitik an Prestigewerten wie der *gloire*, die eine Intensivierung der zwischenstaatlichen Machtkämpfe bewirkte und weitreichende Rückkoppelungseffekte im Hinblick auf die Logistik hatte (Parker 1988, 45 ff.). Und dazu gehört endlich auch die Schaffung eines angemessenen Unterbaus für die höfische Gesellschaft durch den Erlaß zahlloser Landes- und Polizeyordnungen, die den verschiedenen Gesellschaftsschichten einen je spezifischen Spielraum im Repräsentationsverhalten gewährten und damit außerhalb des Hofes eine ähnliche Funktion der Spannungsregulierung erfüllen sollten, wie sie bei Hofe die Etikette wahrnahm (Plodeck 1976, 121 f.).

Vieles von dem, was in der neueren Forschung unter dem Obertitel 'Sozialdisziplinierung' verhandelt wird[15], ist Ausdruck dieser materialen Rationalisierung. Ihr ging es nicht um Gleichförmigkeit und Berechenbarkeit an sich, sondern um die Durchsetzung inhaltlich bestimmter Normen, welche sich im wesentlichen kaum von den traditionellen christlichen Idealen von Sittsamkeit, Mäßigung und Zurückhaltung unterschieden, wie sie schon von den Kirchenzuchtreglements vertreten worden waren (Reinhard 1983; Schilling 1987). Die absolutistische Sozialdisziplinierung mit ihrem Akzent auf normativen Mechanismen war vielfach nichts anderes als die Übernahme und Verallgemeinerung dieser älteren Formen der Sittenregulierung durch den Staat; und wenn es dabei im 17. Jahrhundert zu einer gewissen Intensivierung kam, so war dies weniger ein Vorgriff auf die späteren Strategeme der 'reellen Subsumtion' als vielmehr der Versuch, der wachsenden Probleme von Bevölkerungszunahme und sozialer Polarisierung durch einen Rückgriff auf die religiöse und ethische Lebensreglementierung der Vergangenheit Herr zu werden[16]. Daß sich dann diese übersteigerte Moralisierung äußerst förderlich auf die 'Fabrikation des zuverlässigen Menschen' (Foucault) auswirkte und objektiv den Siegeszug von Mächten begünstigte, die Religion und Ethik aus ihrer sozial dominierenden Position verdrängen sollten, gehört zu jenen Paradoxien der Wirkung gegenüber dem Wollen, für die Max Weber den Blick geschärft hat.

III.

Ein Politikfeld gibt es jedoch, in dem die formale Rationalisierung schon während des 16. und 17. Jahrhunderts Fortschritte machte: das Kriegswesen[17]. Damit will ich mich nicht zum Anwalt einer Theorie

---

[15] Zur Diskussion um diesen von G. Oestreich geprägten Begriff vgl. zuletzt Schulze 1987; kritisch Dinges 1991 (mit einer Entgegnung von Robert Jütte im gleichen Heft).

[16] Wie wenig diese Praxis an den Absolutismus gebunden war, zeigt das Beispiel England, wo vergleichbare Formen der Sozialdisziplinierung durch die lokalen Eliten durchgesetzt wurden, nicht durch den Zentralstaat: vgl. v. Friedeburg 1991 m.w.N.

[17] Ich betone: Politikfeld. Auf anderen Feldern, von der Naturwissenschaft über das Manufakturwesen bis hin zum höfischen Ballhausspiel und zum Ballett lassen sich selbstverständlich viele weitere Beispiele für die 'Geometrisierung des Menschen' finden: siehe Eichberg 1986, 77 ff.

machen, die den Geist der Moderne wesentlich als militärischen Geist begreift und im Krieg das Apriori der Rationalität sieht (Virilio). Ein so singuläres Ereignis wie das Aufkommen der experimentellen Wissenschaften läßt sich nicht aus einem Phänomen erklären, das so universell verbreitet ist wie der Krieg. Außer Frage aber steht, daß die bewaffnete Auseinandersetzung rivalisierender Staaten das Feld war, in dem die formale Rationalität zuerst und in größtem Umfang implementiert wurde (Sombart 1913, 32). Ob es zutreffend ist, deshalb von einer Epoche des Militarismus zu sprechen, wie Otto Hintze dies tut, mag dahingestellt bleiben. Unbedingt richtig aber ist seine These, daß die Armee in den kontinentalen Staaten geradezu zum Rückgrat des neuen zentralisierten Großstaates und, wie man hinzufügen könnte, zur Speerspitze der formalen Rationalisierung wurde (Hintze 1970, 69).

Ansätze dazu lassen sich bereits in den oranischen Heeresreformen seit Ende des 16. Jahrhunderts ausmachen. Zwar dominiert auch hier die materiale Rationalisierung noch insofern, als die Reformer unter dem Einfluß des von Justus Lipsius (1547–1606) propagierten Neustoizismus ihr Hauptaugenmerk auf die Schaffung eines soldatischen Standesethos richten, das um Werte wie Standhaftigkeit, Selbstbeherrschung und Pflichterfüllung zentriert ist (Oestreich 1969, 77, 64). Doch verband sich diese Strategie von Anfang an mit organisatorischen Maßnahmen, die den Soldaten – und das heißt zu dieser Zeit: den Söldner – nicht als ein ethischen Maximen folgendes, zu Entscheidungen fähiges Subjekt ansprachen, sondern im Gegenteil auf die Auslöschung seiner Eigenständigkeit und seine Einordnung in einen automatisch funktionierenden Mechanismus zielten. Um Einheit, Präzision und Kalkulierbarkeit der Truppenkörper zu erreichen, wurden die Soldaten einem sorgfältig ausgearbeiteten Exerzierreglement unterworfen, das ein ständiges Üben bestimmter Waffengriffe und Bewegungen vorsah. Zur Koordination wurde eine neue, unmißverständliche Kommandosprache eingeführt, die zwischen Ankündigungs- und Ausführungsbefehlen unterschied und die oft komplizierten Bewegungen in Einzelschritte aufschlüsselte. Die unterschiedlichen Stellungen und Wendungen der Soldaten wurden wie geometrische Grundfiguren behandelt und systematisiert; unter dem Terminus 'Evolutionen' wurden sie der mathematischen Kriegslehre (mathematica militaris) eingegliedert und später von Leibniz zur *scientia evolutionum* weiterentwickelt (Eichberg 1986, 86). Anstelle der individuellen Heldenekstase, so beschreibt Weber diesen Prozeß, anstelle

„der Pietät, enthusiastischen Begeisterung und Hingabe an den Führer als Person, des Kultes der 'Ehre' und der Pflege der persönlichen Leistungsfähigkeit als einer 'Kunst' setzt sie (scil.: die militärische Disziplin) die 'Abrichtung' zu einer durch 'Einübung' mechanisierten Fertigkeit und, soweit sie an starke Motive 'ethischen' Charakters überhaupt appelliert (die Ausrichtung auf) 'Pflicht' und 'Gewissenhaftigkeit' voraus … alles aber im Dienst des rational berechneten Optimum von physischer und psychischer Stoßkraft der gleichmäßig abgerichteten Massen" (WG 682).

Unter dem Primat der Kalkulierbarkeit steht auch der zweite Eckpfeiler der *mathematica militaris*, der Festungsbau bzw. die *architectura militaris*. Schon gegen Ende des 15., Anfang des 16. Jahrhunderts wurde in Italien ein neuer Festungstyp entwickelt, die *trace italienne*, die die Überlegenheit der Belagerungsgeschütze drastisch reduzierte und eine bastionierte Stadt in die Lage versetzte, selbst dem bestausgerüsteten Angreifer zu widerstehen. Mit der Ausbreitung dieses Typs auf das übrige Europa machte die Verwissenschaftlichung des Kriegswesens rasche Fortschritte. Die architektonische Gliederung der Städte wurde nun zunehmend nach ballistischen und pyrotechnischen Gesichtspunkten bestimmt und die Befestigung den Imperativen des Feuerleitplans unterworfen. Das Axiom, jede Stelle im Vorgelände der Bastionen müsse aus mehreren Geschützen bestreichbar sein, erzwang Grundrisse aus der Reihe der Regelvierecke und förderte den Drang nach Geometrisierung, Regularität und höchster Symmetrie. Ganze Städte wurden jetzt auf dem Reißbrett entworfen und, wie die Vielzahl frühmoderner Planstädte zeigt, auch verwirklicht. Militärisch gesehen war die extensive Fortifikation zwar nicht unproblematisch, weil sie eine Verstärkung der Garnisonen erzwang und damit der Feldarmee wichtige Kräfte entzog. Andererseits steigerte die Kasernierung in einer nach geometrischen Prinzipien konstruierten Anlage die Kontrollierbarkeit der Truppen und schuf allererst den Rahmen für das tägliche Exerzieren im Garnisonsdienst (McNeill 1984, 89; Eichberg 1986, 73 ff.; Parker 1988, 12 ff., 24 ff.; Neumann 1990).

Weitere Indizien für die formale Rationalisierung des Kriegswesens lassen sich ohne Mühe finden. Seit dem 17. Jahrhundert sind die Zahlenangaben für die Mannschaftsstärke verläßlich, was auf sorgfältige Registerführung schließen läßt. Die Waffen, insbesondere die Handfeuerwaffen, werden standardisiert, die individuellen Kostüme durch Uniformen ersetzt (Sombart 1913, 83, 155 ff.). Die Offiziersstellen bleiben zwar käuflich, doch wird die Hierarchie verstärkt und eine strenge Rangordnung eingeführt. Zur besseren Schulung der Füh-

rungskräfte werden Militärakademien eingerichtet – die erste 1617 in
Siegen durch Johann von Nassau –, in denen neben traditionellen
höfischen Tugenden das Wissen vom Festungsbau, der Heeresauf-
bringung und -verwaltung und der Kartographie vermittelt wird. Im
18. Jahrhundert kommen spezielle Schulen für Stabsoffiziere, Artille-
risten und Ingenieure hinzu, die das Ihre dazu beitragen, die Verwissenschaftlichung des Krieges voranzutreiben.

„Diese Entwicklungen setzten der Epoche ein Ende, in der die
Kriegskunst noch durch bloße Erfahrung oder Zeitabläufe erlernbar
war. Der Befehlshaber des neuen Zeitalters mußte etwas von einem
Mathematiker an sich haben und in der Lage sein, die ihm von den
Wissenschaftlern übergebenen Instrumente zu benutzen. Gustav
Adolf verkündete unaufhörlich die Wichtigkeit der Mathematik;
Monro und Turner sprachen geringschätzig von den alten Soldaten,
die noch Analphabeten gewesen waren" (Roberts 1986, 293; McNeill
1984, 128, 148, 154).

Nicht wenige Autoren schreiben indes dem Krieg und seiner Voraussetzung: der Existenz einer Vielzahl militärischer und wirtschaftlicher
Machtzentren, einen noch wesentlich weiter gehenden Effekt zu. So
sieht etwa Otto Hintze im beständigen Wettbewerb um erhöhte
Machtgeltung zwischen den einzelnen Staatsgebilden die Haupur-
sache für die „steigende Intensivierung und Rationalisierung des
staatlichen Anstaltsbetriebs" (1970, 144); ähnlich argumentieren die
Vertreter des *politico-strategic interaction approach* (Skocpol, Zol-
berg), die den für Europa typischen Dynamismus aus der kriegeri-
schen Konkurrenz ableiten. Auch Max Weber hat sich gelegentlich in
dieser Richtung geäußert. Die Konkurrenz mehrerer unabhängiger
Staaten, heißt es etwa in der China-Studie, habe im Okzident eine Rationalisierung der staatlichen Wirtschaft und Wirtschaftspolitik ent-
bunden, die das feste Gehäuse der Pfründnerinteressen und damit die
Basis des Traditionalismus gesprengt habe; wohingegen im Orient das
mit der Etablierung von Weltreichen einhergehende „Aufhören der
machtpolitischen Konkurrenz der Staaten miteinander die Rationalisierung des Verwaltungsbetriebs, der Finanzwirtschaft und der Wirtschaftspolitik kollabieren" ließ (GARS I, 348 f.).

In dieser zugespitzten Form ist die These nicht haltbar. Die bloße
Machtkonkurrenz hat, wie die Geschichte der indischen und chinesi-
schen Staatensysteme lehrt, nicht die Rationalisierung, sondern die
Ruinierung der beteiligten Staaten bewirkt und sie zur leichten Beute
für Eroberer gemacht. Auch für die okzidentalen Staaten lag dieses
Schicksal so fern nicht, wie die Bankrotterklärungen des 16. und

17. Jahrhunderts und die Anfangserfolge der Türken belegen. Daß ihre Entwicklung dennoch eine andere Richtung nahm, ist nicht mit der Staatenkonkurrenz als solcher zu erklären, sondern mit einer Zusatzbedingung: der Tatsache, daß „die partikulären Staatsgewalten des Okzidents (...) um das freizügige Kapital *konkurrieren*" mußten (GARS I, 394). Um Kriege zu führen bzw. sich dafür zu rüsten, brauchten die Staaten Kapital. Davon gab es in Europa seit der Handelsrevolution des Mittelalters eine Menge, aber, und dies war entscheidend, es befand sich in der Hand von Mächten, die über ein beträchtliches Maß an Unabhängigkeit verfügten und es erfolgreich verstanden, sich dem Zugriff der patrimonialen Instanzen zu entziehen: zunächst die großen italienischen Bankhäuser, später die kommerziellen Zentren in Antwerpen, Amsterdam, London mit ihrem ausgedehnten Netzwerk von Niederlassungen. Auch wenn es einzelnen Herrschern gelang, die innerhalb ihres Territoriums gelegene Hierarchie städtischer Zentralplätze zu unterwerfen, so kontrollierten sie damit doch nur einen Teil dieses Netzwerks und mußten bald feststellen, daß sich die Kapital- und Handelsströme verlagerten, wenn sich die Bedingungen verschlechterten.

Diese "long-lasting discrepancy between the geographies of coercion and of capital" (Tilly 1990, 52) hatte eine nicht zu unterschätzende erzieherische Funktion, lehrte sie doch die Herrscher, daß die besten Durchsetzungschancen im politischen Kampf letztlich bei denjenigen lagen, die es besser als ihre Konkurrenten verstanden, ihre Kreditwürdigkeit zu wahren und sich einen kontinuierlichen Nachschub zu sichern (Kennedy 1989, 133). Es war diese ungleiche Kreditfähigkeit, die ein wachsendes Machtgefälle in das europäische Staatensystem brachte und schließlich die Schwächeren zwang, sich bei Strafe des Untergangs auf neue, rationale Methoden der Ressourcenerschließung umzustellen. Max Weber hat diesen Zusammenhang erkannt, wenn er neben rein historisch gegebenen Machtkonstellationen vor allem zwei Bedingungen für die formale Rationalisierung verantwortlich macht: „die Entstehung des *Bürgertums* auf der Grundlage der (*nur* dort im okzidentalen Sinne entwickelten) *Städte* und dann die Konkurrenz der Einzelstaaten um Macht *durch rationale* (das hieß: bürokratische) *Verwaltung* und fiskalisch bedingtes Bündnis mit den kapitalistischen Interessenten" (WG 151).

Auf die Struktur der staatlichen Apparate hat sich diese Konfiguration freilich nur sehr langsam und in sehr vermittelter Weise ausgewirkt. Der entscheidende Sprung erfolgte erst im 18. Jahrhundert, als die sogenannte *financial revolution* in England einen institutionellen

Rahmen schuf, der für langfristige Kredite zu relativ niedrigen Zinsen sorgte und England damit einen unschätzbaren Vorteil gegenüber seinen Rivalen verschaffte. Die Gründung der Bank von England 1694, die bald darauf erfolgende Regulierung der Staatsschuld, die Garantie der Verpflichtung der Regierungen durch das Parlament und nicht zuletzt der stetige Anstieg der öffentlichen Einnahmen aus Zöllen und Verbrauchssteuern machten britische Staatsanleihen sowohl für ausländische als auch für inländische Investoren attraktiv und ermöglichten es dem Staat, selbst schwere Niederlagen wie den amerikanischen Unabhängigkeitskrieg zu bewältigen – sehr im Gegensatz zu Frankreich, das zwar nach außen zu den Siegern zählte, jedoch an den Folgelasten des Krieges zusammenbrach (Kennedy 1989, 133 ff.).

Ausgerechnet England, das von einer Honoratiorenoligarchie regiert wurde und weder in administrativer noch in rechtlicher Hinsicht eine besondere Neigung zur formalen Rationalität zeigte, wurde damit kraft seiner wirtschaftlichen und eo ipso auch militärischen Überlegenheit zum Auslöser jener Serie von Zusammenbrüchen und Reorganisationsversuchen, aus der Ende des 18. Jahrhunderts der rationale Staat hervorging. Zuerst kollabierte das Ancien régime in Frankreich, dessen Staatsschuld zwar etwas niedriger als die englische, dafür aber mit doppelt so hohen Zinsen belastet war. Alle Versuche, das antiquierte und ineffiziente Steuersystem zu reformieren, scheiterten und führten schließlich zur Einberufung der Generalstände, die den Auftakt zur Revolution bildete. Die Revolution wiederum bewirkte, bei allen irrationalen oder antirationalen Zügen, die sich zeitweise in den Vordergrund schoben, eine „Monopolisierung, Zentralisierung, Professionalisierung und Bürokratisierung der politischen Gewalt" (Mager 1980, 231), die nun dem französischen Staat vorübergehend eine gewaltige Überlegenheit verlieh und jene beispiellose Expansion auslöste, in deren Verlauf auf dem Kontinent ein patrimoniales Regime nach dem anderen zusammenbrach. Es war diese politische Katastrophe, die eine Ablösung des Staates von den traditionalen Eliten einleitete und nunmehr auch jene Felder für die Implementierung der formalen Rationalität öffnete, die bis zu diesem Zeitpunkt durch das 'feste Gehäuse der Pfründnerinteressen' versperrt waren: Verwaltung und Recht.

IV.

Es ist heute nicht mehr en vogue, die französische Revolution als
Zäsur zu interpretieren. Die plakativen Stilisierungen der marxisti-
schen, besser wohl: jakobinisch-leninistischen Geschichtsschreibung
haben sich als Verzerrungen und Vereinfachungen erwiesen, das neue
Interesse an der *longue durée* hat Ereignisse wie 1789 im Kontinuum
langfristiger Transformationen verschwinden lassen. Zivilisations-
oder gesellschaftsgeschichtlich gesehen liegt der eigentliche Bruch in
der französischen Geschichte frühestens Mitte des 19. Jahrhunderts,
im Gefolge der industriellen Revolution, an der gemessen die *Grande
Révolution* eher als Oberflächenkräuselung erscheint.

Das mag im großen und ganzen stimmen, gilt aber nicht für die
politische bzw. staatliche Ebene, wo der Zäsurcharakter von 1789
unverkennbar ist. Legt man die Kategorien der Weberschen Herrschaftssoziologie zugrunde, so war das Ancien régime im Kern ein traditionaler Staat, der zwischen zwei Formen des Patrimonialismus
oszillierte: dem ständisch stereotypierten der *noblesse de robe* und
dem arbiträren der Krone. Ging die Tendenz der ersteren zur privaten
Appropriation der Ämter und der Herrenrechte, somit zu einer struk-
turellen Dezentralisierung, so versuchte die zweite immer wieder, das
Steuer herumzureißen und der Erosion der Zentralgewalt entgegenzuwirken: sei es, wie im 17. Jahrhundert, durch die Ausbootung des
hohen Adels aus der Regierung oder durch die Einführung der Inten-
dantenverwaltung; sei es, wie im 18. Jahrhundert, durch staatsstreich-
artige Reformen, die die Ämterkäuflichkeit für einen Teil der obersten Gerichtsbehörden aussetzten.

Beide Kräfte wirkten dabei zweifellos rationalisierend – der Amts-
adel, indem er sich für eine Verrechtlichung des Institutionensystems
einsetzte, die Krone, indem sie eine Desintegration des Staates zu verhindern suchte. In beiden Fällen aber lag der Hauptakzent auf der
materialen Rationalisierung, d. h. auf der Sicherung vorgegebener traditionaler Herrschaftspositionen. Der *robe* ging es, bei allem Enthu-
siasmus für Natur- und Menschenrechte, um die Festschreibung der
ständisch-korporativen Organisation der Gesellschaft und um die Garantie eines Verwaltungssystems, das durch Eigenrechte der Beamten
am Amt und durch Zurückdrängung rein funktionsbezogener Rekru-
tierungskriterien gekennzeichnet war; der Krone um eine Ausweitung
außerordentlicher Eingriffsmöglichkeiten, die wohl die Schaffung
eines neuen, 'amoviblen' Beamtentyps einschloß, einer formalen Rationalisierung aber schon deswegen entgegenstand, weil die neuen

Funktionsträger persönliche Diener ihres Herrn sein sollten (Hinrichs 1989, 90f.). Es ist deshalb kein Zeichen von Ignoranz, wenn Weber die ältere, von Schmoller und Hintze entwickelte Lehre nicht aufgreift, nach der die Ursprünge der modernen Verwaltung im Beamtentum der absoluten Monarchie, insbesondere in den mit außerordentlichen Befugnissen versehenen Kommissariatsbehörden, zu suchen sind.

Die Revolution hat diese traditionale Konfiguration zerstört. Sicher nicht auf einen Schlag und ohne jeden Rest. Die Ämterkäuflichkeit blieb bei einigen Posten der Gerichtsverwaltung und im Notariat bis in die jüngste Vergangenheit erhalten, und mit dem Amt des Präfekten, das unter dem Konsulat eingeführt wurde, lebten die einstigen Intendanten wieder auf. Dennoch: die Präambel der Verfassung von 1791 erklärte die Käuflichkeit und Erblichkeit der Ämter für abgeschafft, hob die Zünfte und Korporationen auf und beseitigte alle geburtsständischen Privilegien. Die Verwaltung wurde einem neuen Typus von *fonctionnaires* übertragen, die nicht mehr wie die Eliten des Ancien régime durch Absentismus und Dilettantismus glänzten, sondern 'Administration als Beruf' ausübten. War die fachliche Spezialausbildung bei Klerus, Robe und Schwert bis dahin bescheiden gewesen, so wurden jetzt für die einzelnen Ränge bestimmte Schul- oder Universitätsabschlüsse verbindlich gemacht; die Rekrutierung erfolgte über Aufnahme- und Auswahlprüfungen anstatt nach ständischen Merkmalen; die Alimentierung über das Gehalt anstatt über Pfründen und Sporteln.

Auch in den übrigen Kriterien ist eine weitreichende Annäherung an den Idealtypus der rationalen Bürokratie zu verzeichnen. Die neuen *fonctionnaires* hatten sich in ein hierarchisch gegliedertes Behördensystem einzupassen, wurden nach Anciennität und Leistung befördert, mit Altersversorgung ausgestattet und mit Kompetenzen versehen, die ihrer Fachausbildung entsprachen. Sie unterlagen einer strengen Amtsdisziplin und Kontrolle und hatten die Anordnungen der Regierung ohne Mitberatungs- und Einspruchsrechte auszuführen. Die Spitzenbeamten wurden wohl auch weiterhin aus dem Kreis der Notabeln ausgewählt und hatten politisch zuverlässig und loyal zu sein. Insgesamt aber wurde ein Apparat geschaffen, der nicht personen-, sondern sachorientiert war und deshalb von verschiedenen, wechselnden Regierungen eingesetzt werden konnte (Mager 1980, 199ff., 220ff.):

„Unter allem Wechsel der Herren in Frankreich seit der Zeit des ersten Kaiserreichs blieb der Herrschaftsapparat im wesentlichen derselbe. Indem dieser Apparat, wo immer er über die modernen Nachrichten- und Verkehrsmittel (Telegraph) verfügt, eine 'Revolution' im Sinn der gewaltsamen Schaffung ganz neuer Herrschaftsbildungen rein technisch und auch durch seine innere durchrationalisierte Struktur zunehmend zur Unmöglichkeit macht, hat er – wie in klassischer Weise Frankreich demonstriert – an die Stelle der 'Revolutionen' die 'Staatsstreiche' gesetzt, – denn alle gelingenden Umwälzungen liefen dort auf solche hinaus" (WG 571).

In gleicher Weise öffnete die Revolution das Recht für die formale Rationalisierung. Zwar entwickelte jedes neue Regime die ihm gemäße Verfassung, doch kristallisierten sich allmählich einige Prinzipien heraus, die von Bestand sein sollten: die Umstellung von Gottesgnadentum und dynastischem Erbrecht auf die Volkssouveränität und die durch Wahlen vermittelte Repräsentation des nationalen Gemeinwillens; die Einschmelzung aller partikularen Rechtssetzungskompetenzen in einer einzigen universalistischen Anstalt und deren Binnendifferenzierung durch Gewaltenteilung; die rechtliche Nivellierung durch Einführung der Privatrechtsgleichheit; und die Schaffung von Freiräumen vor staatlichen Eingriffen durch die verfassungsrechtliche Anerkennung von Menschen- und Bürgerrechten (Reichardt/Schmitt 1980, 316f.; Mager 1980, 222f.). Die Abschaffung der alten Parlamente, Präsidial-, Kommunal- und seigneurialen Gerichte ermöglichte eine rationale Neugestaltung des Justizwesens; die Einführung eines neuen Strafgesetzbuches (1791) sowie die freilich erst unter Bonaparte abgeschlossene Kodifikation des Zivilrechts die Vereinheitlichung und Rationalisierung der Rechtsprechung. Der Code Civil, „das Produkt der rationalen Gesetzgebung" (WG 496), setzte alle früher geltenden Rechtssysteme außer Kraft und erhob den Anspruch, eine vollständige und systematische Darstellung des zivilen Rechts zu sein. Mit seinem berühmten Artikel 4, der den Richter mit Strafe bedrohte, der unter Berufung auf angebliche Lücken des Gesetzes eine Entscheidung verweigerte, kam er jener mechanischen Vorstellung sehr nahe, derzufolge das Recht eine Maschine und der Richter ein bloßer Automat sei, „in welchen man oben den Tatbestand nebst den Kosten einwirft, auf daß er unten das Urteil nebst den Gründen ausspeie" (WG 507). Auch wenn der Code im Hinblick auf die konstruktive Bearbeitung von Rechtsinstitutionen in ihrem pragmatischen Zusammenhang einiges zu wünschen übrig ließ; auch wenn er in der technischen Genauigkeit nicht das Niveau seines knapp hundert Jahre jüngeren Rivalen, des BGB, erreichte, markierte er doch gegenüber den vorrevolutionären Kodifikationen des Patrimonialstaates einen deutlichen Bruch (WG 496).

Auf politischer, administrativer und rechtlicher Ebene ist also der revolutionäre Charakter der Ereignisse von 1789 evident; und dies nicht nur in Frankreich, sondern auch in den Nachbarstaaten, die bald die Auswirkungen dieser Ereignisse zu spüren bekamen. Im Alten Reich, auf das ich mich hier beschränken muß, kam es im Gefolge der militärischen Siege Napoleons zu einer Flurbereinigung gigantischen Ausmaßes. Durch den Reichsdeputationshauptschluß (1803), den Preßburger Frieden (1805) und die Rheinbund-Akte (1806) wurden die zahlreichen Reichsstädte und Reichsritterschaften mediatisiert und in Territorialstaaten eingeschmolzen. Die geistlichen Fürstentümer wurden säkularisiert und anderen Staaten zugeschlagen. 1806 waren von den fast 1800 Herrschaftseinheiten der vorrevolutionären Epoche nur noch rund 30 übrig (Wehler 1987, I, 363 ff.).

In diesen neuen Staaten wurden die von der französischen Revolution ausstrahlenden Impulse in eine Revolution von oben transformiert. Satellitengebilde wie Westfalen und Berg übernahmen viele französische Institutionen und Gesetze direkt, allen voran den Code Napoleon. In Baden, in der bayerischen Pfalz und in Frankfurt kam es zu Kompromißlösungen, doch erwiesen sich diese als stabil genug, um den Rückzug der französischen Truppen zu überdauern; im gesamten rheinischen und westfälischen Deutschland blieb der Code bis zur Einführung des BGB im Jahre 1900 geltendes Recht (Fehrenbach 1974). Andere Länder wie Sachsen oder Mecklenburg konnten sich dem französischen Einfluß fast gänzlich entziehen, während wieder andere wie Preußen wohl ihre Eigenständigkeit bewahrten, angesichts der horrenden Kontributionsforderungen aber zu tiefgreifenden Einschnitten in ihre Wirtschafts- und Sozialverfassung genötigt waren. Die militärische Unterwerfung und die direkte Assimilierung an die von der Revolution geschaffenen Strukturen wirkten auf diese Weise ebensosehr als Hebel der Rationalisierung wie die wachsende Staatsverschuldung, der Zwang zur politischen Integration neugewonnener Territorien mit oft völlig heterogenen Traditionen oder der Wille zur Mobilisierung aller Ressourcen, um dem französischen Hegemoniestreben entgegenzutreten.

Die napoleonische Ära wurde damit zur Epoche, in der auch in Deutschland die Überwindung des Patrimonialstaates begann. Gewiß lassen sich bereits im spätfriderizianischen Preußen Ansätze zur Zurückdrängung der monarchischen Autokratie und zur Rationalisierung der Bürokratie entdecken, die sich u. a. in der Einführung von obligatorischen Zulassungsprüfungen und Befähigungsnachweisen sowie einer stärkeren Akzentuierung des Leistungsprinzips manifestierten, doch wurden diese wieder blockiert, indem die Behörden sich selbst durch Kooptation ergänzten und so die alten Praktiken des Nepotismus und der Günstlingswirtschaft fortsetzten (Rosenberg 1966, 178 ff.). Die militärische Niederlage und der wachsende Schuldendruck verengten jedoch den Handlungsspielraum des alten Staates so sehr, daß sich das Feld für grundlegende Reformen öffnete. Fast überall, am frühesten und entschiedensten aber in Süddeutschland, wurde nun das schwerfällige Kollegialsystem, bei dem Entscheidungen durch Mehrheitsbeschlüsse der Kollegialräte getroffen wurden, durch das französische Direktorialsystem ersetzt. An die Stelle des Provinzialprinzips, nach dem alle Belange einer Region von einem einzigen Rätegremium bearbeitet wurden, trat das Real- oder Sachsystem, das an Sachmaterien und Kompetenzen orientiert war und, wenn auch zunächst nur in den Mittelbehörden, mit einer Trennung von Justiz und Verwaltung einherging. Zugleich wurde der Staatsapparat auf die bislang der ständischen Selbstverwaltung vorbehaltene lokale Ebene ausgedehnt und damit die bis heute bestehende Dreistufigkeit der Verwaltung – Ministerien, Mittelinstanzen, Lokalverwaltung – geschaffen. Nur wenige Länder wie Bayern (1808) und Baden (1815) wagten allerdings den Schritt, das neue Verwaltungsrecht durch ein Verfassungsrecht zu ergänzen, das den Herrscher formell in ein Organ des überpersönlichen Staates verwandelte und eine wie immer noch begrenzte Repräsentation und Partizipation der 'Aktivbürger' vorsah (Wunder 1986, 24 f.).

Abgestützt wurde die formale Rationalisierung durch ein neues Beamtenrecht. Entgegen der von der borussischen Historiographie gepflegten Legende waren es die süddeutschen Staaten, allen voran Bayern, die hier die entscheidenden Weichen stellten, während für Preußen auch nach der Reformära noch eine Neigung zur Militarisierung der Verwaltung typisch blieb. An die Stelle von willkürlicher Reglementierung und Bestrafung, die die Bürokratie des Ancien régime geprägt hatten, trat eine neue Orientierung, die den Beamten durch Belohnungen zu Höchstleistungen anspornen und ihn dadurch für den Staat nützlicher machen sollte. Zu diesem Zweck wurde, erstens, das Ämterprivileg des Adels, der Anspruch des Herrenstandes auf die Spitzenpositionen, aufgehoben und der Zutritt aller Staatsbürger unabhängig von Stand und Geburt zugesichert. Dazu kam, zweitens, die Selektion durch neue, sachbezogene Kriterien wie Leistung und Effizienz sowie durch ein mehrstufiges Prüfungssystem, das für den höheren Staatsdienst Abitur und Staatsexamina verbindlich machte.

Drittens wurde eine geregelte Laufbahn eingerichtet, in der jede
Beförderung eine Belohnung und zugleich eine Prüfung für die
nächste Stufe war. Weitere Neuerungen bestanden in der De-facto-
Unkündbarkeit, die das Prinzip der richterlichen Unentlaßbarkeit
auf alle Beamten ausdehnte und das bedingungslose Kündigungs-
recht des Dienstherrn aufhob; die materielle Versorgung auf Lebenszeit, Alters- und Hinterbliebenenversicherung sowie eine ständische
Sonderstellung gegenüber allen übrigen Gruppen der Gesellschaft,
die sich u. a. in Ziviluniformen, Verdienstorden oder sogar Adels-
patenten für einzelne Spitzenbeamte niederschlug (Wunder 1986,
28 ff.). Nimmt man alle diese Neuerungen zusammen und vergleicht sie mit dem Typus des patrimonialen Beamten, so kann
man die Feststellung Wunders, daß der Bürokrat im Sinne des Weberschen Idealtypus ein Produkt des Revolutionszeitalters ist, nur unter-
streichen (ebd. 18). Das Gehäuse des rationalen Staates war fertig,
auch wenn die Fassade und das Dachgeschoß noch eine ungebro-
chene Kontinuität mit Serenissimi Zeiten simulierten.

V.

Die vorstehende Skizze hat dreierlei deutlich gemacht. Erstens: Es
gibt im Okzident seit dem Mittelalter eine Tendenz zur Konzentration
und Zentralisation der Staatsgewalt, die jedoch – zumindest auf dem
Kontinent – noch ganz im Zeichen des Patrimonialismus steht. Zweitens: Diese Tendenz verbindet sich seit dem 17./18. Jahrhundert mit
Ansätzen zu einer formalen Rationalisierung, die indes sektoral begrenzt bleiben und nicht über das Militärwesen hinausgehen. Drittens: Der entscheidende Impuls zur Sprengung des patrimonialen
Gehäuses geht von England aus, das durch sein fortgeschrittenes kapita-
listisches Wirtschaftssystem in die Lage versetzt wird, den wichtigsten
Exponenten des patrimonialen Absolutismus in Europa, Frankreich,
zu überflügeln und in den Zusammenbruch zu treiben. Englands Vor-
sprung ist dabei so groß, daß es sein vorbürokratisches, auf Honoratiorenverwaltung durch eine Adelsoligarchie beruhendes politisches System mit nur geringen Veränderungen bewahren kann. In Frankreich
dagegen führt der Kollaps des Ancien régime zu einer grundlegenden
Neustrukturierung der politisch-administrativen Ordnung, die für den
bürokratischen Anstaltsstaat der Moderne beispielgebend wird. Die
französische Revolution nimmt deshalb in der Geschichte der politischen Rationalisierung eine Schlüsselstellung ein.

Dieser Tatbestand verlangt nach zusätzlichen, über die bisherige Argumentation hinausgehenden Erklärungen. Denn mit dem Zusammenbruch des alten Staates ist nur ein negativer, wie immer auch essentieller Faktor benannt. Daß die Reorganisation des Staates nicht einfach auf eine Erneuerung des Patrimonialismus hinausläuft, ist nur zu verstehen, wenn man den *revolutionären* Charakter der Ereignisse von 1789 ff. ins Auge faßt: den geschichtlich präzedenzlosen Umstand, daß die politische Ordnung, anstatt, wie bis dahin üblich, von den Herrschenden, jetzt von den Beherrschten konstruiert wird. Der rationale Staat ist nicht einfach, wie Tocqueville gemeint hat, eine Fortführung und Verlängerung der schon vom Absolutismus betriebenen Zentralisation, er ist vielmehr in wesentlichen Teilen ein „Rückstand der charismatischen Verwaltung der revolutionären plebiszitären Diktatur", die Folge einer „Veralltäglichung des revolutionären Charisma" (WG 157). Was ist mit dieser, auf den ersten Blick nicht ohne weiteres einsichtigen Bestimmung gemeint?

Die verstreuten Hinweise, die sich dazu bei Weber finden, lassen erkennen, daß er eine doppelte Bewegung im Auge hatte. Die modernen Revolutionen entspringen danach zum einen aus einer anti-autoritären Umdeutung des Charismas, in deren Verlauf der Legitimitätsglaube der Beherrschten nicht länger durch den Legitimitätsanspruch der Herrschenden determiniert wird, sondern sich aus dieser Abhängigkeit befreit und selbst zum Grund der Legitimität wird – ein Vorgang, den Weber als Herausbildung einer neuen, 'demokratischen Legitimität' bezeichnet (WG 156). Zum andern aber sind die Revolutionen Ausdruck einer Entwicklungsgeschichte, die sich am Charisma selbst vollzieht: des Übergangs von einem primär religiös bestimmten Charisma zu einem 'Charisma der Vernunft'. Mit diesem Begriff ist mehr und anderes gemeint, als in den üblichen Darstellungen der Revolutionsepoche zu lesen ist. Es handelt sich wohl um eine Emanzipation der Vernunft, eine Entschlossenheit, allein nach Maßgabe rationaler Prinzipien zu handeln und nicht nach den Postulaten traditionaler Weltbilder oder religiöser Offenbarungen. Zugleich aber verdankt die Bewegung ihre Durchschlagskraft nicht bloß den besseren Argumenten und der zwingenden Kraft der Logik, sondern einem charismatischen Moment: einer gewissen Hypostasierung der Vernunft, einem übersteigerten Vertrauen in die 'Allmacht der Gedanken' (Freud), einem *Glauben*, welcher, bei aller Säkularisierung, doch noch wesentliche Voraussetzungen mit der Religion teilt. Beides zusammen: die Vernunft und ihre charismatische Verklärung, ermöglicht die revolutionäre Rationalisierung der Institutionen; beides zusammen führt aber auch die Revolution in Übersteigerungen, welche ihrerseits erst wieder zurückgenommen werden müssen, bevor sich das neugewonnene Rationalitätspotential auswirken kann. Das Charisma der Vernunft verdient deshalb eine genauere Betrachtung.

DAS CHARISMA DER VERNUNFT
UND DIE SINGULARITÄT DES RATIONALEN STAATES

Über das Charisma ist viel geschrieben worden. Eine der fruchtbarsten Interpretationslinien indes hat Günther Roth mit dem Vorschlag eröffnet, zwischen transepochalen und historischen Aspekten des Charismas zu unterscheiden. Zu den ersteren rechnet er die außeralltäglichen Eigenschaften eines 'Führers' und die Struktur der von diesem gestifteten charismatischen Vergemeinschaftung; zu den letzteren die inneren Veränderungen, die sich im Prozeß der Rationalisierung am Charisma selbst vollziehen. Das Charisma löst sich dabei von der ausschließlichen Bindung an eine Person, es wird überpersönlich und sachlich, zu einer Eigenschaft, die sich an Ideen, Programme und Institutionen heftet. Aus dem magischen und religiösen Charisma wird auf diese Weise ein Charisma der Vernunft, bei dem die personalen Träger nicht mehr als Personen, sondern als Repräsentanten von Ideen zählen:

„Im Verlauf der historischen Rationalisierung und Entzauberung der Welt hängt die charismatische Legitimierung immer mehr an Ideen und weniger an den magischen oder ererbten Qualitäten von Personen. Die historische Bewegung schreitet von der revolutionären Herausforderung, die dem persönlichen Charisma von Männern mit magischen Kräften (wie Jesus oder Thomas Müntzer) eigen ist, zu einem Charisma natürlicher Rechte fort, das keiner Personifizierung mehr bedarf. Das Charisma der Vernunft ist Ausdruck einer Entpersönlichung des Charismas, die sich von dessen Veralltäglichung, die so oft in der Geschichte vorgekommen ist, unterscheidet" (Roth 1987, 147).

Die verschiedenen Stadien wie auch die Ursachen dieses Vorgangs können hier nicht ausgeleuchtet werden; ich bin, mit Blick auf das magische und das religiöse Charisma, an anderer Stelle darauf eingegangen (Breuer 1991, 39 ff.). Hier muß der Hinweis genügen, daß wir es mit einem kulturgebundenen Prozeß zu tun haben, nicht mit einem allgemeinen Entwicklungsgesetz. Nur ein Bruchteil der historisch bekannten Gesellschaften trat in den patrimonial-feudalen Zyklus ein, in dem sich die Voraussetzungen für eine Überwindung des magischen Charismas ergaben. Und nur ein kleiner Teil der patrimonial-feudalen

Kulturen wiederum erlebte aufgrund einmaliger geographischer und
historischer Umstände die Entstehung des prophetischen Charismas,
dem es gelang, die magischen Elemente zu entwerten und den Weg
freizumachen für eine neue, rationale, „das heißt von Magie sowohl
wie von allen Formen irrationaler Heilssuche freie *religiöse Ethik des
innerweltlichen Handelns*" (GARS III, 6).

Zur kulturbestimmenden Macht aber wurde diese Ethik nur
in einem noch einmal eingeengten Areal. Während das religiöse Charisma ein Produkt der Kulturentwicklung des asiatischen Orients
und des Okzidents ist, kommt es zu einem weiteren Versachlichungs-
schub nur innerhalb des letzteren, und dies wiederum nur aufgrund
„einzigartige(r), niemals sich wiederholende(r) Konstellationen":
der überseeischen Expansion; des Frühkapitalismus; der „Erobe-
rung des Lebens durch die Wissenschaft" sowie der Formkraft religiös bedingter Wertvorstellungen, „welche, mit zahlreichen ebenfalls durchaus eigenartigen politischen Konstellationen und mit
jenen materiellen Voraussetzungen zusammenwirkend, die 'ethische' Eigenart und die 'Kulturwerte' des modernen Menschen präg-
ten" (MWG I/10, 271).

Worauf die zuletzt zitierten Bemerkungen anspielen, liegt auf der
Hand: es geht um den unverwechselbaren Beitrag, den der asketische
Protestantismus bzw. die protestantischen Sekten zur Formierung der
modernen Kultur geleistet haben. Dieser Beitrag ist nach Weber kaum
zu überschätzen. Er erstreckt sich nicht nur auf den kapitalistischen
Geist und den Habitus des modernen Berufsmenschen, sondern ist
auch die Grundlage für den politischen Individualismus der Menschenrechte, dessen letzte Wurzel Weber in der bedingungslosen Ver-
werfung jedweder Kreaturvergötterung lokalisiert (MWG I/10,
164f.). Die radikale Herauslösung des Individuums „aus den engsten
Banden, mit denen es die Welt umfangen hält", die scharfe Perhorreszierung alles Haftens an den persönlichen Beziehungen zu Menschen,
die Akzentuierung des Gedankens, „daß Gott in der Weltgestaltung,
auch der sozialen Ordnung, das *sachlich Zweckvolle* als Mittel der
Verherrlichung seines Ruhms wollen müsse" – all diese Züge des Calvinismus begründen nach Weber eine politische Kultur, die wie keine
andere individualistischen Lebenswerten und rein sachlichen Orientierungen Raum gibt und eine ebenso große Immunität gegen den
Geist des Bürokratismus erzeugt wie gegen den des Cäsarismus
(GARS I, 98f.). Und obwohl Weber wiederholt auf die irrationalen, ja
unheimlichen Züge des Calvinismus hinweist, läßt er doch keinen
Augenblick in Zweifel, welch hohe Kulturbedeutung er diesem früh-

bürgerlichen Heldenzeitalter – "the last of our heroisms" (Carlyle) – beimißt:

„Die Sekten allein haben es fertig gebracht, positive Religiosität und politischen Radikalismus zu verknüpfen, sie allein haben vermocht, auf dem Boden protestantischer Religiosität breite Massen und namentlich: moderne Arbeiter, mit einer Intensität kirchlichen Interesses zu erfüllen, wie sie außerhalb ihrer nur in Form eines bigotten Fanatismus rückständiger Bauern gefunden wird. Und darin ragt ihre Bedeutung über das religiöse Gebiet hinaus. Nur sie gaben z. B. der amerikanischen Demokratie die ihr eigene elastische Gliederung und ihr individualistisches Gepräge" (Weber 1906, 392 f.).

Diese Kulturbedeutung des asketischen Protestantismus beschränkt sich indes nicht auf Nordamerika. Indem der Protestantismus jede politische und hierokratische Reglementierung zurückwies und die Forderung nach Gewissensfreiheit und Toleranz erhob, begründete er zugleich die Idee eines unveräußerlichen Rechts der Beherrschten gegen die Herrschenden, die in den modernen Revolutionen gegen die Gewalt des patrimonialen Ancien régime durchgesetzt wurde. Das Recht auf Gewissensfreiheit wurde so zum ersten Glied einer Kette, an das sich weitere Individualrechte wie Privateigentum, Vertragsfreiheit und Freiheit der Berufswahl anschlossen. Ihre letzte Rechtfertigung fanden diese Rechte

„in dem Glauben des Aufklärungszeitalters daran, daß (das Walten) der 'Vernunft' des Einzelnen, falls ihr freie Bahn gegeben werde, kraft göttlicher Providenz und weil der Einzelne seine eigenen Interessen am besten kenne, zum mindesten die relativ beste Welt ergeben müsse: die charismatische Verklärung der 'Vernunft' (die ihren charakteristischen Ausdruck in ihrer Apotheose durch Robespierre fand) ist die letzte Form, welche das Charisma auf seinem schicksalsreichen Wege überhaupt angenommen hat" (WG 726).

In diesen Zusammenhang gehören auch die Ausführungen der Rechtssoziologie über das formale Naturrecht. Die Grund- und Menschenrechte mit ihrer 'epigrammatischen Theatralik' werden dort als Ausdrucksformen des modernen Rechtsrationalismus begriffen, der seine Axiome mehreren Quellen verdanke: den rationalistischen Sekten, dem Naturbegriff der Renaissance, dem englischen Konzept des *birthright*. Dieses Naturrecht sei individualistisch, indem es vor allem die Freiheitsrechte des einzelnen in den Mittelpunkt stelle; und es sei rationalistisch, indem es alle positiv geltenden Regeln auf die materialen Maßstäbe der Vernunft bzw. der Natur beziehe, welche „als Inbegriff der unabhängig von allem positiven Recht und ihm gegenüber präeminent geltenden Normen" aufgefaßt würden. Daß darin, bei allem Rationalismus, zugleich eine charismatische Komponente steckt, deutet Weber an, wenn er den Code civil als Ausdruck der Überzeugung interpretiert, daß hier zum erstenmal ein rein rationales Gesetz geschaffen werde, „welches (vermeintlich) seinen Inhalt nur von dem sublimierten gesunden Menschenverstand in Verbindung mit der spezifischen Staatsräson der *dem Genie*, und nicht der Legitimität, ihre Macht verdankenden großen Nation empfängt" (WG 496f., H. v. m., S. B.).

Die große Linie ist damit klar. Weber entwirft eine Entwicklungsgeschichte des Charismas und bindet diese eng an den großen religionsgeschichtlichen Prozeß der Entzauberung. Während das Judentum eine Schlüsselrolle beim Übergang vom magischen zum religiösen Charisma spielt, kommt dem asketischen Protestantismus eine ähnliche Bedeutung für die Überwindung des religiösen Charismas zu: Brechung der hierokratischen Macht, Grundlegung der subjektiven Rechte, Schaffung einer Ordnung, die auf rationalen Beziehungen zwischen Einzelsubjekten beruht. Der Rationalismus der Aufklärung, der daraus die Konsequenz zieht, erscheint vor diesem Hintergrund als wenn auch nicht intendierte, so doch unvermeidliche Folge jener Entpersönlichung und Versachlichung, die sich durch den Protestantismus am Charisma vollzieht.

In dieser Genealogie sind unstreitig viele richtige Gesichtspunkte enthalten. Als ganze indes erscheint sie problematisch, weil sie eine wichtige Differenz verdeckt: die zwischen einem Entwicklungspfad, der von einer Verkörperung des Charismas in Personen und einem davon abgeleiteten Primat des Sozialen bestimmt ist, und einem anderen, der auf einer Entpersönlichung des Charismas und einem darauf aufbauenden Primat des Staates beruht. Während die protestantischen Sekten in Amerika, bei aller Ablehnung der Kreaturvergötterung, politische Einrichtungen schufen, die auf der freien Vereinbarung von Gott auserwählter, d. h. charismatisch qualifizierter Individuen beruhten (dem *covenant*) und stets so eng an diese zurückgebunden blieben, daß schon die bloße Idee eines eigenständigen bürokratischen Anstaltsstaates niemals Eingang in das politische Denken Amerikas fand, wurde diese Idee dort bestimmend, wo es den protestantischen Sekten *nicht* gelang, die Macht der Kirche bzw. des Cäsaropapismus dauerhaft zu brechen. Nicht der Personalcharismatismus der Sekten, wohl aber der Amtscharismatismus der Kirche und des Staatskirchentums wurde zur Folie, auf der sich jener Übergang vom religiösen Charisma zum Charisma der Vernunft vollzog, der für den rationalen Staat der Moderne grundlegend geworden ist. Ich will diese These in einem kurzen Vergleich der amerikanischen und der französischen Revolution erhärten.

I.

Die Ausführungen am Ende des Kapitels 'Politische und hierokratische Herrschaft' verweisen auf einen älteren Text: Georg Jellineks Aufsatz über ›Die Erklärung der Menschen- und Bürgerrechte‹ (1895). Dieser Text hat Weber in doppelter Hinsicht beeinflußt. Zum einen, weil er mit dem „Nachweis religiöser Einschläge in der Genesis der 'Menschenrechte'" die Tragweite des Religiösen auch auf Gebieten demonstrierte, „wo man sie zunächst nicht sucht" (Marianne Weber 1950, 520). Zum andern, weil er den nordamerikanischen Sekten eben jene Schlüsselstellung in der Verfassungsentwicklung zuwies, wie sie Weber später für die Entstehung des kapitalistischen Geistes behauptet hat. Nach der These Jellineks waren die Grund- und Menschenrechte des modernen Verfassungsstaates nicht politischen, sondern religiösen Ursprungs, mit dem Recht auf Gewissensfreiheit als Keimzelle. Aus diesem Recht, das zum erstenmal Mitte des 17. Jahrhunderts in Rhode Island durchgesetzt worden sei, seien alle übrigen unveräußerlichen Rechte des Individuums abgeleitet worden, die man später in den *bills of rights* der Revolutionsepoche finde. Die Prinzipien von 1789, so Jellineks Schlußfolgerung, seien deshalb in Wahrheit die Prinzipien von 1776 (Jellinek 1895, 52 ff., 67).

Die von Jellinek aufgestellte und von Weber übernommene Filiationsthese ist nun sicher nicht gänzlich von der Hand zu weisen. Es gibt in der Tat Parallelen zwischen den amerikanischen Rechteerklärungen und der französischen Déclaration, und nicht weniger Übereinstimmung in zentralen verfassungsrechtlichen Fragen. Mounier etwa mit seiner Konzeption eines harmonischen Gleichgewichts der Regierung und Sieyes mit seiner Idee des *pouvoir constituant* vertraten Vorstellungen, die auch in den USA verbreitet waren. Ebenso evident aber sind die Differenzen, auf die weder Jellinek noch Weber eingehen. Die amerikanische Revolution, bedingt durch eine geringere Polarisierung der Sozialstruktur, wies einen weitaus weniger breit gefächerten Charakter als die französische auf, in der sich eine Adelsrevolution, eine bürgerliche, eine bäuerliche und eine von den Sansculotten getragene Revolution ineinanderschoben. Jene war eine fast rein politische Revolution, wohingegen in Frankreich auch starke soziale Gegensätze explodierten (Schröder 1982, 169). Und sie wies außerdem ein völlig anderes Verhältnis zur Macht auf, das sich in einem tiefsitzenden Argwohn auch gegenüber den Entscheidungen des Souveräns artikulierte. Der Unterschied zwischen beiden Revolutionen, so hat es Marcel Gauchet ausgedrückt, „liegt vielleicht im wesentlichen daran, daß in Frankreich jenes abgründige Mißtrauen gegen die korrumpierenden und repressiven Virtualitäten jedweder Macht fehlte, das die amerikanische Revolution so tiefgreifend geprägt hat, und das beispielsweise einen Teil ihrer Protagonisten dazu bestimmt hat, die Rechteerklärungen als Schutz gegen ihre eigenen Repräsentanten zu interpretieren" (Gauchet 1991, 64).

Besonders ausgeprägt ist diese Differenz in dem ganz unterschiedlichen Verhältnis zur Vernunft. Nicht daß die Amerikaner sie abgelehnt oder geringgeachtet hätten. Das calvinistische Mißtrauen in die natürlichen Fähigkeiten des Menschen, die puritanische Betonung der Irrationalität Gottes, der Weltordnung und der Erwählung waren im 18. Jahrhundert durch deistische und rationalistische Vorstellungen überlagert und temperiert worden, die eine optimistischere, vom Glauben an Aufklärung, Fortschritt und soziale Harmonie getragene Sichtweise förderten und etwa einen Autor wie Madison zu der Feststellung veranlaßten, allein die Vernunft des Publikums könne die Regierung kontrollieren und regulieren (Hamilton u. a. 1788, No. 49, 317). Das Vertrauen in die Urteilskraft und in den Common Sense des vernünftigen Bürgers, das aus den maßgeblichen Beiträgen zur Verfassungsdiskussion spricht, blieb indes stets mit Skepsis gegenüber der Leistungsfähigkeit eben dieser Vernunft gepaart. Derselbe Madison, der die Vernunft pries, hielt sie dennoch für fehlbar und für eine Quelle von Irrtümern und Meinungsdifferenzen, welche zwangsläufig zur Bildung von Parteien oder Faktionen führen müßten (ebd. No. 10, 78) – eine Folge allerdings, die Madison, im Unterschied zu der gegen jeden Parteiengeist gerichteten Rhetorik der Jakobiner, durchaus nicht perhorreszierte. Die Menschen, wie er sie sah, waren unvollkommen und deshalb außerstande, etwas Vollkommenes zu verwirklichen. Sie mußten sich damit begnügen, partikulare Gesichtspunkte und Interessen zu haben, und versuchen, zwischen ihnen einen Ausgleich zu schaffen. Dazu bedurften sie neben ihrer Vernunft vor allem der Erfahrung, und zwar sowohl derjenigen, die die Geschichte bot, als auch derjenigen, die in der Gegenwart möglich war. „Die Erfahrung muß uns leiten", erklärte John Dickinson auf dem Verfassungskonvent in Philadelphia. „Die Vernunft kann uns in die Irre führen" (zit. n. Schröder 1982, 172). Die politischen Institutionen mußten deshalb weder erfunden noch sklavisch so fortgeführt werden, wie sie überliefert waren. Die vor der Erfahrung bewährten

Prinzipien der gemischten Regierung, der Gewaltentrennung und der checks and balances waren vielmehr aufzunehmen und durch Praxis, Übung und Experiment fortzuentwickeln. "Let us give it a trial", schrieb Tench Coxe 1788 über die neue Verfassung, "and when experience has tought us its mistakes, the people ... can reform and amend it" (zit. n. Lienesch 1988, 135).

Was die Autoren des ›Federalist‹ noch für ganz ausgeschlossen hielten – die Ausübung der Herrschaft durch Philosophen –, wurde zur selben Zeit in Frankreich zum Programm erhoben. Nie zuvor, meinte Sieyes in seinem ›Überblick über die Ausführungsmittel, die den Repräsentanten Frankreichs 1789 zur Verfügung stehen‹, sei es dringender gewesen, „der Vernunft ihre ganze Macht zu verleihen und den Tatsachen die Macht zu entwinden, die sie zum Unglück der Menschheit an sich gerissen haben" (Sieyes 1789b, 35). Die Tatsachen, über die er sich empörte, waren die Privilegien und Exemtionen des Ancien régime. Die Vernunft, die er einforderte, sollte sich in einer Verfassung manifestieren, die der *volonté nationale* zu ihrem Recht verhalf. Der Nationalwille, der durch die Repräsentanten des Volkes sichtbar gemacht werden sollte, war die wahre Allgemeinheit und damit die Inkarnation der Vernunft. Er war eins und unteilbar, an keine Form gebunden und vollständig frei. Ihn herauszuarbeiten, ihn gegenüber allen partikularen und divergierenden Interessen durchzusetzen, erschien Sieyes als die eigentliche Aufgabe der Revolution.

Und nicht nur ihm. Als im Juli 1789 in der Nationalversammlung das Projekt einer Erklärung der Rechte beraten wird, plädiert der Graf von Montmorency dafür, nicht bloß dem Beispiel der Amerikaner zu folgen, sondern es zu vervollkommnen, indem man „lauter die Vernunft" anriefe und sie eine „reinere Sprache" sprechen ließe. Auch Rabaut Saint-Etienne meint, man solle weitergehen als die Amerikaner. „Daraus, daß die Amerikaner nur die Menschenrechte erklärt haben, folgt nicht, daß wir uns darauf beschränken müssen." Die eigentliche Aufgabe sei eine Neubestimmung des politischen Bandes. Es gehe „weniger darum, die Rechte zu erklären, als vielmehr, sich zu konstituieren" (zit. n. Gauchet 1991, 75). Daß diese Konstitution nicht aus dem bloßen Kompromiß der einander widerstreitenden empirischen Interessen und Meinungen, sondern allein aus den Gesetzen der Vernunft hervorgehen konnte, daran bestand für Rabaut ebensowenig ein Zweifel wie für die anderen Revolutionäre. Dem gleichen Radikalismus der Vernunft begegnet man später bei Condorcet, der die Freiheit als Notwendigkeit definiert, „nicht seiner eigenen Vernunft zu gehorchen, sondern der kollektiven Vernunft der

größten Zahl"; bei Danton, der den „Despotismus der Vernunft" ver-
kündet und in ihm schon den künftigen Beherrscher der Welt sieht;
und nicht zuletzt bei Robespierre, für den der Lauf der menschlichen
Vernunft ebensowenig aufzuhalten ist wie der Lauf der Sonne. Die
Revolution, das ist für Robespierre „die unbesiegbare Vorherrschaft
der universellen Vernunft", die sich im Willen des Volkes verkörpert.
Denn: „Welchem anderen Gesetz kann das Volk folgen als der Gerech-
tigkeit und der Vernunft, die von seiner eigenen Allmacht gestützt
werden?" (zit. n. Dippel 1986, 24, 32, 35, 40; Robespierre 1989, 317).

Zu den Besonderheiten der französischen Revolution gehört freilich, daß sich diese Fetischisierung der Vernunft nicht auf die revolutionäre Elite in der Hauptstadt beschränkte. Nachdem die Revolution
die Kirche ihrer weltlichen Macht beraubt und, mit der Einführung
der Scheidung und einer neuen Zeitrechnung, in das Alltagsleben der
Bevölkerung einzugreifen begonnen hatte, kam 1793 in ganz Frankreich eine Welle der Entchristianisierung in Gang. Die Kirchen
wurden geschlossen und als 'Tempel der Vernunft' wieder geöffnet.
Die Heiligenstatuen wichen Büsten der Märtyrer der Revolution, die
religiösen Zeremonien Kulten der Vernunft, in denen junge Frauen
aus dem Bürgertum als Göttinnen der Vernunft präsidierten. Die be-
kannteste *Fête de la Raison* wurde im November 1793 auf Veranlas-
sung der Commune in Notre-Dame zelebriert, wo man an der Stelle
des Altars einen Berg aufgeschüttet hatte, der von einem 'Tempel der
Philosophie' gekrönt war (Aulard 1892, 49f.; Hunt 1989, 82f.). Ähnliche Berge gab es bald in vielen anderen Kirchen des Landes. Sie wurden zum Ziel von Prozessionen, bei denen Attribute des neuen Kults
wie etwa die Trikolore, die Tafeln der Menschenrechte und der Verfassung, Büsten von Patrioten oder Philosophen mitgeführt wurden.
Daß die Apotheose der Vernunft zugleich eine des Terrors und des
Todes war, brachte niemand deutlicher zum Ausdruck als die Stadtver-
waltung von Orléans, die im Fundament des geplanten Berges die Ge-
beine aller Verdächtigen und aller Aristokraten der Stadt verscharren
lassen wollte (Harten/Harten 1989, 131f., 134).

Die charismatische Verklärung der Vernunft war das Produkt einer
im wesentlichen spontanen Bewegung, in deren Verlauf die Riten und
Liturgien der traditionellen Religion auf ein neues Objekt übertragen
wurden. Die Usurpation des bis dahin zentralisierten und an die kirchliche Ämterhierarchie gebundenen Charismas durch lokale Gruppen
und Versammlungen nahm dabei nicht selten ein solches Ausmaß an,
daß der Konvent um die Autorität der Zentrale fürchtete. Aus diesem
Grund (wie auch aus der Sorge, durch eine weitere Forcierung der De-

christianisierung die Reihen der Revolutionsgegner zu verstärken)
wandte sich Robespierre am 18. Floréal II (7. 5. 1794) gegen die neuen
Kulte. In Fortführung jener obsessiven Idee von der Einheit und Unteilbarkeit der Vernunft, die nacheinander zur Liquidierung der Parteien und der Volksgesellschaften geführt hat, erklärt er die Anhänger
der lokalen Kulte zu Wegbereitern eines neuen Sektenwesens, aus
dem, falls man es unkontrolliert wuchern ließe, bald wieder Parteien
und Faktionen entstehen könnten. Robespierre warnt vor einer weiteren Radikalisierung der Aufklärung, weil dadurch der Atheismus gestärkt und die Zentrierung des Volkswillens in Frage gestellt werden
könnte. Er beschwört einmal mehr die Gefahr des Egoismus und den
Verlust des gemeinsamen Bandes. Und er verlangt, die disparaten örtlichen Kulte durch ein „wohlverstandenes System von Festen" und die
Plethora von Freiheits- und Vernunftgöttinnen durch die Verehrung
eines einzigen „Höchsten Wesens" zu ersetzen:
    „Wenn man die Menschen zur reinen Verehrung des Höchsten We-
sens aufruft, versetzt man damit dem Fanatismus einen tödlichen
Schlag. Alle Wahngebilde verschwinden vor der Wahrheit, und alle
Dummheiten versinken vor der Vernunft. Ohne Zwang und ohne Ver-
folgung sollen sich alle Sekten miteinander in dem universellen
Glauben an die Natur zusammenfinden. Wir raten euch also, an den
Grundsätzen festzuhalten, die ihr bislang vertreten habt. Die Glaubensfreiheit muß respektiert werden, damit die Vernunft siegen kann;
aber diese Glaubensfreiheit darf nicht die öffentliche Ordnung stören
und zu einem Mittel der Verschwörung werden" (Robespierre 1989,
685 f.).
    Der Kult des Höchsten Wesens, am gleichen Tag vom Konvent be-
schlossen und am 20. Prairial mit einem glanzvollen, von David arran-
gierten Fest gefeiert, markiert in bezug auf die Vernunftkulte von
1793/94 sowohl einen Bruch als auch eine Fortsetzung. Bruch: weil die
spontanen und unkontrollierten Feste verschwanden und einer
neuen, zentral geplanten und inszenierten Zivilreligion wichen; wichtige Protagonisten der Dechristianisierungsbewegung wurden hin-
gerichtet, die Bezeichnung 'Tempel der Vernunft' durch eine neue
Inschrift ersetzt: 'Das französische Volk erkennt das Dasein des höchsten Wesens und die Unsterblichkeit der Seele an'. Fortsetzung: weil
sich Inhalte und Formen des neuen Kults so eng an die Vernunftkulte
anlehnten, daß für die 'Gläubigen' oft kein Unterschied erkennbar
war. Behauptete man vor dem 18. Floréal, Gott anzubeten, wenn man
die Vernunft anbetete, so glaubte man nach dem 18. Floréal, „wenn
man Gott anbetete, auch weiterhin die Vernunft anzubeten, da diese

nur als Emanation Gottes angesehen wurde" (Aulard 1924, I, 403).
Insofern ist es zwar nicht exakt, aber auch nicht völlig falsch, wenn
Weber die Apotheose der Vernunft hauptsächlich Robespierre zu-
schreibt.

II.

Woher rührt nun dieser auffällige Unterschied zwischen einer
Revolution, die so sehr auf den Primat der Vernunft setzt, und einer
anderen, die ihr gegenüber skeptisch bleibt? Drei Gründe drängen
sich auf, Gründe, die sich (a) aus der religiösen, (b) aus der politischen, (c) aus der sozialen Organisation ergeben. Sehen wir sie uns
näher an.

(a) Wichtig ist zunächst, daß die amerikanische Gesellschaft wie
keine andere vom Geist der protestantischen Sekten geprägt war. Sicher nicht ausschließlich. Wie die neuere Forschung lehrt, spielten da-
neben auch andere Einflüsse eine Rolle, die aus der republikanischen
Tradition des Humanismus oder aus aufklärerisch-liberalen Quellen
stammten (Lienesch 1988). Gleichwohl bleibt es ein Faktum, daß von
den rund zweieinhalb Millionen Einwohnern, die 1776 in den dreizehn
Kolonien lebten, fast die Hälfte zu calvinistischen Denominationen
gehörte – Kongregationalisten, Presbyterianern, holländischen und
deutschen Reformierten, Baptisten. Klammert man die rund eine
halbe Million zählende schwarze Bevölkerung aus, die politisch ohne
Einfluß war, so wird deutlich, welches Gewicht den Sekten zukam
(Perry 1947, I, 95).

Das Wesen der Sekte ist nach Weber vor allem dadurch bestimmt,
„daß sie 'Verein' ist und nur die religiös Qualifizierten persönlich in
sich aufnimmt" (WG 30). Im Falle der protestantischen Sekten ist das
Kriterium der religiösen Qualifikation „das Charisma des Gnaden-
standes" (GARS I, 231), eine Eigenschaft, die unmittelbar von Gott
zuerteilt wird, ohne jede Vermittlung durch den hierokratischen Verband. Die Sekte ist deshalb, im geraden Gegensatz zur Kirche, ein ari-
stokratisches Gebilde, eine Gemeinschaft der Heiligen (WG 721f.).
Sie beruht auf dem freiwilligen Zusammenschluß „rein persönlich
charismatisch qualifizierter Personen" (WG 693) und reicht auch nur
soweit, wie sich das Personalcharisma zu bewähren vermag; von daher
der Verzicht auf Universalität, die Bindung an kleine Gemeinden, die
Ablehnung des expansiven Amtscharismas (WG 722). Führt man sich
ferner vor Augen, daß für den Calvinismus Gottes Wesen nicht die
Vernunft ist, vielmehr der „souveräne Herrscherwille, der die einen

erwählt und die anderen verwirft im ewigen Ratschluß, der an keiner für alle gleichen Vernunftordnung gemessen werden darf" (Troeltsch 1919, 672), so wird klar, warum auf diesem Boden ein Charisma der Vernunft nicht zu entstehen vermochte.

In Frankreich dagegen gelang es dem religiösen Personalcharismatismus nicht, die Macht seines Antagonisten – des kirchlichen Amtscharismatismus – zu brechen. Der asketische Protestantismus wurde bereits in den Hugenottenkriegen des 16. Jahrhunderts besiegt und später von Richelieu und Ludwig XIV. auf einen marginalen Status herabgedrückt. Eine andere, allerdings innerkatholische Virtuosenbewegung, die die episkopalistisch-anstaltliche Kirchenverfassung in Frage stellte – der Jansenismus[18] –, wurde im 17. Jahrhundert verfolgt und im 18. verboten. Auch wenn vor der Revolution die Aufklärung gerade in der Geistlichkeit, insbesondere im Pfarrklerus, beträchtliche Resonanz fand (Gumbrecht u. a. 1981, I, 12), ändert dies doch nichts daran, daß in Frankreich die Spendung und Versagung von Heilsgütern ausschließlich Sache der Kirche blieb – und damit einer Organisation, die im Gegensatz zur Sekte „die Loslösung des Charisma von der *Person* und seine Verknüpfung mit der Institution und speziell: mit dem *Amt*" zur Grundlage hatte (WG 692). Weiter unten wird zu zeigen sein, daß es sich nicht um einen absoluten Gegensatz handelt, weil auch in der Kirche das Moment personaler Repräsentation wichtig ist. Dieses Moment kommt indes nicht wie in der Sekte den einzelnen zu, sondern der Institution als ganzer, die über ein quasi algorithmisches Programm zur Verteilung der Heilsgüter, eine geschlossene Dogmatik und ein ebenso geschlossenes Befehlssystem verfügt und ihr Licht gleichermaßen über Gerechte und Ungerechte scheinen läßt. Mit dieser eigentümlichen Kombination von persönlichen und überpersönlich-institutionellen Zügen steht die Kirche dem Charisma der Vernunft weit näher als der asketische Protestantismus, der zwischen Gott und dem einzelnen keine vermittelnde Instanz kennt.

(b) Die prägende Kraft zentralistisch-hierarchischer Orientierungsmuster wurde in Frankreich dadurch verstärkt, daß der hierokratische Verband in eine Herrschaftsordnung eingebettet war, die

---

[18] Nach Troeltsch handelt es sich um eine Parallelerscheinung zum Pietismus, der wiederum nichts anderes sei „als der innerhalb der Kirchen sich auswirkende und durch die Grundgedanken des Kirchentums eingegrenzte Drang des Sektenideals" (1919, 827). Zu den Glaubensvorstellungen und zur Geschichte des Jansenismus siehe Honigsheim 1969.

cäsaropapistische Züge trug (Furet/Richet 1968, 163, 169). Zwar nicht im strengen Sinne des Weberschen Typus, der die völlige Unterordnung der kirchlichen Angelegenheiten einschließlich der Dogmen, Götter und Kulte unter das Diktat des weltlichen Herrschers vorsieht: auch nach dem Konkordat von Bologna (1516), in dem die Kirche wesentliche Rechte aufgab, behielt der Papst insoweit einen beträchtlichen Einfluß, als ihm bei der Besetzung der hohen Prälaturen die Idoneitätsprüfung und das Ernennungsrecht zukam; einen Versuch, die Befugnisse der Kurie noch weiter einzuengen, mußte der König 1693 offiziell zurücknehmen (Mager 1980, 132 ff.). Von cäsaropapistischen Tendenzen aber kann man trotzdem sprechen, weil das Konkordat das Patronagepotential der Kirche weitgehend den weltlichen Instanzen auslieferte. Der König besaß ein bindendes Vorschlagsrecht für die obersten Ämter, er setzte in Rechtsprechung und Verwaltung die Möglichkeit einer Anrufung der Staatsgewalt gegen Mißbräuche der Kirchengewalt durch (appellatio ab abusu) und behauptete das sogenannte Plazet, das Recht, vom Standpunkt des Staatsinteresses aus kirchliche Erlasse zu prüfen und deren Durchführung zu genehmigen oder zu untersagen (Jedin 1985, 359). Maßnahmen der Kirche erschienen damit immer zugleich als Maßnahmen des Staates.

Der Amtscharismatismus erhielt so eine zusätzliche Stütze durch einen Staat, der sich seit den großen Kardinälen des 17. Jahrhunderts als Träger einer spezifischen Form der Vernunft begriff – der Staatsräson. Diese wurde wohl in durchaus traditioneller Weise als Ausdruck der göttlichen Vernunft vorgestellt, stand aber seit ihrer ersten Begründung im 16. Jahrhundert in einem Kontext, der theoretisch wie praktisch auf eine Delegitimierung der herkömmlichen Ordnungsmächte Kaiser und Papst hinauslief und die ordnungsstiftenden Funktionen allein dem territorial begrenzten, innerhalb dieser Grenzen jedoch souveränen Staat übertrug (Münkler 1990, 196). Nach innen wie nach außen sollte der Staat in eine autonome Institution verwandelt werden. Nach außen, indem man seine Interessen innerhalb des Staatensystems verteidigte und mit den Mitteln der Diplomatie und des Militärs durchsetzte. Nach innen, indem man die Umwandlung des spätmittelalterlichen 'Personenverbandsstaates' in den 'institutionellen Flächenstaat' (Th. Mayer) vorantrieb, in welchem der Wille des Souveräns Vorrang vor allen Partikularwillen besaß und über die nötigen Ressourcen zu seiner Verwirklichung verfügte. Wenngleich die Durchsetzung dieses Programms in Frankreich aus noch zu erörternden Gründen scheiterte, konnte über die Leitidee doch kein Zweifel bestehen: daß „der König in seinem Reich der *einzige Sou-*

verän ist und die Souveränität sowenig teilbar ist wie der Punkt in der Geometrie" (Le Bret, zit. n. Albertini 1951, 40). Die Transformation des Staates brachte indes nicht nur eine Zentralisation und Konzentration der Entscheidungsgewalt mit sich. Sie implizierte auch eine Ablösung der Institution von der Person des Monarchen. Indem sie den Akzent nicht mehr auf personale Tugenden legte, wie dies die älteren Fürstenspiegel noch zu tun pflegten, vielmehr auf die reine 'Logistik der Macht' – ihren finanziellen und administrativen Unterbau –, begünstigte die Idee der Staatsräson jene „Depersonalisierung des Machtbegriffs" (Münkler 1990, 190), die ihren logischen Schlußpunkt in der Revolution erreichte. Die Revolutionäre zogen in der Tat nur die Conclusio aus der seit langem geläufigen Prämisse, daß Staatsangelegenheiten nicht die Sache einer einzigen, fehlbaren Person sein konnten, sondern Gesetzmäßigkeiten und Imperativen unterlagen, denen sich jeder ausnahmslos beugen mußte; sie wandten damit den Begriff der Vernunft gegen einen Träger, der diesem offensichtlich unangemessen war.

Zugleich aber übernahmen sie die Vorstellung von der Einheit, Unteilbarkeit und Omnipotenz der Macht und statteten sie mit jenem Charisma aus, das der französischen Monarchie seit alters her zugeschrieben wurde. Die revolutionäre Macht, so Marcel Gauchet, befand sich gegenüber der königlichen Macht in einem mimetischen Verhältnis. „Es führte sie dazu, sich zum erwählten Erben der Anhäufung und Verdichtung öffentlicher Macht zu machen, die vom monarchischen Staat verfolgt worden war" (1991, 24). Ganz ähnlich sieht es Furet (1980, 51), für den die revolutionäre Macht nur ein „Ersatzbild von der Macht" ist, „ein Abziehbild von dem der 'absoluten' Macht der Könige", das nur einfach zugunsten des Volkes umgedreht worden sei.

Der Unterschied zu Amerika liegt auf der Hand. Die amerikanischen Staaten waren Kolonien eines Landes, in dem der Absolutismus, nach zaghaften Ansätzen im 17. Jahrhundert, bereits frühzeitig gebrochen worden war. England, das klassische Land der Honoratiorenverwaltung, kannte keinen Militär- und Beamtenstaat wie Frankreich; dem Gottesgnadentum war mit der Hinrichtung Karls I., der Absetzung Jakobs II. und dem Act of Settlement von 1701 die Grundlage entzogen, die Monarchie hatte sich in eine rein säkulare Institution verwandelt (Schröder 1986, 245 ff.). Begünstigt durch die Politik des *salutary neglect*, die bis zum Siebenjährigen Krieg anhielt, regierten sich die Kolonien weitgehend selbst durch Repräsentativversammlungen, ohne deren Unterstützung die von London eingesetzten

Gouverneure nichts vermochten. Die politische Partizipation war dank eines relativ breiten Wahlrechts und ebenso breiter Wahlmöglichkeiten bei der Besetzung von Ämtern so hoch, daß man schon der vorrevolutionären Gesellschaft durchaus demokratische Züge attestiert hat (Schröder 1982, 18). Die politische Integration erfolgte nicht, wie in absolutistischen Systemen, durch eine Monopolinstanz, unter deren nivellierendem Zugriff sich die Gesellschaft atomisiert, sondern von unten her, gefördert und gestärkt durch die „eminente gemeinschaftsbildende Macht" der Sekten (Weber 1906, 392). Monopolinstanzen gegenüber war und blieb die amerikanische Gesellschaft mißtrauisch, auch nachdem sie die Vorrechte der britischen Krone beseitigt und sich selbst als Souverän konstituiert hatte.

(c) In Amerika fehlt endlich auch jene Gruppe, auf deren Bedeutung für das Charisma der Vernunft vor allem Günther Roth hingewiesen hat (1987, 142): die ideologischen Virtuosen. Für sie waren die Bedingungen schon deshalb ungünstig, weil die Säkularisierung des Lebens sogar zur Zeit von Webers Amerikabesuch noch immer nicht sehr in die Tiefe gedrungen war (Weber 1906, 382), so daß das Virtuosentum der Sinnsucher weiterhin auf religiöse Aktivitäten beschränkt blieb. Außerdem war die Berufsgliederung der amerikanischen Gesellschaft noch nicht sehr ausgeprägt. Es gab wohl Pfarrer, Lehrer und – seit den 1730er und 1740er Jahren – einen besonderen Anwaltsstand, jedoch kaum hauptberufliche Literaten. Einer der ersten Publizisten, die allein von den Einkünften ihrer Feder leben konnten, war Thomas Paine – ein Engländer, der erst seit 1774 in Amerika lebte (Schröder 1982, 21 f.).

Die ausgedehnten Möglichkeiten des *self-government* führten die Bildungsschichten in die praktische Politik, die einer Verselbständigung der politischen Rhetorik deutliche Grenzen setzte. Wenn die amerikanische Revolution einen so gänzlich anderen Verlauf nahm als die französische, so liegt das neben den anders gearteten soziopolitischen Voraussetzungen nicht zuletzt daran, „daß die revolutionäre Elite Amerikas nahezu ausschließlich aus Praktikern bestand, die vor 1776 jahre- und jahrzehntelang in Parlamenten und anderen Funktionen und Selbstverwaltungskörperschaften politische Erfahrung gesammelt und die Bedingungen und Möglichkeiten praktischen politischen Handelns in den vorangegangenen erfahrungsträchtigen Jahren der politischen Krise mit Bravour erlernt hatten. Die von ihnen in dieser Zeit artikulierten politischen Ideen konnten diesen persönlich-praktischen Erfahrungshorizont nie verleugnen" (Dippel 1986, 23 f.).

In Frankreich dagegen drängte ein großer Teil der Bildungsschichten in die *république des lettres*. Bestand diese noch im 17. Jahrhundert in einer kleinen und überschaubaren Gemeinschaft von Gelehrten, die in lateinischer Sprache diskutierte, so begann sie sich im 18. Jahrhundert mit zunehmender Alphabetisierung, Ausweitung des Lesepublikums und Expansion des Zeitschriften- und Buchmarktes rasch zu differenzieren: in die Welt der Akademien, die sich der allgemeinen Wissensverbreitung widmeten und bald fast 6000 Mitglieder zählten; die Welt der literarischen Gesellschaften, Lesekabinette, Salons und Cafés; nicht zu vergessen die Freimaurerlogen, die sich als Schulen der Sitten und der ethischen Vervollkommnung verstanden und mehr als 20 000 Mitglieder hatten (Roche 1981). Immer mehr Beamten-, Arzt- und Lehrersöhne schlugen nicht mehr wie bisher die Priesterlaufbahn ein, sondern drängten in intellektuelle Gewerbe. Folgt man den Angaben von Robert Darnton (1989, 171 ff.), so gab es Mitte des 18. Jahrhunderts fast zwölfhundert Schriftsteller, von denen sich mehr als ein Drittel ausschließlich über intellektuelle Tätigkeiten zu reproduzieren vermochte: als Journalisten, Schauspieler, Privatlehrer, Bibliothekare oder Sekretäre.

Diese Schicht, die unter der Hegemonie der *philosophes*, der 'ersten Intelligencija' stand (Gumbrecht u. a. 1981, I, 16), betrieb vorzugsweise das, was Tocqueville als literarische Politik bezeichnet hat. Da ihr die Möglichkeit, politische Entscheidungen zu treffen und zu veranworten, durchweg versperrt blieb, beschäftigte sie sich um so intensiver mit Fragen der politischen Konstitution und des Wesens der Gesellschaft und entwickelte Theorien, wie die komplizierten Strukturen des Ancien régime durch neue, aus der Vernunft oder der Natur abgeleitete Gesetze vereinfacht und rationalisiert werden könnten. Unter ihrem Einfluß, schreibt Tocqueville (1978, 148), spaltete sich das politische Leben Frankreichs in zwei getrennte, miteinander nicht verkehrende Provinzen. „In der ersten wurde verwaltet, in der zweiten stellte man abstrakte Prinzipien auf, auf die sich alle Verwaltung hätte gründen sollen. Hier ergriff man einzelne Maßregeln, die die Routine bestimmte; dort proklamierte man allgemeine Gesetze, ohne je an die Mittel zu ihrer Ausführung zu denken; den einen gehörte die Führung der Geschäfte, den anderen die Leitung der Geister." Auch wenn dieses Urteil insofern modifiziert werden muß, als sich der absolute Staat gegenüber dem Einfluß der Aufklärung keineswegs ganz unempfänglich zeigte, so ist die Grundtendenz doch richtig beschrieben:

„Über der wirklichen Gesellschaft, deren Verfassung noch traditionell, verworren und unregelmäßig war, wo die Gesetze mannigfach und widersprechend, die Stände schroff getrennt, die Zustände unveränderlich und die Lasten ungleich waren, baute sich so allmählich eine imaginäre Gesellschaft auf, in der alles einfach und koordiniert, gleichförmig, gerecht und vernunftgemäß erschien" (ebd.).

III.

Es wäre gewiß wünschenswert, diese allzu knappe Analyse in einen größeren Bezugsrahmen einzubetten. Der Aufstieg der Intellektuellen ist nicht zu trennen vom Aufstieg des Bürgertums, und der Vernunftbegriff der Aufklärung verweist auf die neuzeitlich-experimentellen Wissenschaften, die ihrerseits in engem Zusammenhang mit der Durchsetzung des Kapitalismus stehen. Eine solche Erweiterung würde jedoch an dem Punkt nichts ändern, auf den es hier ankommt: der Differenz zwischen zwei Entwicklungspfaden, die durch ein je eigenes Verhältnis von Staat und Gesellschaft gekennzeichnet sind. Während in Nordamerika, wie zuvor schon in England, der Staat eine Einrichtung der *society* ist, die Aufgaben und Grenzen dieser Institution bestimmt, haben wir es in Frankreich genau umgekehrt mit einer 'Vereinnahmung der *société civile* durch den Staat' zu tun (Furet 1976, 64): die Gesellschaft ist hier so sehr in ein plurales und heterogenes Ensemble von Sozietäten und Korporationen gespalten, daß sie dem Staat seinen Anspruch auf Repräsentation von Einheit und Allgemeinheit nicht streitig zu machen vermag. Alle größeren Veränderungen, einschließlich des Aufstiegs des Bürgertums und der Verbreitung der *Lumières*, haben deshalb durchgängig einen Staatsbezug, müssen durch die Schleusen und Filter einer Institution, die sich selbst als Träger der Vernunft begreift. Zu einer charismatischen Verklärung derselben kann es nur im Rahmen dieses zweiten Entwicklungspfades kommen.

Eben dieser Vorgang aber bedarf noch weiterer Klärung. Denn das Charisma der Vernunft ist zwar ohne die im letzten Abschnitt skizzierten Bedingungen nicht denkbar, doch geht es in ihnen auch nicht auf. Es entspringt zugleich einer antiautoritären Umdeutung, kraft deren aus der pflichtmäßigen Anerkennung des Charismas als einer Folge der Legitimität ein Legitimitäts*grund* wird. Was Vernunft ist, wird nun nicht länger autoritär durch den Herrscher oder seine Regierung festgelegt, sondern von den Beherrschten bzw. deren Repräsentanten; der Herrscher selbst wird an den Maßstäben dieser Vernunft gemessen und, unter Umständen, abgewählt und ersetzt. An die Stelle einer im Arkanraum der Herrschaft ermittelten Staatsräson tritt ein öffentlicher Diskurs, in dem es vor allem um Moral geht, um eine Kommunikation, die sich an wechselseitiger Achtung bzw. Mißachtung der Subjekte orientiert und auf die Herstellung einer auf Tugendhaftigkeit gegründeten Gemeinschaftlichkeit hinarbeitet. Was hat diese revolutionäre Umdeutung des Charismas verursacht?

Eine erste Ursache ist zweifellos darin zu sehen, daß die Monarchie des 18. Jahrhunderts ihren Anspruch, Träger der Vernunft zu sein, eingebüßt hat. Der französische Absolutismus hatte sich ursprünglich sehr um den Aufbau einer modernen, rationalen Bürokratie bemüht. Mit dem Stand der *officiers* hatte er einen Beamtentypus eingeführt, dessen Laufbahn einer gewissen Regelmäßigkeit unterlag, der über Fachkompetenz verfügte, gegen festes Gehalt arbeitete und von sozialen und familiären Bindungen weitgehend abgekoppelt war. Die damit eingeleitete Rationalisierungstendenz wurde indes abgebrochen, als die Krone unter dem Druck ständiger Finanznöte zum Verkauf wichtiger Ämter überging und so die Kontrolle über die Verwaltungsmittel aus der Hand gab. Die Herrschaftsstruktur wurde stereotypiert, nicht rationalisiert. Sie erstarrte zu einem präbendalen Absolutismus, der zwischen den Polen der patrimonialen und der ständischen Organisation oszillierte (Hinrichs 1989, 85 ff.).

Patrimonial war dieser Absolutismus, weil er immer wieder das Recht in Anspruch nahm, die durch Tradition gesetzten Schranken der Herrengewalt zu durchbrechen und eine arbiträre Monokratie zu errichten, die sich auf einen rein persönlichen Verwaltungsstab stützte: auf dieser Linie liegt die weiter oben erwähnte Einführung der Intendantur im 17. Jahrhundert ebenso wie die Aussetzung der Ämterkäuflichkeit durch den Kanzler Maupeou 1771, die die Umwandlung der Beamtenschaft in eine rein persönliche Dienerschaft einleiten sollte. Ständisch war dieser Absolutismus, weil es ihm letztlich nicht gelang, dem Verwaltungsstab die Verfügung über wesentliche Herrenrechte und die damit verbundenen ökonomischen Chancen zu entreißen. Die Monarchie mußte sich damit abfinden, daß durch das System der Steuerverpachtung rund ein Drittel der fiskalischen Ressourcen in die Taschen privater Unternehmer floß; sie mußte es hinnehmen, daß die Parlamente, die Bastionen des Amtsadels, über umfangreiche Rechte und exekutive Apparate verfügten, die sie entschlossen einsetzten, wo es darum ging, die Gesellschaft der Korporationen und Privilegien zu verteidigen. Die beachtliche Überlebensfähigkeit, die die Monarchie nichtsdestoweniger an den Tag legte, verdankte sie vor allem der hemmungslosen Ausweitung der Staatsverschuldung, die das Ancien régime schließlich in den vorhersehbaren Bankrott trieb.

Auch das Bündnis mit der Aufklärung, zu dem sich die Monarchie seit Mitte des 18. Jahrhunderts bereitfand, änderte nichts an diesem Dilemma. Dabei war es nicht allein die Krone, die dieses Bündnis suchte. Die Aufklärung selbst, alles andere als antiabsolutistisch, hatte, besonders in ihrem physiokratischen Zweig, die absolute Monarchie als das geeignete Instrument zur Durchsetzung ihrer Reformpläne identifiziert, welche auf nicht weniger hinausliefen als auf die durchgängige Befreiung des wirtschaftlichen Lebens vom merkantilistischen Rigorismus, die radikale Umgestaltung der Steuerverfassung zugunsten der *classe productive*, die Umwandlung der Landwirtschaft in eine reine Pächterwirtschaft nach englischem Vorbild und die Organisation eines öffentlichen Erziehungswesens (Muhlack 1982). Alle Maßnahmen indes, mit denen dieses Reformprogramm durchgesetzt werden sollte – die Liberalisierung des Getreidemarktes 1763, die Verkündung der allgemeinen Gewerbefreiheit und die Ersetzung der *corvée royale* durch eine von allen Grundeigentümern zu entrichtende Steuer unter der Ministerschaft Turgots (1775–76) –, scheiterten am vehementen Widerstand der Parlamente, die darin nicht zu Unrecht die ersten Schritte zur Beseitigung der ständischen Struktur sahen. Die mangelnde Standfestigkeit der Krone dürfte freilich auch mit der Ahnung zusammenhängen, daß die ihr von der Physiokratie zugewiesene Rolle eines Agenten des *ordre naturel* auf längere Sicht zur Unterminierung des Gottesgnadentums führen mußte. Wie auch immer: Mit dem Verzicht auf die Revolution von oben gab sie den Weg frei für die Revolution von unten, die bald als Alternative zum legalen Despotismus der Physiokraten den Despotismus der Legalität propagieren sollte.

Es war jedoch nicht allein das Scheitern der Reformpolitik, das für die Abkehr vieler aufklärerisch gesinnter Intellektueller vom Ancien régime verantwortlich war. Von mindestens ebenso großer Bedeutung ist die Tatsache, daß die Versorgungs- und Integrationsmöglichkeiten, die die vorrevolutionäre Gesellschaft für Intellektuelle bot, etwa seit den sechziger Jahren des 18. Jahrhunderts zunehmend überlastet waren. Während es der ersten Generation der Aufklärung noch mühelos gelang, die privilegierten Zeitschriften, Akademien und Sozietäten zu erobern und sich die Protektion des Hofes oder vermögender Gönner zu sichern, fanden die später nachrückenden Literaten alle Pfründen bereits vergeben. Um Erfolg zu haben, erwies sich das bloße Talent als unzureichend; und da es vor dem 19. Jahrhundert keinen offenen literarischen Markt gab, der den Autoren unabhängige Einkommenschancen geboten hätte, blieb vielen nur das Antichambrieren, das Betteln um Pensionen oder die geistige Prostitution. So entstand, was Voltaire die *canaille de la littérature* genannt hat: ein intellektuelles Proletariat, eine Subintelligencija, die vom Verfertigen von Pamphleten, Kompilationen oder pornographischen Schriften lebte, mitunter Spitzeldienste für die Polizei übernahm und einen wachsenden Haß auf ein System nährte, in dem das Talent derart mißachtet und die Tugend so sehr mißbraucht wurde. Marat und Brissot, Carra und Desmoulins, Collot d'Herbois und Fabre d'Eglantine, alle diese großen Namen der Revolutionsjahre gehörten im ausgehenden Ancien régime zu jenem Heer elender Skribenten, die, meist aus der Provinz kommend, Paris überschwemmten, gewaltige Projekte planten und sich schließlich in einer Dachkammer wiederfanden. Ihre Werke, schreibt Darnton (1985, 27),

„bringen nicht eine vage Stimmung gegen das 'Establishment' zum Ausdruck, sondern in ihnen brodelt der Haß gegen die literarischen 'Aristokraten', die sich der egalitären 'Gelehrtenrepublik' bemächtigt und sie in eine 'Despotie' verwandelt hatten. In den Niederungen der intellektuellen Unterwelt wurden diese Männer zu Revolutionären, und dort war die Geburtsstätte der jakobinischen Entschlossenheit, die Aristokratie des Geistes auszulöschen.“

Darntons Erkenntnisse bestätigen Webers These, daß es besonders die negativ privilegierten Intellektuellenschichten sind, die zum Träger revolutionärer Deutungen bzw. Umdeutungen werden. Intellektuelle, die sich aus vornehmen Schichten rekrutierten, schufen entweder, wie in China, eine Ethik der Weltanpassung, die auf Selbstkultivierung zielte, oder sie fungierten, wie in Indien, als Träger einer formalistischen Ritualisierung. Wo sie zur Weltablehnung neigten, wie im Vorderen Orient, entwickelten sie Erlösungsreligionen, die die Befreiung von innerer Not durch Kontemplation oder Askese erstrebten (WG 305). Revolutionäre Intentionen dagegen, die auf eine Gestaltung der Welt nach Vernunftprinzipien oder utopischen Ideen zielten, pflegten ihnen fremd zu sein. Die Möglichkeit einer Wendung gegen das Bestehende sieht Weber vor allem bei den aus negativ privilegierten Schichten stammenden Intellektuellen gegeben, weil sie aufgrund ihrer sozialen Lage einer durch Konventionen nicht gebundenen „Stellungnahme zum 'Sinn' des Kosmos und eines starken, durch materielle Rücksicht nicht gehemmten, ethischen und religiösen Pathos fähig“ seien (WG 308). Diese Stellungnahme kann sich in genuin religiösen Konzeptionen artikulieren, auf die hier nicht näher einzugehen ist. Sie kann aber auch die Form eines 'religionsartigen' Glaubens annehmen, wie Weber ihn z. B. im deutschen Sozialismus und im russischen Populismus verkörpert sieht. Ich sehe keinen Grund, warum man nicht auch den Glauben der jakobinischen Intelligenz an das Charisma der Vernunft in diese Rubrik einordnen sollte.

Um keine Mißverständnisse aufkommen zu lassen: Ich behaupte nicht, daß die geschichtlichen Ereignisse von 1789 mit dem Hinweis auf diese Faktoren zu erklären sind. Für den Zusammenbruch des Ancien régime entscheidend war die Erhebung der Bauern, die ebensosehr von materiellen Interessen geleitet war wie von den irrationalen Ängsten, die in der *Grande Peur* zum Ausdruck kamen, und die im übrigen, wie die Untersuchung der *cahiers de doléances* gezeigt hat, kaum von den Vorstellungen der literarischen Politik berührt war (Chartier 1981). Ein anderer wichtiger Faktor war die Intervention der städtischen Sansculotterie, der Handwerker und kleinen Ladenbesitzer, die einem ebenfalls sehr konkreten Interesse an der Sicherung der Nahrungsgrundlage (dem 'Maximum') sowie an der Erleichterung der Steuerlasten folgten. Daß die Revolution gleichwohl etwas völlig anderes wurde als nur eine weitere Serie jener Jacquerien und Teuerungsrevolten, die in Frankreich eine lange Tradition hatten, wird nur verständlich, wenn man das Zusammenspiel von Krone und revolutionärer Intelligenz betrachtet. Mit der Einberufung der Generalstände gestand die Krone nicht nur den Bankrott des Absolutismus ein. Sie zerschlug außerdem durch die von ihr dekretierten Verfahrensweisen für die Wahl der Deputierten die alte Gesellschaft der Assoziationen so weitgehend, daß das, was von ihr aufrechterhalten blieb, lächerlich und unerträglich wirkte (Furet 1980, 203). Indem sie fast allen Männern das Wahlrecht gewährte und zugleich dazu aufforderte, die wichtigsten Sorgen und Beschwerden aufzulisten, setzte sie einen Politisierungs- und Mobilisierungsprozeß in Gang, der die Strukturen der traditionalen Legitimität ebenso unterminierte wie das Charisma der Monarchie.

In diese Lücke stieß die revolutionäre Intelligenz. Sicher nicht mit einem fertigen Programm, vielmehr tastend und lernend, aber doch mit einem Innovationspotential, das geschichtlich präzedenzlos war. Sie war es, die im Sommer 1789 die Vereinigung der drei Stände zu einem einzigen Haus forderte, in dem die Entscheidungen durch Stimmenmajorität getroffen werden sollten. Sie war es, die zwei Jahre später ein Wahlrecht durchsetzte, das zwar die Frauen und ein Viertel der erwachsenen Männer ausschloß, dennoch demokratischer war als viele der späteren Regelungen. Sie war es endlich auch, die die antiautoritäre Umdeutung des Charismas noch einen Schritt weitertrieb, indem sie Frankreich zur Republik erklärte und die Regierung einem

Ausschuß übertrug, dessen bloßer Name Programm war: *Comité de salut public*. Von entscheidender Bedeutung für das Verständnis der französischen Revolution ist allerdings, daß die antiautoritäre Umdeutung des Charismas in dem Jahrzehnt zwischen 1789 und 1799 in die Schranken gebannt blieb, die durch das Charisma der Vernunft gezogen waren. Die revolutionäre Intelligenz brach wohl mit den überlieferten Formen der traditionalen und charismatischen Legitimität, indem sie die Herrschaft formal aus dem Willen der Beherrschten ableitete – dem Prinzip der Volkssouveränität. Sie nahm dieser Umdeutung jedoch sogleich die Spitze, indem sie anstatt auf den empirischen auf den hypothetischen Volkswillen rekurrierte. Im Gegensatz zum plebiszitären Regime Napoleons, das sich auf die (wie immer auch herrschaftstechnisch manipulierte) *volonté de tous* stützte, die in den Volksabstimmungen von 1800, 1802 und 1804 evoziert wurde, legitimierte die revolutionäre Intelligenz ihre Herrschaft durch die *volonté générale*, welche nicht durch Wahlen oder Plebiszite ermittelt werden konnte, sondern allein durch den Diskurs der Repräsentanten, dessen Ergebnisse auch gegen den Willen der Beherrschten durchzusetzen waren. Die Volkssouveränität wurde damit faktisch durch die Parlamentssouveränität ersetzt, die Regierung zu einer 'Konventsregierung', in der legislative, exekutive und legislative Funktionen vereint waren[19]. Eine persönliche Monokratie, wie sie Napoleon später ausübte, konnte unter diesen Bedingungen nicht aufkommen. Die politische Willensbildung vollzog sich kollegial, im Rahmen von Gremien, Komitees und parlamentarischer Abstimmung, und wenn sich dabei auch der Kreis der Herrschaftsträger, dem 'Gesetz der kleinen Zahl' folgend, fortschreitend verengte, so blieb man doch weit entfernt von jenem Wechselspiel zwischen dem Eigencharisma eines persönlichen Herrschers und der Akklamation der Massen, wie es für die plebiszitäre Demokratie bzw. Diktatur typisch ist. Erst als das Charisma der Vernunft sich nicht mehr bewährte, als die Revolution, anstatt den Beherrschten Wohlergehen und Sicherheit zu bringen, eines ihrer Kinder nach dem andern verschlang, zerriß schließlich der Schleier und ließ die empirische Gesellschaft wieder in ihre Rechte treten. Freilich so, daß an die Stelle des Charismas der Vernunft für eine gewisse Zeit erst einmal dasjenige des Führers trat.

---

[19] Siehe dazu die Analysen von Löwenstein 1922, 211 sowie ders. 1961, 362ff.; für die Unterscheidung von repräsentativer und plebiszitärer Regierung grundlegend: Fraenkel 1958.

IV.

Ich will dieses Thema nicht verlassen, ohne nicht einige der Probleme umrissen zu haben, die sich für das Konzept des modernen Staates daraus ergeben. Aus der Sicht Webers ist ein politischer Verband dann ein *Staat*, wenn sein Bestand und die Geltung seiner Ordnungen innerhalb eines bestimmten Gebietes durch eine Herrschaft garantiert sind, die erfolgreich das Monopol der legitimen physischen Gewaltsamkeit in Anspruch nimmt. Um einen modernen Staat handelt es sich, wenn zu diesen Bestimmungen das Merkmal des Anstalts- und Betriebscharakters hinzutritt, also: eine rationale Rechts- und Verwaltungsordnung. Dieses Merkmal, das haben die obenstehenden Untersuchungen deutlich gemacht, ist ein Ergebnis der demokratischen Revolution, wie sie Ende des 18. Jahrhunderts in Amerika und Frankreich stattfand; denn obwohl schon der absolute Staat Ansätze zu einer Rationalisierung aufweist, bleiben diese doch im Kern einer materialen Rationalität verpflichtet, die auf die Stabilisierung eines vormodernen, traditionalen Typus legitimer Herrschaft zielt.

Die demokratische Revolution aber vollzieht sich, wie gezeigt, in zwei höchst unterschiedlichen Formen. Sie führt in Amerika zur Entstehung eines politischen Systems, das über keinen sehr hohen Grad von Selbständigkeit und Geschlossenheit verfügt, das sich nur in vergleichsweise geringem Maße zu einer eigengesetzlichen Ordnung im Weberschen Sinne entfaltet, vielmehr offen und 'responsiv' gegenüber Impulsen aus der gesellschaftlichen, religiösen oder wirtschaftlichen Sphäre ist. Gewiß handelt es sich deshalb nicht um eine *stateless society*, wie sie Kenneth Dyson sowohl für England als auch die Vereinigten Staaten als charakteristisch ansieht (1980, 5, 36ff.). Die USA haben klar definierte geographische Grenzen, eine verfassungsmäßige Ordnung und eine Zentralgewalt, die über die nötige *coercive power* verfügt, um allen von ihr getroffenen Entscheidungen Geltung zu verleihen. Dysons Gedanke gewinnt indes an Plausibilität, wenn man ihn von der Opposition staatlich/nichtstaatlich ablöst und auf eine andere Konstellation bezieht: den Unterschied zwischen einer anstaltlichen und einer nichtanstaltlichen Organisation des Staates. Tatsächlich sind die meisten Merkmale, die Dyson dem Staat schlechthin zuschreibt, Merkmale des *Anstalts*staates: der Akzent auf abstrakten, überpersönlichen Strukturen, die Präferenz für bürokratische und legalistische Methoden der Konfliktlösung, die Betonung des Unterschieds von Staat und Gesellschaft etc. (1980, 51). Weder in der englischen noch in der amerikanischen Tradition des politischen

Denkens sind diese Züge sehr ausgeprägt, sehr wohl aber im kontinentalen Europa, wo das Politische weitgehend mit dem Staat und dieser mit einer eigengesetzlichen Ordnung identifiziert wird.

Weber hat diesen Unterschied durchaus gesehen. Er führte ihn darauf zurück, daß in England und Amerika günstigere Bedingungen für eine Perpetuierung der Honoratioren- und Dilettantenverwaltung bestanden als auf dem europäischen Kontinent, wo der ständige bewaffnete Konflikt die Staaten viel früher zur Ausbildung rationalbürokratischer Stäbe zwang. Über kurz oder lang, so glaubte er, würden sich auch die angloamerikanischen Staaten dieser Notwendigkeit nicht mehr entziehen können. In England entdeckte er bereits vor dem Krieg entsprechende Anzeichen (WG 569); für Amerika nahm er an, daß der Krieg sehr bald zu einer Anpassung an bürokratische Strukturen führen würde. 1918 sprach er deshalb von einer zunehmenden Europäisierung Amerikas, womit er v. a. die Bürokratisierung meinte (MWG I/15, 606). Und als er zwei Jahre später im Vorwort zu den Gesammelten Aufsätzen zur Religionssoziologie die Errungenschaften des Okzidents aufzählte, welche eine 'universale Kulturbedeutung' besäßen, da gehörte hierzu auch der rationale Staat in jener Version, wie sie auf dem Kontinent entwickelt worden war.

Heute wird man in diesem Punkt vorsichtiger urteilen. Gewiß, was die Bürokratisierung betrifft, so hat Weber recht behalten. Mit dem New Deal, der den Übergang vom alten Patronage-Staat zum *regulatory and redistributive state* brachte, wurde der Civil Service von etwas über einer halben Million Mitarbeitern auf fast eine Million erweitert, um sich in den vierziger Jahren noch einmal zu verdoppeln (Lowi 1985, 44, 67). Gleichzeitig wurde die Verwaltung durch die Einführung von Einstellungstests *(merit system)*, durch Aufstiegs- und Karrieremuster, praktische Unkündbarkeit und ähnliche Neuerungen professionalisiert und dem Idealtypus der rationalen Bürokratie angenähert. Dennoch sind die Unterschiede zum kontinentaleuropäischen System dadurch nicht geringer geworden. Die Bundesverwaltung ist in extremer Weise fragmentiert und in bürokratische Subkulturen zersplittert, was mit dem starken Einfluß der Legislative als des Bollwerks regionalpolitischer Interessen zusammenhängt. Das Wachstum der Behörden vollzieht sich planlos, wuchernd, ohne Eingliederung in eine hierarchische ministeriale Struktur. Die politische Penetration der Verwaltung geht sehr weit. Die Leitungsebene ist geprägt durch die sogenannten *in-and-outers*, qualifizierte Experten mit primär politischer Orientierung, die zwischen Verwaltung und Gesellschaft pendeln und ihr Amt meist nur wenige Jahre ausüben. Das gesamte

System ist stark personalisiert und durch partikulare Orientierungen geprägt. Sachliche Einstellungen treten zurück, langfristige Perspektiven werden durch kurzfristige Interessen verdrängt, die politische Übersteuerung verhindert die Etablierung einer eigenständigen Verwaltungskultur und eines entsprechenden 'institutionellen Gedächtnisses' (Falke 1992).

Das liest sich wie eine Negativbilanz und ist es auch – vom Standpunkt des 'Staates' als einer anstaltlichen Ordnung im kontinentaleuropäischen Sinne. Vom Standpunkt der anderen gesellschaftlichen Systeme indes ist die geringe Geschlossenheit der Verwaltung eher ein Plus. Der häufige Personalwechsel verhindert eine Verkrustung bürokratischer Strukturen. Er ermöglicht ein tiefes Eindringen gesellschaftlicher Außenperspektiven in die Verwaltung und macht diese dadurch flexibler und reagibler. Die Dominanz von Politikern gegenüber Juristen begünstigt außerdem einen Stil, der auf Verhandlung beruht anstatt auf einseitiger Entscheidung – auch dies ein Modus, der den polyzentrischen, heterarchischen und nicht zuletzt auf kurze Zeithorizonte angelegten Strukturen moderner Gesellschaften entspricht. Weber hat zwar gerade in der Schnelligkeit einen entscheidenden Vorteil der rational-legalen Bürokratie gesehen, jedoch nicht klar genug erkannt, daß vom Standpunkt moderner Marktökonomien auch diese Schnelligkeit längst nicht schnell genug ist. Angesichts der Geschwindigkeit, mit der heute Kapitalmassen umgeschlagen oder Standorte verlagert werden, wirken die aktenmäßigen, schriftlich fixierten, in der Regel die Zustimmung zahlreicher Ressorts erfordernden Verfahren auch der diensteifrigsten Bürokratie ungefähr wie die Keilschrift im Vergleich zum Computer. Es ist daher keine historisch zu erklärende Eigenheit, sondern tief in den Erfordernissen der Gegenwart begründet, wenn das führende Land des modernen Kapitalismus – ebenso übrigens wie einer seiner schärfsten Konkurrenten: Japan – bislang keine ernsthaften Anstrengungen unternommen hat, sein politisch-administratives System dem kontinentaleuropäischen Muster anzupassen. Statt dessen mehren sich die Anzeichen, daß dieses Muster in seinem eigenen Geltungsbereich einer Erosion unterliegt (Breuer 1991, 224ff.).

Manches spricht deshalb dafür, die bisherige Sichtweise zu relativieren, nach der der amerikanische Entwicklungspfad der exzeptionelle, der kontinentaleuropäische hingegen der universelle, den Erfordernissen der Moderne am besten angepaßte sei. Sind nicht gerade in den Anstaltsbegriff höchst singuläre Voraussetzungen eingegangen, die so weder übertragbar noch wiederholbar sind? Steckt in ihm nicht eine allzu große Portion kanonischen Rechts und damit das, was Weber als 'institutionelle Wendung des Charismas' bezeichnet? Ist er nicht das Produkt einer allzu weit getriebenen Abkoppelung des Rechtsdenkens und einer juristischen Spezialistenschicht, die in machtgeschützter Innerlichkeit alle Fragen der gesellschaftlichen Anschlußfähigkeit des Rechts ausgeblendet hat und allein ihren internen Denkbedürfnissen gefolgt ist? Trägt er nicht allzu viele Geburtsmale jener einzigartigen 'Revolution der Juristen', die die französische Revolution bis zuletzt war? Ohne die Leistungen dieses juristischen Rationalismus schmälern zu wollen: seine Resultate erscheinen heute immer offenkundiger als auf eine Welt gemünzt, die nicht mehr die unsere ist – eine Welt, die auf Dauer angelegt war, in der die Handlungsketten überschaubar und die Folgen kalkulierbar und zurechenbar waren, in der die Interaktionen sich auf einige wenige, juristisch leicht handhabbare Schemata reduzieren ließen und in der eine Kodifikation Lückenlosigkeit postulieren konnte, ohne auf ungläubiges Staunen zu stoßen. Lo stato, l'État, el estado, der Staat – alle diese Begriffe, in denen sich der Anstaltsstaat reflektiert, haben mit Stand zu tun, mit einer in letzter Instanz göttlichen und deshalb unveränderlichen Rangordnung, aber auch mit Zustand und Lage. Sie zielen nicht auf Dynamik, sondern auf Statik und sind schon allein dadurch jener permanenten Mobilisierung entgegengesetzt, die den Gesellschaften des 20. Jahrhunderts ihr Siegel aufgedrückt hat.

Ein Ende des Staates, wie es Carl Schmitt oder Ernst Forsthoff diagnostiziert haben, ist deshalb nicht abzusehen. Der Staat ist nicht mit dem Anstaltsstaat identisch und deshalb fähig, dessen Erosion zu überdauern. Wohl aber ist anzunehmen, daß die spezifisch kontinentaleuropäische Codierung des Staates – seine politisch-theologische, im Charisma der Vernunft kulminierende Prägung – sich immer deutlicher als singuläres Projekt erweisen und mehr und mehr an Konturen verlieren wird. Es ist deshalb Zeit, die Webersche Staatssoziologie zu aktualisieren. Der Begriff des modernen Staates fällt nicht länger mit dem des Anstaltsstaates zusammen.

DIE ORGANISATION ALS HELD.
DER SOWJETISCHE KOMMUNISMUS
UND DAS CHARISMA DER VERNUNFT

Daß zwischen der „großen" französischen Revolution und der russischen Oktoberrevolution eine enge Verwandtschaftsbeziehung besteht, ist eine These, die von Autoren unterschiedlichster Couleur verfochten wird. Schon für Lenin war der Bolschewismus nur eine gesteigerte Form des Jakobinismus; sozialistische Historiker wie Mathiez und Soboul sahen beide Revolutionen als Glieder einer Kette, an deren Ende Demokratie, Vernunft und Humanität stünden; Totalitarismustheoretiker wie Talmon und Chaunu wiederum kehrten zwar die Wertung um, betonten aber ebenfalls die Zusammengehörigkeit beider Ereignisse. Dies alles spricht für den Versuch, das Charisma der Vernunft über die französische Revolution hinaus auch für die Interpretation der Oktoberrevolution fruchtbar zu machen.

Ein solcher Versuch steht allerdings nicht geringen Schwierigkeiten gegenüber. Der Aufstieg der Bolschewiki vollzog sich nicht, wie derjenige der Jakobiner, im Rahmen einer Parlamentsdiktatur, also einem auf dem Prinzip reiner Repräsentation gegründeten System. Er erfolgte vielmehr über das Medium der Arbeiter- und Soldatenräte, die nach der Weberschen Herrschaftssoziologie auf einer Beschränkung der Repräsentation, ihrer Bindung an berufliche und klassenmäßige Kriterien, beruhen: 'Repräsentation durch Interessenvertreter' (WG 174 f.). Inhaltlich vertrat der Bolschewismus ein Gesellschaftsideal, das sich erheblich von dem der Jakobiner unterschied, wie er auch weitgehend auf jene Beschwörung der Vernunft verzichtete, die für das späte 18. Jahrhundert so typisch war. Vom allgemeinen Willen, von der Volkssouveränität, von der Allmacht des Gesetzes war etwa bei Lenin sehr wenig die Rede, dafür um so mehr von Fragen der Organisation und der Methode, der Strategie und der Taktik – Fragen, welche allesamt auf die „Grundfrage jeder Revolution" hinausliefen, die „Frage nach der Macht im Staat" (LW 24, 20). Dazu paßt, daß der Vernunft in Rußland keine Tempel geweiht und keine Kulte gewidmet wurden.

Schon Max Weber hat deshalb darauf verzichtet, mit Bezug auf die russische Revolution vom Charisma der Vernunft zu sprechen, ja er scheint überhaupt seine Typen der legitimen Herrschaft in diesem Fall nicht für anwendbar gehalten zu haben. Andere, die zu einem späteren Zeitpunkt schrieben, teilten diese Auffassung nicht, zogen aber entweder die genuine charismatische Herrschaft oder die traditionale Herrschaft für die Analyse heran. Da wir uns über diesen Diskussionsstand nicht hinwegsetzen können, bedarf es einiger Umwege, um zum Thema zu gelangen. Ich skizziere zunächst Webers Sicht des Kommunismus im allgemeinen und des russischen Kommunismus im besonderen, erörtere dann die verschiedenen Interpretationsvorschläge, die sich Weberscher Kategorien bedienen, und versuche abschließend zu zeigen, was der Rekurs auf das Charisma der Vernunft zum Verständnis der Oktoberrevolution und ihrer Folgen beizutragen vermag.

I.

Wohl an keinem Punkt wird Max Webers Gegensatz zur materialistischen Geschichtsauffassung deutlicher als in der Stellung zum Kommunismus. War dieser für Marx und Engels zugleich das höchste und das niedrigste Entwicklungsstadium der Gesellschaft und damit End- und Anfangspunkt der Geschichte, so ist er für Weber weder das eine noch das andere. Zwar folgt er noch in seiner ›Römischen Agrargeschichte‹ (1891) der von G. L. v. Maurer begründeten und später von Engels übernommenen genossenschaftlichen Theorie einer historischen Abfolge vom Kollektiveigentum über Varianten kollektiver Nutzungsrechte bis hin zum Privateigentum, doch distanziert er sich schon bald von dieser Hypothese: in den beiden ersten Fassungen der ›Agrarverhältnisse im Altertum‹ (1897, 1898) eher stillschweigend, in der dritten Fassung (1909) explizit. Kommunistische Strukturen, lautet von jetzt an seine Auffassung, sind nirgends etwas Urwüchsiges, vielmehr stets das Ergebnis geschichtlicher Differenzierung. So seien etwa die kollektiven Besitzformen bei den Germanen Ausflüsse eines Kriegerkommunismus, der aus rein militärischen Erfordernissen entstanden sei; wohingegen die in Rußland und anderen Gebieten Asiens anzutreffenden Feldgemeinschaften Manifestationen eines 'sekundären rationalisierten Agrarkommunismus' seien, der seine Ursprünge in der Steuerrepartition des patrimonialen Staates habe (GASW 523; Weber 1958, 67, 36 ff.).

Noch schroffer fällt die Ablehnung der Vorstellung vom kommunistischen Endstadium aus, welches selbst den Sozialismus an Rationalität überbieten sollte. Für Weber ist zwar der Sozialismus minder rational als der Kapitalismus, weil er den Siegeszug der Bürokratie fördert und auf diese Weise die Erstarrung der wirtschaftlichen und gesellschaftlichen Ordnung begünstigt. Noch geringer aber ist der Rationalitätsgrad des Kommunismus. Denn während der Sozialismus immerhin eine rationale Ordnung der Güter*produktion* anvisiert, beschränkt sich der Kommunismus auf das bloße Fehlen der Rechenhaftigkeit beim Güter*verbrauch*. Entspringt der Sozialismus aus der Fabrikdisziplin, also einer genuin modernen, an den rationalen Kapitalismus gebundenen Erscheinung, so der Kommunismus aus dem Haus, dem Heer oder der Gemeinde, Sozialformen mithin, die sich auch schon in vormodernen Epochen finden. Stützt sich der Sozialismus auf rationale Organisationen wie die formal-legalen Klassen- und Weltanschauungsparteien, so der Kommunismus „auf unmittelbar *gefühlte* Solidarität", also eher auf Vergemeinschaftung als auf Vergesellschaftung (WG 660, 167f., 88; MWG I/15, 611).

Weber erklärt den Kommunismus damit nicht zu einem ausschließlich vormodernen Phänomen. Haus, Heer und Gemeinde sind Verbandsformen, die auch unter den Bedingungen fortgeschrittener Rationalisierung existieren. Gleichwohl läßt er keinen Zweifel daran, daß es sich um Formen handelt, die strukturell gesehen vorrationalen Epochen angehören und durch den Vormarsch des Rationalismus wenn nicht vernichtet, so doch in ihrer gesellschaftlichen Bedeutung erheblich gemindert werden. Der Hauskommunismus hat seine Stätte auf patriarchalem Boden und ist also der traditionalen Herrschaft zuzurechnen; er pflegt sich mit zunehmender funktionaler Differenzierung und entsprechender Rechenhaftigkeit überall zu zersetzen. Der sekundär rationalisierte Agrarkommunismus ragt wohl noch, wie Webers Rußland-Studien zeigen, in die Gegenwart hinein, befindet sich aber ebenfalls in Auflösung. Die russische Feldgemeinschaft, notiert Weber 1906, sei „die letzte Zufluchtsstätte des Kommunismus und des ihm entsteigenden bäuerlichen revolutionären Naturrechts in Europa". Und auch die beiden übrigen Formen des Kommunismus – der Kameradschaftskommunismus des Heeres und der Liebeskommunismus der religiösen Gemeinde – sind wegen ihres charismatischen Fundaments kaum geeignet, die Alltagsprobleme einer modernen Gesellschaft zu bewältigen. War dieser charismatische Kommunismus immer schon labil, weil er ganz aus dem Gegensatz zur Welt lebt und nur durch die „gemeinsame Gefahr des Feldlagers oder die Liebesgesinnung weltfremder Jüngerschaft" zusammengehalten wird, so ist er es heute erst recht, weil mit der allgemeinen Rationalisierung der politischen und ökonomischen Bedarfsdeckung das disziplinierte Alltagshandeln ein immer größeres Gewicht gewinnt und das Charisma in eine Nischenposition abdrängt[20].

Diese allgemeinen Überlegungen finden sich in Webers Einschätzung des russischen Kommunismus wieder. Dieser präsentiert sich ihm in dreifacher Gestalt: als Agrarkommunismus der sozialrevolutionären Bauernschaft; als Löhnungs- und Kontributionskommunismus der aufständischen Soldaten; und als utopischer Kommunismus der Literaten. Von diesen drei Formen entspricht die erste am wenigsten dem oben skizzierten Muster. In der Institution, auf die sie sich hauptsächlich stützt, der Feldgemeinschaft (obščina), spielen wohl genossenschaftliche Strukturen eine wichtige Rolle, doch ist sie zugleich durch ein erhebliches Maß an Individualismus gekennzeichnet. Die Arbeit wird in privater Form verausgabt; der Anspruch auf Land ist den einzelnen 'Seelen' bzw. Haushalten appropriiert; und auch die soziale Ungleichheit ist keineswegs abwesend, was sich an unterschiedlichen Besitzgrößen an Inventar, Vieh oder Geld ablesen läßt (Weber 1958, 32f.). Die vermögenden Bauern verpachten und veräußern ihr Land, sie verhindern Neuumteilungen und nutzen die ökonomisch Schwächeren rücksichtslos aus, so daß die Gleichheit aller Dorfgenossen in der Regel auf dem Papier steht (MWG I/10, 223).

Der bäuerliche Radikalismus attackiert nun zwar diese Ungleichheit, nicht aber die individualistische Produktionsweise, aus der sie entspringt. Sein Ziel ist es im Gegenteil, sie beizubehalten und noch weiter auszudehnen, indem auch das Land des Großgrundbesitzes – Adel, Kirche, Staat – in den Umteilungsprozeß einbezogen wird. Auf die Dauer, so Webers Prognose, sei damit jedoch der Siegeszug des Agrarkapitalismus nicht aufzuhalten. Alles, was der Radikalismus erreichen könne, sei ein ökonomischer Kollaps, bedingt durch die Liquidierung der größeren und leistungsfähigeren landwirtschaftlichen Betriebe. Nach diesem Zusammenbruch aber würde es nur ein bis zwei Jahrzehnte dauern, „bis dieses 'neue', kleinbürgerliche Rußland wieder vom Kapitalismus durchtränkt wäre" (MWG I/10, 542).

Die zweite Form, der Kameradschaftskommunismus des aufständischen Heeres, kommt dem Kommunismusbegriff näher, hat aber historisch eine weitaus geringere Rolle gespielt als Weber annahm. Seine These, der Bolschewismus sei de facto nur die Diktatur eines Soldatenproletariats, das Löhnung und Beute suche und deshalb nach

---

[20] Vgl. WG 214f., 226f., 660f.; MWG I/10, 544. Eine instruktive Darstellung von Webers Verhältnis zu Sozialismus und Kommunismus jetzt bei Heins 1992.

außen zur imperialistischen Expansion, nach innen zu einer Konfiskationspolitik gegenüber den Bauern tendiere (MWG I/15, 405 f., 629), trifft gewiß einige Aspekte des Kriegskommunismus wie auch die Wendung, die die Bolschewiki von ihrer ursprünglichen Unterstützung des Selbstbestimmungsrechtes abrücken und in die Fußstapfen des zaristischen Imperialismus treten ließ. Am Kern der Sache geht sie nichtsdestoweniger vorbei. Mit der Oktoberrevolution entstand keine Militärdiktatur, und auch der Löhnungs- und Kontributionsmilitarismus trat bald in den Hintergrund. Noch im Laufe des Jahres 1918 wurden die Roten Garden und die Arbeitermilizen, die zeitweise zwischen 150 000 und 200 000 Mann unter Waffen hatten, in die neue Rote Armee inkorporiert, die von Trotzki aus dem Boden gestampft wurde; diese aber, basierend auf der im April wiedereingeführten allgemeinen Wehrpflicht, stand unter strikter Kontrolle der bolschewistischen Partei, die ihren Primat durch den Aufbau eines gesonderten Repressionsapparates sicherte – der Tscheka. Die autoritäre Führung durch Trotzki, die effektive Verknüpfung von drastischen Strafen und politischer Agitation trugen ein übriges dazu bei, daß aus den charismatischen Gefolgschaftsverbänden schon bald ein diszipliniertes Massenheer wurde, das sich in den Grundlinien nicht von den Militärapparaten Westeuropas unterschied (Hildermeier 1989, 275). Wie wenig sich die Bolschewiki von den Beuteinteressen eines Soldatenproletariats beeinflussen ließen, zeigen die Friedensschlüsse von Brest-Litowsk und Riga, die mit beträchtlichen Gebietsverlusten für Rußland erkauft wurden. Auch das wirtschaftliche Pendant zum Lager- und Beutekommunismus, der Kriegskommunismus, wurde im März 1921 von einer neuen Politik abgelöst, die die Requisitionspraxis auf dem Land durch eine zunächst in Natural-, dann in Geldform zu erbringende Steuer ersetzte (Lorenz 1976, 123 f.).

Bleibt die dritte Form des Kommunismus, die Weber der Intelligenz bzw. dem revolutionären Teil derselben zuordnet. Weber unterscheidet zwischen der „evolutionistisch und am Produktionsproblem orientierten" und der „von der Verteilungsseite ausgehende(n), heute wieder 'kommunistisch' genannten" Form des Sozialismus und bezieht diese Differenzierung auf die Spaltung der russischen Sozialdemokratie (WG 61). Während Plechanov und der menschewistische Flügel die ökonomischen Interessen der Arbeiterschaft verträten und daher als „bewußte Förderer der kapitalistischen Entwicklung" und „geschworene Gegner aller 'kleinbürgerlichen, bäuerlichen Gleichheits- und Teilungs-Ideale'" agierten, huldigten Lenin und seine Anhänger einem Putschismus, der nur aus der Eigenart des russischen

Sozialismus zu erklären sei (MWG I/15, 252; I/10, 168 f.). Seit seinen Vätern, Herzen und Lavrov, sei jener durch eine tiefe Gegnerschaft gegen ökonomische und soziale Entwicklungsgesetze gekennzeichnet, welche teils aus der Nachwirkung Hegelscher Einflüsse resultiere, teils mit der besonderen Struktur des russischen Sozialismus als einer „religionsartigen Intellektuellenbewegung" zusammenhinge (MWG I/10, 169; WG 313).

Sowohl der sozialen Zusammensetzung als auch der Ziele und Organisationsformen nach sieht Weber die Bolschewiki in dieser Tradition. Die Bolschewiki-Regierung, schreibt er im Juni 1918, bestehe aus Intellektuellen, denen es gelungen sei, das Kommando über die Arbeiter, die alten Offiziere und einen Teil der vorrevolutionären Bürokratie zu erringen. Ihre Organisationsform sei die einer Sekte und ihre Zielsetzung die schlechterdings utopische Hoffnung, Rußland könne die Entwicklungsstufen Westeuropas überspringen und geradewegs zu einer sozialistischen Ordnung übergehen (MWG I/15, 629 ff.). An anderer Stelle vergleicht Weber die Bolschewiki mit den Parteien der mittelalterlichen Städte, die ebenfalls 'Gewaltsamkeitsorganisationen' gewesen seien (MWG I/17, 199). Auch dieser Vergleich zielt vor allem darauf, den putschistischen Charakter der Oktoberrevolution herauszustreichen und dem bolschewistischen Regime das zu bestreiten, worum die Herrschaftssoziologie kreist: Legitimität. „Der Bolschewismus", so behauptet Weber noch im November 1918, „ist eine Militärdiktatur wie jede andere und wird auch zusammenbrechen wie jede andere" (MWG I/16, 365). Aus diesem Zusammenbruch aber könne nichts anderes hervorgehen als ein „Regiment bäuerlicher und kleinbürgerlicher Interessenten, also der radikalsten Gegner *jedes* Sozialismus" sowie eine „ungeheure Kapitalszerstörung und Desorganisation, also ein Zurückschrauben der vom Marxismus geforderten gesellschaftlichen Entwicklung" (MWG I/15, 631).

Alles in allem zeigen diese Aussagen ebensoviel Hellsichtigkeit wie Blindheit. Hellsichtig ist Webers Urteil hinsichtlich der ökonomischen Rückschläge, die die Verwirklichung des bäuerlichen Radikalismus einerseits, die Bürgerkriegspolitik der Bolschewiki andererseits mit sich bringt. Hier hat Weber weiter gesehen als Lenin, der dem Prinzip *on s'engage et puis on voit* huldigte und sich anschließend über die Folgen beklagte. Von eigentümlicher Blindheit aber sind Webers Äußerungen über die Soldaten und über die Bolschewiki. Während er die Rolle der ersteren überschätzte, unterschätzte er die der letzteren – vielleicht aus der historischen Erfahrung heraus, daß es in der

Geschichte bis dahin zwar viele Fälle gab, in denen Intellektuelle als Staats*diener* fungierten, und mindestens ebenso viele, in denen sie sich einer apolitischen Weltflucht anheimgaben, jedoch kein einziges Beispiel, bei dem sie selbst einen Staat zerstörten und anschließend nach ihren Vorstellungen neu gründeten. Was immer die Bolschewiki verkündeten, war in Webers Augen Literatengerede. Soweit ihre Herrschaft Bestand hatte, verdankte sie dies allein der Macht der Bajonette, auf denen sich bekanntlich nicht sitzen läßt. Als Gegenstand der Herrschaftssoziologie, die sich allein mit legitimen Ordnungen beschäftigte – Ordnungen, die auf einem Mindestmaß an Anerkennung ihrer Geltungsgründe beruhten –, kam ein derartiges Regime nicht in Frage.

II.

Die Prämisse, auf der diese Auffassung beruht, ist von der Geschichte nicht bestätigt worden. Die Bolschewiki behaupteten ihre Position und schufen ein System, das vielen Beobachtern geradezu als ultrastabil erschien. Da die Stabilität einer Ordnung in Webers Soziologie immer auch ein Hinweis auf ihre Legitimität ist, bedeutet dies zugleich, daß die Kategorien der Herrschaftssoziologie mitnichten so irrelevant für die Sowjetunion sind, wie Weber dies annahm. Zwar drängten der stalinistische Terror und der Kalte Krieg die Legitimitätsfrage noch einmal in den Hintergrund, doch intensivierten sich Ende der sechziger Jahre die Bemühungen, die Herrschaftsstruktur des Sowjetregimes mit Hilfe der von Weber entwickelten drei reinen Typen legitimer Herrschaft durchsichtig zu machen. Ich werde im folgenden zunächst den Beitrag von Murvar (1984) diskutieren, der den Begriff der patrimonialen Herrschaft für angemessen hält. Danach werde ich auf verschiedene Ansätze eingehen, die um die Typen der charismatischen Herrschaft kreisen: des reinen Charismas und des Charismas der Vernunft.

Murvars Erklärung knüpft an Webers Bestimmung des Zarismus als einer besonders ausgeprägten Variante des Patrimonialstaates an. Diese sei weder durch den Pseudokonstitutionalismus von 1905 noch durch die beiden *nonrevolutionary events* von 1917 strukturell modifiziert worden. Insbesondere der Oktoberumsturz weise alle Attribute eines für patrimoniale Systeme typischen *coup d'Etat* auf, der auf Überraschung und einer anfangs kleinen Militärmacht beruhe. Lenin, der über weitaus weniger Charisma verfügt habe als etwa Kerenskij oder Černov, sei ein typischer patrimonialer 'Herr' gewesen, die bol-

schewistische Partei nichts weiter als ein seiner persönlichen Herrschaft unterworfenes Gefolge. Nachdem er den Zar abgelöst habe,
ohne etwas an der patrimonialen Herrschaftsstruktur zu ändern, sei er
seinerseits von einem patrimonialen Nachfolger abgelöst worden:
"The record is surprisingly simple: Within six and a half decades there
were four extremely successful patrimonialist rulerships, separated by
three shortlived 'Times of Troubles', now attractively labelled collective leadership, which lasted only until the new patrimonialist ruler
successfully defeated all the potential and actual competitors"
(Murvar 1984, 261 f.).

Wer so argumentiert, muß sich freilich sowohl über Webers Begrifflichkeit als auch über eine ganze Reihe von Fakten hinwegsetzen.
Patrimonialismus bezeichnet in Webers Herrschaftssoziologie einen
Unterfall der traditionalen Herrschaft; diese aber ist definiert durch
den „Alltagsglauben an die Heiligkeit von jeher geltender Traditionen
und die Legitimität der durch sie zur Autorität Berufenen" (WG 124).
Nun läßt sich wohl die bäuerliche Revolution des Jahres 1917, die den
alten Traum von der 'schwarzen Umteilung' erfüllte, als eine traditionalistische Revolution interpretieren, jedoch kaum die Machtergreifung durch die Bolschewiki: richtete sich diese doch nicht allein gegen
die Person eines als unfähig erachteten Herrn, sondern gegen das System als solches – die despotisch-patrimoniale Staatsform, die 'feudale' Agrarverfassung, den durch Stagnation gekennzeichneten 'asiatischen Staatskapitalismus' (Lenin). Im Streit zwischen Slavophilen
und Westlern standen die meisten Bolschewiki eindeutig auf seiten der
letzteren, was taktische Konzessionen an den Populismus keineswegs
ausschloß, diese aber immer in eine umfassende Modernisierungsstrategie einbettete, welche optimale Bedingungen für eine ungehinderte
'amerikanische' Entfaltung des Kapitalismus in Rußland schaffen
sollte (LW 13, 236 ff.).

Der Traditionsbruch durch die Bolschewiki dürfte denn auch kaum
zu überschätzen sein. Sie beendeten die jahrhundertealte Institution
der Monarchie, zerschlugen die Kirche als hierokratischen Anstaltsbetrieb, expropriierten den Adel, attackierten die althergebrachten
Formen der Familie, erzwangen mit der Kollektivierung der Landwirtschaft die Trennung der agrarischen Produzenten von ihren Produktionsmitteln und unterwarfen das gesamte Land einer Industrialisierungspolitik von beispiellosem Tempo und rücksichtsloser Brutalität.
Am Vorabend des Zweiten Weltkriegs verfügte Rußland über eine
mehr als doppelt so große städtische Bevölkerung wie am Vorabend
des Ersten sowie über eine industrielle Produktion, die dem Umfang,

wenn auch nicht der Qualität nach an zweiter Stelle in der Welt stand
(Lorenz 1976, 28, 237, 235). Die These vom patrimonialen *coup d'Etat*
wird einem so tiefgreifenden Einschnitt nicht gerecht.

Sie stimmt aber auch deshalb nicht, weil die Oktoberrevolution
nicht mit dem Putsch einer Mamelukeneinheit oder einer Prätoria-
nergarde gleichgesetzt werden kann. Gewiß verkörperten die Bolschewiki nicht den Willen der Mehrheit, geschweige denn des ganzen
Volkes. Bei der einzigen Wahl der Revolutionszeit, die demokratischen Ansprüchen gerecht wird – der Wahl der Konstituierenden Versammlung im November 1917 –, erhielten die Bolschewiki ein knappes
Viertel der Stimmen, während die Sozialrevolutionäre mehr als die
Hälfte auf sich zu vereinigen vermochten. Auf der anderen Seite verdient festgehalten zu werden, daß die Bolschewiki in den beiden
Machtzentren des Landes, Petrograd und Moskau, seit dem Frühjahr
1917 einen konstanten Stimmenzuwachs zu verzeichnen hatten. Während sie bei den Stadtparlamentswahlen im Mai/Juni nur 20,4 bzw.
11,7% erzielt hatten, waren es im August/September bereits 33,4 bzw.
50,9%. Auch aus den Wahlen zur Konstituierenden Versammlung
gingen die Bolschewiki in beiden Städten mit 45 bzw. 47,9% als klare
Sieger hervor, während die Sozialrevolutionäre nur 8,2 bzw. 12,6% für
sich zu gewinnen vermochten (Hildermeier 1989, 258f., 166f., 226f.).
Selbst die voreingenommenste Sichtweise kann nicht darüber hinweg-
gehen, daß die Bolschewiki im Oktober 1917 an der Spitze einer zahlenmäßig durchaus beachtlichen sozialen Bewegung standen und daß
sie, wenn schon nicht das Mandat der Mehrheit, so doch dasjenige der
Arbeiterschaft und der Soldaten hatten (Bonwetsch 1991, 207).

Schließlich sollten auch die personalistischen und arbiträren Züge
des Bolschewismus nicht überzeichnet werden. Natürlich traten sie in
der Stalin-Ära in den Vordergrund, doch bestimmten sie weder vorher
noch nachher die Politik der Partei so stark, wie es das Konzept des
Patrimonialismus nahelegt. Lenin, so schreibt B. Lewytzkyi, „bot
nicht das Bild des idealtypischen Diktators, der unbedingt seinen
Willen durchsetzen wollte. Aus heutiger Sicht betrachtet, ist als gewiß
anzunehmen, daß der Machtanspruch, den er immer wieder betonte,
nicht an seine Person, sondern an die Parteiführung gebunden war"
(1967, 20). Lenins Autorität beruhte auf seiner ungewöhnlichen politischen Überzeugungskraft, die ihm oft, aber keineswegs immer die
Mehrheit in der Partei sicherte. Er mußte es hinnehmen, daß 1903
nicht sein Entwurf, sondern derjenige Plechanovs zur Grundlage des
Parteiprogramms wurde; daß er in der Abstimmung über den Mit-
gliedstatus auf dem 2. Parteitag zunächst Martov unterlag und dann

nur wegen eines strategischen Zufalls siegte; daß er zwischen 1905 und 1909 in der Frage des Duma-Boykotts gegen die Mehrheit der eigenen Fraktion stand und auch in anderen Fragen vielfach isoliert war (Service 1985, 190 f.).

Die führenden Bolschewiki ihrerseits waren weit davon entfernt, nur das Echo ihres Herrn zu spielen. Nicht selten kam es vor, daß sie Lenin im Zentralkomitee überstimmten oder ihm die Gefolgschaft verweigerten: so Zinov'ev und Kamenev im Oktober 1917, als es um die Frage des bewaffneten Aufstands ging; so Bucharin wegen der Einschätzung des Nationalismus als revolutionärer Kraft, der Rolle der Gewerkschaften und des Friedensschlusses mit Deutschland; so Trotzki wegen der Invasion Polens, der Besteuerung der Bauern und der Militarisierung der Arbeit; und so sogar Stalin, der in Lenins letzten Lebensjahren zahlreiche Anweisungen ignorierte und obstruierte. Das Vorhandensein dieser Streitigkeiten macht aus der bolschewistischen Partei noch keine demokratische Institution. Es zeigt aber auf, wie weit diese Organisation vom Idealtypus eines traditionalen Pietätsverbands entfernt war, in welchem persönliche Diener den Anweisungen eines kraft Tradition zur Herrschaft bestimmten persönlichen Herrn folgen. Der Typus der patrimonialen Herrschaft läßt sich auf das bolschewistische Regime nicht anwenden.

III.

Weitaus häufiger als der traditionalen Herrschaft pflegt der sowjetische Kommunismus der charismatischen Herrschaft zugeordnet zu werden. Im Mittelpunkt dieser Sichtweise steht natürlich Lenin, dem außeralltägliche Fähigkeiten als Führer zugeschrieben werden; die bolschewistische Partei erscheint dabei wie eine persönliche Jüngerschaft, die durch emotionale Vergemeinschaftung und den Glauben an eine welthistorische Mission zusammengehalten wird (Tucker 1968; Rigby 1979, 110 ff.; ders. 1980, 14 f.; Carrère d'Encausse 1980, 288). Lenin, so faßt Arthur Schweitzer (1984, 167) diese Ansicht zusammen, sei der einzige authentische Interpret seiner Geschichtsauffassung gewesen, seine Herrschaft habe die beiden charismatischen Elemente der Allwissenheit des Führers und der Unterordnungsbereitschaft der Paladine in sich vereinigt, Gehorsam sei ihm entgegengebracht worden in der doppelten Form persönlicher Bewunderung und kollektiver Verehrung der Wissenschaft als ewiger Wahrheit.

Hinsichtlich der Zeit nach Lenins Tod gehen die Auffassungen auseinander. Während Rigby Webers Modell der Veralltäglichung des Charismas aufgreift, lehnt Tucker dies als verwirrend und unangemessen ab. Der Lenin-Kult zeige, daß das Charisma nach dem Tod des Führers zwar routinisiert, aber keinesfalls depersonalisiert worden sei. Carrère d'Encausse sieht die Stalin-Zeit im Zeichen des Versuchs, Lenins Charisma zu beerben, und die poststalinistische Ära als kurze, alsbald aber gescheiterte Rückkehr zur 'sozialistischen Legalität'. Schweitzer konstatiert eine Neigung zum Despotismus, die der Entwicklung der nationalsozialistischen Herrschaft in Deutschland vergleichbar sei.

Eine Kritik an dieser Sichtweise kann nicht darin bestehen, jegliches Vorhandensein genuin-charismatischer Züge in der russischen Revolution zu bestreiten. Es gab charismatische Demagogen wie Kerenskij, die sich großer Popularität erfreuten. Es gab ekstatische Massenversammlungen, in denen die Heroen der revolutionären Szene bejubelt und heilige Eide geschworen wurden. Und es gab sicherlich ein weitverbreitetes Gefühl der Außeralltäglichkeit, wie es schon die französische Revolution geprägt hatte. Mit der Abschaffung der Monarchie verlor das Charisma seinen bisherigen Ort in der Person des Herrschers, begann zu flottieren und fand sich endlich in der Rhetorik, dem Pathos der revolutionären Sprache wieder, die gleichsam mit sakraler Autorität aufgeladen wurde (Hunt 1989, 41). Ebensowenig läßt sich bestreiten, daß gerade Lenin in bestimmten Situationen eine Überzeugungskraft zu entfalten vermochte, die nach dem Urteil vieler Zeugen charismatische Qualitäten besaß. Ohne sie wäre auch nur schwer zu erklären, wie es Lenin im April 1917 gelingen konnte, einer zögernden und verwirrten Partei eine Linie aufzuherrschen, die auf nicht weniger hinauslief als darauf, 'die Fahne des Bürgerkriegs inmitten der revolutionären Demokratie' aufzupflanzen (Plechanov).

Problematisch erscheint die Kategorie des reinen Charismas jedoch aus zwei Gründen. Zum einen, weil ihre Anwendung dazu führt, den eigenständigen Charakter der sozialen Bewegungen im Sommer und Herbst 1917 mit ihren konkret-unmittelbaren Forderungen nach Brot, Land und Frieden zu verdunkeln. Zum andern, weil sie der Rolle von Lenins Persönlichkeit nicht gerecht wird. Da der erste Aspekt in den großen Revolutionsdarstellungen von Keep (1976), Rabinowitch (1976) und Ferro (1980) ausführlich gewürdigt wird, will ich mich auf einige Hinweise zum zweiten beschränken. Trotzki, der in seinen späteren Schriften viel zur Heroisierung Lenins beigetragen hat, weist einmal darauf hin, daß in diesem großen Revolutionär ein pedantischer Notar steckte (1973, I, 251). Das aber ist ein Zug, der sich nicht ohne weiteres in das Bild eines Charismatikers einfügt. Schon in der Emigration pflegte Lenin jeden seiner Schritte mit peinlicher Sorgfalt bis ins Detail vorzubereiten und noch der geringsten organisatorischen Kleinigkeit Aufmerksamkeit zu widmen; in die gleiche Richtung ging sein Hang zur Rabulistik und zum Dogmatismus, der in der frühen russischen Sozialdemokratie immer wieder Empörung und Ablehnung auslöste. Anstatt Anhänger zu sammeln, setzte Lenin seine ganze Energie darein, sie wieder loszuwerden; anstatt sein Charisma zu bewähren, manövrierte er sich mit nachtwandlerischem Geschick immer wieder in die Position des Außenseiters. "By 1905", urteilt Philip Pomper, "Lenin had become a kind of outcast among the leaders of the Russian Social Democratic movement. Furthermore, despite numerous testimonials to Lenin's personal charisma, it is quite clear that he was as often repellent as attractive. It is impossible to find a single person of stature in the party who did not rebel repeatedly against Lenin between the founding of bolshevism and his death" (Pomper 1990, 80).

Besonders deutlich zeigen die Ereignisse nach der Februarrevolution, daß Lenins Stärke nicht die eines typischen Charismatikers war. Obwohl ein guter Redner, war er doch kein Mann der Massen. Das 'Charisma der Rede' (Weber) eignete Kerenskij weit mehr als ihm, die Öffentlichkeitsarbeit der Partei lag bei Trotzki, dessen Pathos in jener Phase seine größte Wirksamkeit entfaltete (Riegel 1987). Lenin war der Regisseur hinter den Kulissen; und es waren seine organisatorische Kompetenz wie sein ausgeprägtes Gefühl für das richtige *timing*, die der Erhebung den Erfolg sicherten. Dieselben Eigenschaften befähigten ihn nach dem Sieg, sich mit höchster Professionalität der Kontrolle von Armee und Justiz, Wirtschaft und Verwaltung zu widmen und dabei noch Zeit für den Aufbau der Sozialversicherung, das Rote Kreuz, die Pflege und Instandhaltung öffentlicher Gebäude, die Kartoffelpreise und die Volkszählung zu finden (Fischer 1970, 391 f.). Lenins Stärke, so scheint es, lag gerade nicht in der Dimension des Außeralltäglichen, sondern in der des Alltags; und während andere sich noch dem Zauber des Erfolgs und der Ekstase der neuen Brüderlichkeit hingaben, traf er bereits die nötigen Entscheidungen, um die gewonnene Macht in Herrschaft zu transformieren, welche sich nach Webers bekannter Formel als Verwaltung äußert und realisiert. Es paßt in das Bild eines solchen Organisators, daß er seine Person ganz der Sache unterordnete und jeden Ansatz zur Heroisierung schroff zurückwies (ebd. 609).

Auch die Beziehungen zwischen Lenin und der Partei fügen sich nicht ohne weiteres dem Idealtypus charismatischer Vergemeinschaftung. Wie die neuere westliche Forschung gezeigt hat, entsprach der vorrevolutionäre Bolschewismus durchaus nicht dem Bild einer monolithischen, geschlossenen Kaderpartei, die ganz auf die Person des Führers eingeschworen gewesen wäre. Es gab den Bolschewismus der in Westeuropa lebenden Emigranten, die sich fortwährend über Fragen der Ideologie, der Organisation und der Finanzen stritten und Lenin keineswegs bedingungslos gehorchten. Und es gab den im Untergrund wirkenden russischen Bolschewismus – ein heterogenes Ensemble von Intellektuellen und Berufsrevolutionären, die nicht selten antiautoritären und syndikalistischen Ideen anhingen und Lenin erst recht nicht als unbestrittenen Führer ansahen (Williams 1986; Service 1979, 36).

Diese beiden Bewegungen verschmolzen zwar im Hochdruckkessel der Revolution von 1917, doch entstand daraus durchaus nicht jener rein persönliche Gefolgschaftsverband, als den Weber ihn ansah. Die Massen, die zwischen Februar und Oktober zu Tausenden in die Partei strömten, taten dies, weil die Bolschewiki *ihren* Forderungen entsprachen. Der 'Stab' verwandelte sich nicht in eine Gemeinde von Jüngern, sondern setzte seine Auseinandersetzungen über die richtige Linie fort – Auseinandersetzungen, die mit diskursiven, rationalen Mitteln entschieden wurden, nicht qua Orakel oder Offenbarung eines charismatischen Führers. Lenins Einfluß auf die Partei war groß; doch noch größer war der Abstand, der die letztere von jenen genuin charismatischen Bewegungen trennte, die, wie die Keimzellen der großen Weltreligionen, auf „affektueller Hingabe an die Person des Herrn und ihre Gnadengaben (Charisma), insbesondere: magische Fähigkeiten, Offenbarungen oder Heldentum, Macht des Geistes und der Rede" beruhten (GAWL 481). Dies alles mochte es *auch* geben; was aber den Verband letztlich zusammenhielt, war die rational motivierte Interessenverbindung, also: Vergesellschaftung, nicht Vergemeinschaftung.

Dieser Befund legt zwei mögliche Konsequenzen nahe. Man kann entweder den Begriff der charismatischen Herrschaft für ungeeignet erklären, die Eigenart der bolschewistischen Herrschaft zu erfassen: diese Konsequenz hat Joseph Nyomarkay (1967) gezogen, der vorschlägt, zwischen charismatischen und ideologischen Bewegungen zu unterscheiden, von denen die ersteren durch das Führerprinzip, die letzteren durch die Autorität des Dogmas zusammengehalten würden. Oder man hält den Begriff weiterhin fest, verlagert aber den

Akzent auf unpersönliche Strukturen: diese Linie vertritt Kenneth Jowitt (1978, 41 f.; 1983), für den leninistische Organisationen "a novel form of charisma" verkörpern: "an instance of charismatic impersonality". Lenin, so Jowitts These, habe die bis dahin einander ausschließenden Konzepte des individuellen Heroismus und der Unpersönlichkeit der Organisation zusammengezwungen und zu einem neuartigen Amalgam vereinigt, in dem sich charismatische und moderne Orientierungen verbänden: der bolschewistischen Partei als "organizational hero".

Von der Weberschen Herrschaftssoziologie her gesehen müssen sich diese beiden Vorschläge indes nicht ausschließen. Sie lassen sich vielmehr ohne Schwierigkeit vereinen, wenn wir uns daran erinnern, daß es nicht nur das reine, personale Charisma gibt, sondern auch jene entwicklungsgeschichtliche Transformation des Charismas, die in der Neuzeit im Charisma der Vernunft kulminiert. Die verschiedenen Voraussetzungen, die wir dafür weiter oben am Beispiel Frankreichs herausgearbeitet haben, waren auch in Rußland gegeben, sogar in noch ausgeprägterer Form. Der religiöse Personalcharismatismus hatte zwar ein weit gefächertes und zahlenmäßig beachtliches Sektenwesen hervorgebracht, doch war es ihm nicht gelungen, den Amtscharismatismus der orthodoxen Kirche zu erschüttern; diese wiederum war eng mit dem Zarismus verknüpft, der einen strikten Cäsaropapismus vertrat. Das Herrschaftssystem war autokratisch-patrimonial, stand aber seit der petrinischen Ära unter erheblichem Veränderungsdruck, der sich aus den Notwendigkeiten militärischer Rationalisierung ergab. Noch die großen Reformen des 19. Jahrhunderts – die Aufhebung der Leibeigenschaft, die Einführung der lokalen Selbstverwaltung, die Justizreform und schließlich die forcierte Industrialisierung – lagen auf dieser Linie einer durch militärische Zwänge induzierten Ressourcenmobilisierung, in deren Verlauf sich der patrimoniale Oikos in einen (freilich noch immer autokratisch gelenkten) Staat und eine diesem gegenüberstehende Gesellschaft differenzierte. Auch der dritte Faktor, die Existenz einer Schicht von ideologischen Virtuosen, war in Rußland genau wie in Frankreich gegeben, wobei es hier allerdings weniger gesellschaftliche als rein politische Faktoren waren, die diese Schicht hervorbrachten: es war der Staat mit seinem Interesse an einer – freilich höchst selektiven – Modernisierung, der die Ausbildungsmöglichkeiten bereitstellte und den weitaus größten Teil der Beschäftigungsmöglichkeiten kontrollierte (Beyrau 1991).

Sahen die Bildungsschichten Ende der fünfziger Jahre des 19. Jahrhunderts noch mit großen Hoffnungen auf den Staat, so begann sich bald eine wachsende Entfremdung abzuzeichnen, als dessen Unfähigkeit zu wirklich durchgreifenden Reformen deutlich wurde. Die einseitige Bevorzugung des adligen Großgrundbesitzes bei der Bauernbefreiung, die polizeistaatliche Repression, das langsame Entwicklungstempo in Industrie und Landwirtschaft, die demütigende Niederlage gegen Japan – dies alles ließ in der Intelligenz einen günstigen Nährboden für radikale Lösungen entstehen und förderte die Ausbildung eines ideologischen Virtuosentums. Frühsozialistische Konzeptionen, ergänzt durch die Vernunftphilosophie des deutschen Idealismus, wurden mit dem Mythos von der russischen Dorfgemeinde verschmolzen, ein naives Vertrauen in die Wissenschaft und Technik Europas amalgamierte sich mit der Vorstellung von einer welthistorischen Erlöserrolle Rußlands. Unter anderen Vorzeichen und neuen gesellschaftlichen Bedingungen wiederholte sich der Vorgang, den wir im französischen Ancien régime beobachten konnten. Nachdem der Staat als Träger der Vernunft versagt hatte, usurpierte die revolutionäre Intelligenz diese Rolle und begann, das Charisma in antiautoritärem Sinne umzudeuten.

Vor diesem Hintergrund ist erklärlich, weshalb gerade in Rußland jakobinische Denkmuster auf eine so breite Resonanz stießen, auch wenn sie nur selten rein zutage traten und sich vielfach mit sozialistischem, kommunistischem oder anarchistischem Gedankengut mischten. Jakobinische Züge trägt bereits das Programm der Dekabristen, das eine republikanische Regierung mit einer straff zentralisierten Verwaltung vorsah und, analog zu Robespierre, jeden Bürger mit den für seine Subsistenz nötigen Mitteln ausstatten wollte. Ähnliche Gedanken finden sich beim frühen Černysevskij, dessen Roman ›Was tun?‹ Lenin beeinflußt hat, in Pisarevs Kult der Vernunft, in Zaičnevskijs Konzeption der revolutionären Diktatur sowie bei Nečaev und Tkačev, die die politische Revolution zur Voraussetzung der sozialen erklärten und die aufgeklärte Minderheit aufforderten, die träge Mehrheit zu ihrem Glück zu zwingen. Wie stark die Sogkraft jakobinischer Ideen war, zeigt sich daran, daß selbst ein so entschiedener Kritiker des Elitismus und Etatismus wie Bakunin mehrfach die Errichtung einer revolutionären Diktatur forderte, die sich der Bildung und der Erziehung der Massen widmen sollte. Auch dem populistischen *narodničestvo*, das die Hegemonie der Massen über die revolutionäre Elite propagierte, waren solche Gedanken nicht fremd, wie der verschiedentlich gemachte Vorschlag belegt, die Staatsgewalt als Mittel zur wirtschaftlichen Veränderung zu nutzen (v. Borcke 1977).

Die politisch folgenreichste Aufnahme und Fortbildung aber fand der Jakobinismus bei Lenin. Seine Affinität in dieser Richtung hat der Begründer des Bolschewismus nie geleugnet. Er hat sich immer wieder begeistert über Černyševskij geäußert, er erklärte Tkačevs Bestreben, mit Hilfe des einschüchternden Terrors die Macht zu ergreifen, für 'erhaben' und legte jedem nahe, Tkačev zu studieren (LW 5, 531; Fischer 1970, 740ff.; v. Borcke 1977, 352). Als der führende Menschewik Aksel'rod im Sommer 1903 gegen Lenins Parteikonzeption den Vorwurf des Jakobinismus erhob, nahm er diese Bezeichnung ohne zu zögern an und statuierte: „Der Jakobiner, der untrennbar verbunden ist mit der Organisation des Proletariats, das sich seiner Klasseninteressen bewußt geworden ist – das ist eben der revolutionäre Sozialdemokrat" (LW 7, 386). Auch später kam Lenin mehrmals auf diese Analogie zurück, am ausführlichsten im Juli 1917, als er das Jakobinertum zu einem der „Höhepunkte im Befreiungskampf der unterdrückten Klasse" erklärte und ausdrücklich für seine Erneuerung eintrat (LW 25, 113f.).

Diese Bekundungen sind ernst, aber natürlich nicht wörtlich zu nehmen. Lenin teilte mitnichten die Liebe der Montagne zum Kleinbesitz, forderte vielmehr die Nationalisierung von Grund und Boden als „Vorbedingung des schnellsten kapitalistischen Fortschritts in unserer Landwirtschaft", im Klartext: die Einleitung einer Entwicklung, „die die Überlegenheit der großen Landwirtschaft verstärkt und es erfordert, daß die kleinen Farmergrundstücke stets leicht zu großen 'konsolidiert' werden können" (LW 13, 322, 324). Weit davon entfernt, jene Gesellschaft kleiner unabhängiger Produzenten anzusteuern, in der der Jakobinismus die materielle Voraussetzung seiner Tugendrepublik sah, ging es Lenin darum, den Kleinbesitz so rasch wie möglich zu überwinden, weil nur dadurch die Rückständigkeit Rußlands beseitigt und der Schritt zu jener Ordnung getan werden konnte, der sein eigentliches Interesse galt: dem Industriesozialismus. Wenn es zutrifft, daß der Jakobinismus die bürgerliche Revolution nur soweit mitzutragen bereit war, wie sie dem materialen Ideal einer Erhaltung aller Gesellschaftsglieder als selbständiger Eigentümer entsprach, dann war Lenin ganz gewiß kein Jakobiner.

Die gleichwohl vorhandene und von vielen Kritikern bemerkte Nähe des Leninismus zum Jakobinismus ergibt sich aus der Priorität, die beide dem politischen Kampf gegen den 'Despotismus' beimaßen. Da eine beschleunigte industrielle Entwicklung nicht möglich war, solange die 'asiatisch-feudale' Sozialstruktur bestand, war es in Lenins Augen vordringlich, den zaristischen Staat zu zerschlagen, der diese Sozialstruktur stützte; die russische Revolution mußte also eine politische Revolution sein, bevor sie eine soziale und wirtschaftliche sein konnte. Das Dilemma aber war, daß sich keine der gesellschaftlichen Hauptklassen diese Aufgabe zu eigen machte. Das Bürgertum war zu schwach und zu kompromißbereit. Die Bauernschaft interessierte sich für nichts anderes als Land. Und die Arbeiterschaft engagierte sich allenfalls für gewerkschaftliche Ziele. Die revolutionäre Partei konnte deshalb keine Klassenpartei sein. Sie durfte sich nicht als Instrument eines Klasseninteresses begreifen, sondern hatte im Gegenteil die verschiedenen Klassen zur Transzendierung ihres unmittelbaren Interesses und zur Erfüllung der Aufgaben einer politischen Revolution zu bewegen. Von daher die Betonung der revolutionären *Theorie*, von daher die Auffassung, das politische Klassenbewußtsein könne sich nicht aus den sozialen Kämpfen selbst ergeben, sondern nur aus den „Beziehungen *aller* Klassen und Schichten zum Staat und zur Regierung" (LW 5, 436). Das eigentliche revolutionäre Subjekt konnte unter diesen Umständen nur die Partei als der virtuelle Gegenstaat sein: war sie es doch, die die Bauernschaft von agrarsozialistischen Utopien abzubringen und die Arbeiterschaft zum politischen Idealismus und Heroismus zu erziehen hatte. Lenin sagt es nicht klar, aber seine Ausführungen lassen keinen Zweifel daran, daß für ihn die Partei der Träger der Vernunft, die Inkarnation des Allgemeinen war; und sie lassen ebensowenig im Zweifel darüber, welche soziale Gruppe für derartige Abstraktionsleistungen am besten geeignet war: die durch die Parteiorganisation erzogene und disziplinierte revolutionäre Intelligenz.

Ein zusätzliches Pathos gewann der Leninismus durch die Imperialismustheorie. Deren Kerngedanke war, daß der Kapitalismus in den Metropolen seine weltgeschichtliche Bestimmung einer Entwicklung der Produktivkräfte erfüllt hatte, die fällige sozialistische Revolution aber verhinderte, indem er mit Hilfe von Extraprofiten aus der Ausbeutung der Peripherie eine zum Opportunismus neigende Arbeiteraristokratie erzeugte. Wenn dies so war, so erhielt jede Aktion, die diese Konstellation erschütterte, eine völlig neue Dimension. Insbesondere erschien nun der Kampf um die Selbstbestimmung der Nationen – für sich genommen ein bürgerlich-demokratisches Ziel – insofern als ein Schritt zum Sozialismus, als er die imperialistische Herrschaft der parasitären, von Fäulnis ergriffenen Rentnerstaaten untergrub, dem Monopolkapital die Mittel zur Bestechung der metropolitanen Arbeiterschaft entzog und dadurch die letztere nötigte, sich endlich ihrer revolutionären Aufgabe zu stellen. Weil der Kapitalismus seine transitorische Notwendigkeit eingebüßt hatte und sich nur noch mittels

Gewalt hielt, mußte jede Form von revolutionärer Gegengewalt, wie
borniert sie in ihren unmittelbaren Zielen auch sein mochte, objektiv
seinen Untergang und die Freisetzung der von ihm geschaffenen sozialistischen Elemente befördern: dies war die Quintessenz des Leninismus, die Wurzel jenes spezifisch bolschewistischen Pathos, das
noch der trivialsten Aktion gegen ein Polizeiregime die Aura einer virtuell weltgeschichtlichen, den Fortschritt des Humanismus und der
Vernunft vorantreibenden Tat verlieh.

Es war diese, in letzter Instanz geschichtsphilosophisch begründete
Überzeugung, die Lenin im April 1917 zu seiner berühmten Forderung veranlaßte, der Provisorischen Regierung wegen ihres halbher-
zigen Antiimperialismus die Unterstützung zu entziehen und statt
dessen die gesamte Staatsgewalt auf die Arbeiterdeputiertenräte zu
übertragen. Es war diese Überzeugung, die die Bolschewiki dazu
brachte, sich wie keine andere Partei dem Massenradikalismus mit all
seinen, von der Parteispitze insgeheim als borniert verachteten Forderungen zu öffnen. Und es war die gleiche Überzeugung, die sie anschließend dazu befähigte, sich kalt aus dieser Allianz zu lösen und
dem Massenradikalismus das Genick zu brechen. Denn während der
letztere konkret, aber dissoziativ, auf die Verwirklichung von Partiku-
larinteressen gerichtet war, war die bolschewistische Vernunft ab-
strakt, aber einheitsstiftend; und genau diese Eigenschaft brachte die
Partei bzw. deren Führung dazu, die von der Monarchie geräumte
Position zu usurpieren und, indem sie eine Strömung des Radikalismus gegen die andere ausspielte, die Gesellschaft erneut auf ein
Zentrum hin zu organisieren.

IV.

Auch das Charisma der Vernunft ist jedoch ein Charisma, zu dessen
Wesen es gehört, der Veralltäglichung zu unterliegen. Die Frage ist
nur: in welche Richtung? Jowitt und Roth konstatieren eine Routinisierung in 'neotraditionale' Richtung und spielen damit auf die in der
Tat weitverbreiteten Erscheinungsformen der Korruption, des Pfrün-
denwesens und des Klientelismus an (Jowitt 1983, 284ff.; Roth 1987,
69ff.). Die Revolution war nach dieser Sicht wohl imstande, das traditionale Institutionensystem zu zerstören, nicht aber die Bedingungen,
aus denen es hervorgegangen war. Alle neuen Institutionen mußten
sich daher früher oder später an diese Bedingungen anpassen und
einen neotraditionalen bzw. neopatrimonialen Zug annehmen. Eine
Parallele findet diese Auffassung in den Arbeiten von Sowjetologen

wie Getty (1985), die den Hauptakzent auf die Persistenz modernisie-
rungshemmender Faktoren legen und zu dem Schluß gelangen, daß
die soziale Umwelt einer Rationalisierung des Herrschaftssystems
entgegenstand. "The goals of the regime, the size and backwardness
of the country, low levels of education, inadequate communications,
and a shortage of political trained cadres all conspired to force a par-
ticular power distribution on society. Under such circumstances, it is
hard to understand what 'centralization' would have meant and diffi-
cult to imagine any transformational regime except one in which local
bosses exercised relative autonomy, patronage power, and freedom
from close control from above or below" (Getty 1985, 194f.).

Gegenüber einer Totalitarismustheorie, die die Gesellschaft im
Griff eines alle Lebensbereiche kontrollierenden Leviathan sieht, hat
diese Position viele Vorzüge. Sie fördert Züge des sowjetischen Systems zutage, die dem Blick von oben weitgehend verborgen bleiben.
Dennoch ist auch dieses Konzept problematisch, weil es die Determi-
nierung durch die soziale und technische Basis überzeichnet und zu
wenig berücksichtigt, in welchem Maße es den Bolschewiki gelang,
eben diese Basis zu transformieren. 1979 lebte ein mehr als fünfmal so
großer Teil der Bevölkerung wie 1916 in Großstädten mit mehr als
100 000 Einwohnern. Der Anteil von Analphabeten, 1914 noch über
60%, lag schon 1939 bei weniger als 20%. 1979 verfügten fast 15 Millionen Sowjetbürger über eine höhere Schulbildung, fast 72 Millionen
über eine abgeschlossene Sekundarschulausbildung. Ähnliche Mo-
dernisierungsschübe lassen sich im Bereich der Infrastruktur, im Verhältnis von Industrie und Landwirtschaft oder in der technologischen
Entwicklung ausmachen. Auf die Grenzen, an die dieser Modernisie-
rungsprozeß nichtsdestoweniger stieß, wird noch zurückzukommen
sein. Die Radikalität der Transformation indes, die die UdSSR seit
1917 erlebt hat, deutet darauf hin, daß wir es mit Grenzen zu tun
haben, die aus dem Modus der Modernisierung selbst abgeleitet
werden müssen, weniger aus der Fortexistenz prämoderner Strukturen.

In Weberschen Kategorien heißt dies, daß es sich bei der beschrie-
benen Veralltäglichung weniger um eine Traditionalisierung als um
eine Rationalisierung handelt. Das entspricht dem besonderen Status
des Charismas der Vernunft, das sich erst unter den Bedingungen
einer schon weit fortgeschrittenen Erosion der Tradition einerseits,
eines ebenso ausgeprägten 'Vormarschs des Rationalismus' andererseits formieren kann. Es entspricht aber auch dem Wesen der bolschewistischen Revolution, die den Absolutismus des Charismas mit den

Merkmalen verbindet, die nach Weber für die rationale Herrschaft typisch sind: Voluntarismus, Systematisierung und Methodisierung. Das voluntaristische Prinzip trat klar zutage, als die Bolschewiki die Konstituierende Versammlung auseinanderjagten und damit jenen *pouvoir constituant* usurpierten, in dem die moderne Verfassungslehre seit dem 18. Jahrhundert die Verkörperung des Nationalwillens sieht. Obwohl von Volkskommissaren getragen, war das bolschewistische Regime doch keine kommissarische Diktatur, die der Erhaltung einer Verfassung dient, sondern eine souveräne Diktatur im Sinne Carl Schmitts, die, weil sie von keiner bestehenden Verfassung abgeleitet ist, vielmehr selbst die Verfassung begründet, gleichsam als Satzungsprinzip in Reinkultur angesehen werden kann. Daß „*beliebiges* Recht durch Paktierung oder *Oktroyierung* rational, zweckrational oder wertrational orientiert (oder: beides) gesatzt werden könne" (WG 125, H. v. m., S. B.) – dieses wesentliche Merkmal rationaler Herrschaft haben in Rußland erst die Bolschewiki durchgesetzt.

Dasselbe gilt für die anderen Merkmale, Systematisierung und Methodisierung. Als Lenin in ›Staat und Revolution‹ das Proletariat aufrief, den alten Staatsapparat zu zerschlagen, zollte er keineswegs, wie manchmal behauptet wird, dem Anarchismus seinen Tribut. Seine Forderung an die proletarische Revolution lautete vielmehr, vollständig zitiert, „daß sie diese Maschine *zerschlägt* und mit Hilfe einer *neuen* Maschine kommandiert" (LW 25, 502). Lenin war Realist genug, um zu wissen, daß eine Aufhebung von Staat und Verwaltung allenfalls ein Fernziel sein konnte. Für die Gegenwart begnügte er sich mit der Zerstörung des alten patrimonialen Apparates und seiner Ersetzung durch einen neuen, der sich am Vorbild rationaler Organisationen orientierte, etwa der deutschen Post oder der Großbanken, die seinen Vorstellungen von Effizienz sehr nahekamen. Während sich seine Hoffnung, diese neue Maschine durch eine Ausweitung der öffentlichen Aufsicht zu kontrollieren, nicht erfüllte, machte die Rationalisierung der Organisation rasche Fortschritte. Trotz allgemeiner Kriegsmüdigkeit gelang es Trotzki binnen kurzem, eine neue Armee aufzubauen, die an innerer Disziplin und Leistungsfähigkeit das zaristische Heer weit in den Schatten stellte. Auch die Zivilverwaltung erlebte eine revolutionäre Transformation, die den unter dem Zarismus unterprivilegierten technischen Spezialisten Aufstiegsmöglichkeiten und Einflußchancen eröffnete (Rowney 1989, 65ff., 120f.). In der Wirtschaftsverwaltung fand zwar Trotzkis Plädoyer für eine Militarisierung der Arbeit keine Zustimmung, doch kam es auch hier zu einer Straffung der Befehlswege und der Disziplin. Im Frühjahr 1918

wurden die Akkordarbeit und das Taylorsystem eingeführt, das Volks-
kommissariat für Arbeit begann, die Richtlinien für die Tarifpolitik zu
bestimmen, und übernahm praktisch die Funktionen eines Kollektiv-
unternehmers. Bis zum Sommer 1918 wurden die Betriebskomitees
den Gewerkschaften untergeordnet, so daß ein direkter Befehlsstrang
von der Partei über die Staatsorgane, Gewerkschaften und Betriebskomitees bis zu den Arbeitern entstand.

Auch die Partei wurde jetzt zu einem systematisch aufgebauten,
hierarchisch und zentralistisch gegliederten Alltagsbetrieb. Hatte sie
noch bis 1917 aus einem Ensemble lokaler Zellen, Vorstadt- und Stadt-
komitees bestanden, die häufig auf eigene Faust agierten und Direk-
tiven der Zentrale keine Beachtung schenkten, so setzten sich mit Beginn des Bürgerkriegs militärische Kommandostrukturen durch. Die
bis dahin üblichen Formen kollektiver Beratung und demokratischer
Verantwortung verschwanden, Funktionsträger wurden nicht mehr
von örtlichen Versammlungen gewählt, sondern von regionalen oder
zentralen Parteiinstanzen ernannt, die sich keine Zeit mehr nahmen,
die betroffenen Institutionen zu konsultieren. Der zentrale Apparat
wurde personell erweitert und funktional gegliedert. Das Exekutiv-
organ des Zentralkomitees, das 1917 nur ein halbes Dutzend Mitarbeiter hatte, verfügte 1919 über 200, im Herbst 1920 über dreimal so
viele Mitarbeiter (Service 1979, 126, 138). Die innerparteiliche Opposition, die sich noch 1918 in heftigen Proteststürmen der Regional-
komitees von Ural, Moskau und Ukraine gegen den Friedensvertrag
artikuliert hatte, wurde abgewürgt. Der X. Parteitag im März 1921
übertrug die volle Disziplinargewalt, einschließlich der Ausschlie-
ßungsbefugnis aus der Partei, auf das ZK. Gleichzeitig wurde es üblich, die Provinzsekretäre periodisch zur persönlichen Berichterstat-
tung vor das ZK zu zitieren und von ihnen monatliche Geheimbe-
richte über die politische Lage in ihrem Gebiet zu verlangen (Schapiro
1961, 231, 274). Service (1979, 183) zieht das Fazit:

"A political movement, which had once been known, at least by in-
formed observers, for its internal anarchy, was now the paragon of
control, discipline and orderliness. Comradely persuasion had given
way to administrative fiat. Party life, below the heady stratum of cen-
tral executive offices in the capital, was steadily being reduced to the
technical business of implementing commands from above."

Wesentliche Elemente der rationalen Herrschaft sind also erkennbar. Herrschaft in der Sowjetunion stützte sich auf rational gesatzte, oktroyierte Regeln, die, was immer der Verfassungstext sagen
mochte, de facto von der Partei bzw. deren Führungsgremien erlassen

wurden. Die Legitimation zur Satzung dieser Regeln wiederum bezog die Partei aus dem transpersonalen Telos der Revolution, dessen einziger authentischer Interpret sie zu sein beanspruchte. Realisiert wurden ihre Anordnungen durch die Teilbürokratien des Staates, die nach rationalen Kriterien aufgebaut waren: allen voran die Auslese des Personals nach Fachqualifikation (anstatt, wie zur Zarenzeit, nach Standeszugehörigkeit), Aufteilung der Geschäfte nach Kompetenzen, Hierarchieprinzip, Schriftlichkeit, völlige Trennung der Beamten von den Verwaltungsmitteln etc. (Süß 1982, 609). Das Verhältnis dieser Teilbürokratien zur Partei entsprach dem Weberschen Schema von 'Herr' und 'Stab' und folgte weitgehend den Bestimmungen, die für den legal-rationalen Typus charakteristisch sind. Zwar nicht die Mehrheit der Angestellten, die zum größten Teil erst nach dem 3. Sowjetkongreß eingestellt wurden, wohl aber die Mehrheit der leitenden Funktionäre hatte bereits vor der Oktoberrevolution ihren Dienst versehen (Nienhaus 1980, 41), und zeigte durch ihre Gehorsamsbereitschaft gegenüber drei kurz aufeinanderfolgenden Regimen mehr als deutlich, wie sehr sich das Legalitätsprinzip bereits durchgesetzt hatte: konnte sich doch der Gehorsam unter solchen Umständen nicht mehr auf inhaltlich fixierte Normen beziehen, sondern nur noch auf ein kontingent gewordenes Recht. Genau dieses Kontingenzbewußtsein aber gehört nach Weber zu den konstitutiven Merkmalen des Legalitätsglaubens.

Für die Rationalisierung bolschewistischen Typs gilt gleichwohl, daß sie auf eigentümliche Weise unvollständig bleibt, mehr noch: daß sie dazu tendiert, sich selbst zu negieren. Dies nicht so sehr deshalb, weil das Regime sich nicht an seine eigenen Regeln hält und immer wieder auf extralegale, arbiträre Machtausübung rekurriert (Rigby 1980, 12), und auch nicht deshalb, weil die realen Umstände häufig zu Kompetenzwirrwarr, Überzentralisation, Ineffektivität oder Ressortegoismus führen (Nienhaus 1980, 221): Erscheinungen, die allesamt unbestreitbar sind, aber den Kern der rationalen Herrschaft – die Gehorsamsbeziehung des Verwaltungsstabes zum 'Herrn' – nicht tangieren. Von entscheidender Bedeutung erscheint mir vielmehr, daß auf seiten des Herrn ein Element fehlt, das nach Webers politischer Soziologie für die vollständige Rationalisierung unabdingbar ist: eine Quelle, aus der sich die politische Herrschaft regenerieren und jene Kraft schöpfen kann, die sie zur Kontrolle des Apparates braucht. Unter den Bedingungen fortschreitender Fachspezialisierung ist es nämlich *jedem* Herrn, sei es ein Monarch, ein Parlament oder eine revolutionäre Elite, nur mehr in sehr begrenztem Umfang möglich, den

Stab zu kontrollieren, woraus Weber die Tendenz zur Verselbständigung der Bürokratie ableitet. Bürokratien aber, die sich der politischen Steuerung entziehen, pflegen sich vom Idealtyp einer formalrationalen Organisation zu entfernen. Sie behandeln die Ämter als Pfründen, monopolisieren die leitenden Stellen für das Beamtenavancement, entwickeln einen ausgeprägten Zunftgeist und lassen bei der Stellenbesetzung andere Gesichtspunkte als den der Fachqualifikation zu. Wird dieser Neigung nicht entgegengesteuert, wird die formale Rationalität wenn schon nicht völlig eliminiert, so doch überlagert von einer „Tendenz zur *materialen* Rationalität" (WG 130), wie sie im patrimonial-feudalen Zyklus dominiert. Die formale Rationalisierung der Verwaltung ist also ein Vorgang, der sich nicht selbst erhält, der immer wieder externer Impulse bedarf, wenn er nicht in sein Gegenteil umschlagen soll.

Diese externen Impulse bestehen nach Weber in der Erzwingung von Publizität und in der Chance einer verfahrensmäßig geregelten Erneuerung der politischen Spitze. Nur wenn die letztere für Entscheidungen der Verwaltung verantwortlich gemacht werden kann, also abwählbar ist, nur wenn die Vertreter des Herrschafts- und Dienstwissens zu Auskunft und Rechenschaft gezwungen werden können, lassen sich die für alle Bürokratien typischen Neigungen zur Systemerhaltung, zu Besitzstandswahrung und Lernverweigerung eindämmen. Dafür aber ist eine offene Struktur der politischen Willensbildung unabdingbar. Politik muß als Kampf zwischen Programmen, Weltanschauungen und Personen organisiert sein, sie muß die Möglichkeit einer regulierten Konkurrenz zwischen verschiedenen Optionen bieten und die Chance des Machtgewinns wie des Machtwechsels enthalten – Voraussetzungen, wie sie nur in einem parlamentarischen System gegeben sind. Die Politik muß und kann nach Weber „der Beamtenherrschaft das Gegengewicht geben" (MWG I/15, 487). Sie kann diese Aufgabe mit Erfolg jedoch nur dort erfüllen, wo der politische Prozeß pluralistisch und konkurrenzorientiert ist und eine Möglichkeit besteht, die materialen Zielvorgaben zu wechseln.

Bezieht man diese Überlegungen auf das bolschewistische Regime, so zeigt sich: das eigentliche Problem, die Wurzel für die 'Entartung' der Revolution, liegt nicht in der Bürokratisierung als solcher, wie Trotzki und nach ihm viele andere meinten. Anstatt daß die Ausweitung der staatlichen Bürokratie die Möglichkeiten politischer Führung beseitigt hätte, war es gerade umgekehrt die Beseitigung bzw. Monopolisierung des Politischen durch eine einzige Partei, die die Voraussetzungen für die Expansion der Bürokratie schuf. Eine Monopolpartei, das mußten die Bolschewiki sehr bald lernen, war außerstande, als Gegengewicht gegen die Bürokratie zu fungieren. Es mochte ihr zwar gelingen, die alten vorrevolutionären Spezialisten aus ihren Positionen zu verdrängen und den Staatsapparat zu durchsetzen, was gegen Ende der zwanziger Jahre weitgehend erreicht gewesen zu sein scheint[21]. Doch was wie eine Bolschewisierung des Staates aussah, war in Wirklichkeit die Verstaatlichung des Bolschewismus. Denn daß nun nahezu die Hälfte aller Parteimitglieder direkt oder indirekt vom Staat beschäftigt wurde (Rowney 1989, 162), hieß nichts anderes, als daß die Kader vollständig von Verwaltungsaufgaben absorbiert wurden, die sich obendrein mit dem Übergang zur Planwirtschaft und zur Kollektivierung der Landwirtschaft hydraartig vermehrten. Es hieß zugleich, daß sie sich immer mehr ihren politischen Aufgaben entfremdeten und statt dessen ein Interesse an der Abschottung ihres Verwaltungsbereichs sowohl gegenüber den oft sachfremden, rein ideologischen Zumutungen der Zentrale als auch gegenüber den Erwartungen der Parteibasis entwickelten (Getty 1985, 105). Die bis zum Untergang des Regimes dominanten Erscheinungen der Korruption, der Vetternwirtschaft, der Verfilzung mit lokalen Netzwerken haben eher in dieser Konfiguration ihre Wurzel als in der Persistenz vormoderner Mentalitäten.

Es ist hier nicht möglich, die weitere Entwicklung dieses Systems im Detail zu verfolgen. Aus der Vogelperspektive aber fällt ein gewisser Rhythmus ins Auge, der durch einander ablösende Phasen von Stagnation, Korruption und bürokratischer Erstarrung einerseits, durch verzweifelte Versuche andererseits gekennzeichnet ist, einen Ausweg aus dem sich verfestigenden Gehäuse zu finden. Diese Versuche nahmen verschiedene Formen an. In den dreißiger Jahren entwickelte sich ein Ensemble chaotischer, sich wechselseitig hochschraubender populistischer Kampagnen, die vom radikalen Flügel der Partei mit dem Ziel initiiert wurden, den Primat der Politik und des Zentrums wiederzugewinnen, die absolut gewordene Machtfülle der lokalen Satrapen zu reduzieren und gewisse Formen der Basis-Partizipation zu ermutigen. Dabei gelang es dem antibürokratischen Voluntarismus zwar, die mittlere Verwaltungsebene schwer zu treffen, jedoch um den Preis eines Terrorregimes, das sich rasch verselbständigte und schließlich auch seine Initiatoren verschlang. Darüber hinaus bewirkten

---

[21] 1933 waren die Führungsposten auf regionaler Ebene zu 90%, die auf der Ebene der Provinzen und Republiken zu 60% und die auf zentraler Ebene zu 100% von Parteimitgliedern besetzt: vgl. Sternheimer 1980, 349.

die Denunziationen, Verhaftungen und Verfolgungen, daß auch die
letzten Reste an demokratischer Willensbildung in der Partei verschwanden und diese als eine gänzlich ohnmächtige Körperschaft zu-
rückließen (Getty 1985, 105, 195). In den fünfziger Jahren unternahm
Chruščev einen erneuten Versuch zur Wiederherstellung der Partei als
politischer Instanz, der die Grundorganisationen gegen die regionalen, mit der Staatsbürokratie verfilzten Rayonkomitees zu stärken
bemüht war, doch scheiterte dieser Plan schon nach wenigen Jahren.
Die Politik der Perestroika war dann der letzte Versuch, das in der Ära
Brežnev besonders ausgeprägte Abdriften des Verwaltungsgefüges
zur materialen Rationalität mit den Mitteln einer Erneuerung von Öffentlichkeit und demokratischer Kontrolle zu konterkarieren und die
Bürokratie wieder auf den Status eines Instruments der Politik zurück-
zustufen – mit der Folge, daß die Partei ihren letzten Rückhalt verlor
und das Regime kollabierte. Einen dritten Weg zwischen der Auflösung der Sowjetunion und der Rückkehr zur Stagnation zu finden,
ist den Reformern nicht gelungen.

∗ ∗ ∗

Reinhard Bendix, einer der besten Kenner des Weberschen Werks,
hat vor einigen Jahren die Ansicht geäußert, kommunistische Diktaturen lägen klar außerhalb der drei reinen Typen legitimer Herrschaft
(1974, XI). Im Lichte der vorstehenden Überlegungen wird man diese
Auffassung modifizieren müssen. Die kommunistische Herrschaft sowjetischen Typs, soviel ist richtig, war weder traditional noch neotradi-
tional, weder charismatisch im Sinne des genuinen, personengebun-
denen Charismas noch rational im Sinne formaler Rationalität.
Daraus folgt jedoch nicht, daß die kommunistische Herrschaft zwischen Webers Kategorien hindurchfiele. Ihre Wurzel ist das Charisma
der Vernunft, ihr sozialer Träger die „charismatische Gemeinschaft
der ideologischen Virtuosen", welche „vom Charisma letzter Werte,
Überzeugungen und Vorstellungen leben" (Roth 1987, 142; Riegel
1985, 10). Während im übrigen Europa die meisten dieser Virtuosen-
gemeinschaften zu einem Sektendasein verurteilt blieben, gelang es
ihnen in Rußland, die Schlüsselstellen der Macht zu okkupieren.
Indem sie die gegen den privaten Großgrundbesitz gerichteten sozialen Bestrebungen der Bauern und die ebenfalls sozialen, gegen das
Kapital gerichteten Bestrebungen der Arbeiter bündelten und, kombiniert mit der Forderung der Soldaten nach Frieden, gegen den *Staat*
richteten, brachten sie diesen, der ohnehin nur über eine schwache ge-

sellschaftliche Verankerung verfügte, zum Zusammenbruch. In die dadurch freigewordenen Positionen rückten sie selbst ein und begannen mit der Konstruktion eines rationalen Staates, mit dessen Hilfe sie das Charisma der Vernunft in den Alltag überführen wollten. Diese Rationalisierung aber blieb unvollständig. Sie mußte unvollständig bleiben, denn das Charisma der Vernunft ist, wie jedes Charisma, absolutistisch. Es kennt nur *eine* Sendung und nur *einen* Interpreten derselben – die Partei. Es kennt nur eine Anerkennung, welche aus Pflicht entspringt, nicht aus diskursiver Verständigung oder pragmatischem Kompromiß. Daraus resultiert nicht nur jener Zwang zu permanenten internen Läuterungs- und Reinigungsprozessen, wie er die Geschichte aller kommunistischen Parteien durchzieht (Riegel 1985), sondern zugleich der Zwang zur Ausschaltung aller konkurrierenden Glaubensgemeinschaften sowie aller Skeptiker. Mit der Beseitigung der Konkurrenten aber eliminiert die Partei nicht die Politik im Weberschen Sinne des Kampfes um die Macht. Sie verdrängt sie nur aus der Öffentlichkeit hinter die Kulissen und nimmt ihr damit die Möglichkeit, als Gegengewicht gegen die Bürokratie wirksam zu werden. Der politische Kampf tobt in kommunistischen Systemen nicht weniger als in kapitalistischen, aber er vollzieht sich als Kampf von Cliquen und Seilschaften um Einfluß und Pfründen, als Auseinandersetzung, die durch keinerlei öffentliche Verantwortung konterkariert wird. Politik wird personalisiert, sie verlagert sich in die bürokratische Apparatur und macht es immer unwahrscheinlicher, daß dieser gelingt, woran ihr Rationalitätsanspruch hängt: „die Ausschaltung von Liebe, Haß und allen rein persönlichen, überhaupt allen irrationalen, dem Kalkül sich entziehenden, Empfindungselementen aus der Erledigung der Amtsgeschäfte" (WG 563). Ob es dem demokratischen Rußland gelingt, die Fusionierung von Verwaltung und Politik aufzubrechen und die Politik 'politischer' und die Verwaltung sachlicher zu machen, ist eine offene Frage.

DAS CHARISMA DER NATION

Das Charisma der Vernunft, so hatte Weber in der Erstfassung seines Grundrißbeitrags geschrieben, sei die letzte Gestalt, die das Charisma auf seinem schicksalsreichen Wege angenommen habe. Man würde es gern glauben. Aber schon kurze Zeit später, im August 1914, erlebte die Welt, erlebte vor allem Deutschland, einen kollektiven Taumel, der alle Züge einer charismatischen Erweckung trug. Die Webers selbst wurden von ihm mitgerissen. In ihrem Lebensbild Max Webers beschreibt Marianne Weber den Kriegsausbruch wie ein Pfingstwunder, als eine „Stunde höchster Feierlichkeit". „Heiße Liebe zur Gemeinschaft zerbricht die Schranken des Ich. Sie werden eines Blutes, eines Leibes mit den andern, zur Bruderschaft vereint, bereit, ihr Ich dienend zu vernichten" (Marianne Weber 1950, 567f.). Und an anderer Stelle, noch zu Lebzeiten ihres Mannes: „Wir sind Volk geworden, und die hier stehen, sind meine Brüder, und ich bin es, für die sie kämpfen, leiden und sterben müssen, und es ist meine Ehre, die solche Opfer heischt. Heiße Liebe steigt in mir auf ... sie begehrt nichts, als liebend zu dienen. Ich will mich vernichten in dieser Gemeinschaft" (dies. 1915, zit. n. Roth 1990, XXXIII). Max Weber war mit solchen Bekenntnissen zurückhaltender, aber auch bei ihm finden sich, wie noch zu zeigen sein wird, Formulierungen, die davon nicht weit entfernt sind. Das Volk oder die Nation war offenbar einer charismatischen Verklärung ebenso fähig wie die Vernunft, und es waren nicht zuletzt die Webers selbst, die sich daran beteiligten.

Müssen wir also Webers ursprüngliche These aufgeben und statt dessen annehmen, daß das Charisma eine weitere Metamorphose erlebt hat? Und wenn ja, in welchem Verhältnis steht diese dann zu den übrigen Formen des Charismas, und speziell: zum Charisma der Vernunft? Das ist der eine Fragenkomplex, dem ich im folgenden nachgehen möchte. Der zweite, eng damit verbundene, zielt mehr in die Richtung einer Gesamteinschätzung der Weberschen Soziologie. Hat Weber, der Theoretiker der Rationalisierung par excellence, sein eigenes Konzept desavouiert, indem er Rationalisierung und Differenzierung am Ende in einer charismatischen Verschmelzung aufgehen läßt? Und hätten dann nicht Kritiker wie Lukács und Marcuse recht, denen zufolge die Dialektik der Rationalisierung zwangsläufig in die 'Irrationalität des Ganzen' umschlägt? Ich will versuchen, diese Fragen in drei Schritten zu beantworten. Ich beginne mit einer Skizze der Beziehungen zwischen dem Charisma der Vernunft und dem Nationsbegriff in Frankreich, gehe sodann auf die deutsche Variante ein und untersuche abschließend, wie sich Max Webers Nationsbegriff vor diesem Hintergrund darstellt.

I.

In der kaum noch überschaubaren Literatur über Nation und Nationalismus scheint wenigstens über einen Punkt Einigkeit zu bestehen: der Schlüsselrolle, die der französischen Revolution von 1789 zugemessen werden muß. „Der Wille zur Nation", so urteilt schon Friedrich Meinecke in seinem berühmten Buch › Weltbürgertum und Nationalstaat‹ (1907), „hat damals erst die französische und dann im 19. Jahrhundert auch die deutsche und die italienische Nation ergriffen und hat zur Neugestaltung großer Staatsnationen auf dem Kontinent geführt" (Meinecke 1962, 12). Die französische Revolution ist für Hans Kohn in seinem nicht minder berühmten Werk › Die Idee des Nationalismus‹ die „erste große Offenbarung" des Nationalismus (1950, 21). „Mit der Französischen Revolution beginnt die wirkliche Geschichte des Nationalismus", schreibt H. A. Winkler (1985, 5 f.). Und Peter Alter resümiert:

„Nach der vorherrschenden Meinung gibt es Nationalismus im modernen Sinne erst seit dem revolutionären politischen Umbruch in der zweiten Hälfte des 18. Jahrhunderts. Sein Geburtsland ist Frankreich. Neu war am Nationalbewußtsein der Franzosen nach 1789, daß es rein säkular und Ausdruck wie Instrument einer politischen Mobilisierung der Massen war. Seit der Französischen Revolution versteht man daher unter Nationalismus eine von breiten Schichten getragene politische Bewegung, welche die Bindung an die Nation zur höchsten gesellschaftlichen Bindung überhaupt erklärt und die Selbstbestimmung der Nation im Nationalstaat anstrebt" (Alter 1985, 60).

Auch über die Faktoren, die diesen Durchbruch der modernen Nationsidee ermöglichten, besteht weitgehend Einigkeit. Zu ihnen gehört, erstens, der für das frühmoderne Frankreich charakteristische intensive Verstaatlichungsprozeß, in dessen Verlauf die Krone die Ansprüche konkurrierender Gewalten ausschaltete, die Satzungskompetenz und die Steuerhoheit monopolisierte und zum Träger einer spezifischen Vernunft avancierte, der *raison d'Etat*, welche die religiösen Wahrheitsansprüche und die verwandtschaftlichen Bindungen neutralisierte. Obwohl der Herrschaftsapparat in wesentlichen Punkten patrimonial blieb, entfaltete die bürokratische Rationalisierung doch eine beachtliche Eigendynamik und tendierte erkennbar dahin, aus Trägern ständischer Rechte Untertanen und aus einem hierarchischen Gefüge von Assoziationen eine 'Nation' zu machen. Wie weit fortgeschritten diese politische und administrative Homogenisierung schon im 17. Jahrhundert war, zeigt die Definition des Akademiewörterbuchs von 1694, die gleichlautend in den späteren Ausgaben von 1740 und 1762 übernommen worden ist. Eine Nation, heißt es dort, «est constituée par tous les habitants d'un même État, d'un même pays, qui vivent sous les mêmes lois et usent le même langage» (zit. n. Fehrenbach 1986, 77).

Zu den Faktoren der Nationsbildung gehört, zweitens, der wirtschaftliche und soziale Strukturwandel, der sich in einer zunehmenden Kommerzialisierung der landwirtschaftlichen und gewerblichen Produktion, in der Entstehung einer wie immer noch bescheidenen kapitalintensiven Industrie und in der Formierung einer neuen, ständeübergreifenden Bourgeoisie manifestiert, die aus der Verschmelzung von Agrarunternehmern, Bankiers, Fernhändlern, Kaufleuten und Verlegern mit wirtschaftlich aktiven Adligen hervorgeht (Mager 1980, 199). Parallel dazu bildet sich eine neue bürgerliche Intelligenz aus Juristen und Literaten, Ärzten und Lehrern, die zu den Trägern eines neuen Typs von Öffentlichkeit wird, in der Entscheidungen der Regierung kommentiert und kritisiert werden.

Als dritter wesentlicher Faktor muß die Aufklärung genannt werden. Sie hat in Frankreich, in ungleich stärkerem Maße als in anderen Ländern, einen stark religionskritischen Akzent, der sich polemisch gegen die katholische Kirche richtet und entscheidend dazu beiträgt, daß sich ein gegenüber der Religion neutrales politisches Feld herausbildet – was freilich nicht ausschließt, daß sich die damit nicht erledigten Sinnbedürfnisse und abgedrängten emotionalen Energien in diesem Feld artikulieren, wovon noch zu reden sein wird. Über die Aufklärung strömt außerdem das Gedankengut der englischen Sozialvertragslehren nach Frankreich ein, die die Gesellschaft nicht mehr als einen kompakten Körper begreifen, vielmehr als ein atomistisch gedachtes Ensemble konkurrierender Individuen, die allererst über eine grundlegende Konvention zu einem *body politic* zusammengeschlossen werden. John Lockes ›Second Treatise‹, 1724 in französischer Übersetzung erschienen, wurde zu einem zentralen Referenztext der Opposition gegen die absolute Monarchie (Guiomar 1974, 19 ff.).

Am Nationsbegriff allerdings zeigte die aufklärerische Intelligenz zunächst kein sonderliches Interesse. Ihr Zentralbegriff war die Vernunft. Diese aber galt als universell, kosmopolitisch und auf ein einziges Subjekt bezogen – die Menschheit. So sah es bereits Voltaire, der die Menschheit zum Prinzip seines Denkens erklärte und die Ansicht vertrat: „Patria est, ubicum est bene." So sah es Mably, für den allein die Liebe zur Menschheit die Vaterlandsliebe davor bewahren konnte, die Republik ins Elend zu stürzen. Und so auch Montesquieu, der sich kategorisch weigerte, etwas seinem Land Nützliches zu tun, wenn dies einem andern schade: „denn ich bin ein Mensch, bevor ich ein Franzose bin, und Mensch bin ich notwendigerweise, Franzose aber nur durch Zufall" (zit. n. Kohn 1950, 313; Groethuysen 1971, 55, 62; Fetscher 1985, 496). Noch 1793 begeistert sich Robespierre an der Vorstellung, „daß es nicht nur ein Volk ist, für welches wir streiten, sondern das Weltall, nicht nur die jetztlebenden Menschen, sondern auch alle die, die noch je werden sollen." Und er legt den Entwurf zu einem Dekret vor, dessen erster Artikel die Menschen aller Länder zu Brüdern erklärt, die Könige und Aristokraten hingegen zu Sklaven, „die gegen den Souverän der Erde, d. h. gegen das Menschengeschlecht, und gegen den Gesetzgeber des Universums, d. h. gegen die Natur, revoltieren" (Fischer 1974, 323; Robespierre 1989, 401).

Ungeachtet dieser Bekundungen gelangte die politische Theorie der Aufklärung jedoch bald zu der Einsicht, daß die Menschheit zumindest in der Gegenwart noch kein möglicher Träger für die Verwirklichung der Vernunft war. Auf der Suche nach Zwischenlösungen verfiel man auf die regionalen Segmente der Menschheit, die sich unter einem gemeinsamen Willen vereinigt hatten – die Nationen. Die Physiokraten, die den geschlossenen Handelsstaat der Merkantilisten attackierten, wollten ihr natürliches System der Wirtschaft zunächst auch im Rahmen des Nationalstaates verwirklichen und entwickelten Konzepte, wie sich der Untertanenverband in eine aufgeklärte Nation verwandeln ließ (Muhlack 1982, 33 ff.). Für Rousseau schien es, als ob das Gefühl der Menschlichkeit sich verflüchtige, wenn es sich auf die ganze Erde erstrecke. Er empfahl deshalb, es auf die jeweiligen Mitbürger zu beschränken und ihm neue Kraft zuzuführen *par l'amour de la patrie* (Rousseau 1755, 254). Diderot erklärte, es gebe keinen wahren Souverän außer der Nation und keinen wahren Gesetzgeber außer dem Volk (Fetscher 1985, 503). Für Sieyes, den großen Verfassungskonstrukteur der Revolution, inkarnierte sich die Vernunft nirgends anders als in der Nation. Sie war zuerst da, sie war der Ursprung von allem. „Ihr Wille ist immer gesetzlich, denn er ist das Gesetz selbst" (Sieyes 1789a, 167).

Es lohnt sich, bei der Position von Sieyes etwas zu verweilen, weil sich an ihr gut der eigenartige Doppelcharakter des liberalen Nationsbegriffs studieren läßt[22]. Für den Wortführer des Dritten Standes ist die Nation primär eine „Vereinigung von Einzelpersonen" (ebd. 186), eine Gesellschaft der Individuen, welche nur zu ihrem eigenen Vorteil zueinander in Beziehung treten. Ihr Zusammenschluß erfolgt, mit Weber zu reden, als rationale Vergesellschaftung. Sie sichern ihre vorgesellschaftlichen und als unveräußerlich gedachten Rechte, darunter insbesondere das auf Eigentum, in Form eines Grundrechtskatalogs und regeln die sie gemeinsam betreffenden Angelegenheiten durch einen Vertrag, der in vieler Hinsicht an die Gründung einer Aktiengesellschaft erinnert. Eine Nation, sagt Sieyes, „ist eine Körperschaft von Gesellschaftern, die unter einem gemeinschaftlichen Gesetz leben und durch dieselbe gesetzgebende Versammlung repräsentiert werden" (ebd. 124). Wie in einer Aktiengesellschaft, haben die Kleinaktionäre nichts zu melden. Sie verfügen nur über passive Bürgerrechte, die ihnen den Schutz ihrer Person, ihres Eigentums und ihrer Freiheit garantieren. Der Wille des Ganzen indes, der Nationalwille, wird allein durch die Aktivbürger gebildet, die über genügend Bildung und Muße verfügen, um sich mit den Gesetzen zu befassen. Das Medium dazu ist der öffentliche Wettstreit der Meinungen; dessen Austragungsort das Parlament, das auf politischem Gebiet eine ähnliche Funktion erfüllt, wie auf wirtschaftlichem Gebiet der Markt. Das allgemeine Wohl ergibt sich aus dem freien Spiel der Kräfte, das durch die in der Verfassung festgelegten Verfahren reguliert wird.

Die Nation ist für Sieyes jedoch nicht nur eine Körperschaft von *Gesellschaftern*, sondern auch eine *Körperschaft*, «un corps d'associés», wie es im französischen Original heißt. Man wird der Bedeutung dieser Bestimmung nicht gerecht, wenn man darin nur einen Gegensatz zum absolutistischen Repräsentationsmodell sieht, demzufolge die Nation keinen Körper bildet und allein in der Person des Königs ruht (Pasquino 1988, 377). Sie steht auch im Gegensatz zu Sieyes' individualistischer Argumentation, weil sie unabhängig von dieser die Existenz eines Makrosubjekts postuliert, in dem die Individuen immer schon zu einer Einheit verschmolzen sind: ein nicht sicht- und

---

[22] In der Literatur pflegt allerdingt meist nur die eine, dem modernen Vertragsdenken entsprechende Seite angesprochen zu werden. Vgl. zuletzt Forsyth 1987, 69 ff.

tastbares, aber nichtsdestoweniger reales Kollektiv, das über eine klare Identität und über einen Willen verfügt. „Man muß sich die Nationen auf der Erde als Individuen ohne gesellschaftliche Bindung oder, wie man sagt, als im Naturzustand befindlich vorstellen. Die Ausübung ihres Willens ist frei und unabhängig von allen gesetzlichen Formen. Da er sich im Naturzustand befindet, braucht ihr Wille zu seiner vollen Wirkung nur die *natürlichen* Merkmale eines Willens. Auf welche Art und Weise eine Nation auch will, allein die Tatsache, daß sie will, ist ausreichend; dazu sind alle Formen gut, und ihr Wille ist immer das höchste Gesetz" (ebd. 168 f.).

Es ist unschwer zu sehen, daß die liberale Theorie, zu deren Begründern Sieyes zählt, in diesem Punkt an die Traditionslinie politischer Theologie anknüpft, die bis ins Hochmittelalter zurückreicht. Als die ersten weltlichen Staaten mit dem Ausbau ihrer Institutionen begannen, waren sie bestrebt, diese über ihre rein physische Existenz hinauszuheben und mit einer religiösen Aura zu umgeben. Die Juristen, welche sich selbst in der Rolle einer *militia legum* oder *militia litterata* sahen und sich damit selbstbewußt der *militia coelestis* des Klerus an die Seite stellten, borgten von der letzteren zahlreiche Denk- und Sprachformen und übertrugen sie auf den Staat – darunter die Lehre von der Kirche als einer mystischen, überindividuellen Körperschaft, die durch konkrete Personen repräsentiert wurde. Wie die Kirche den überindividuellen Körper Christi darstellte, so sollte der Staat der überindividuelle und kollektive Körper des Fürsten sein, wobei der letztere, analog zu Christus, als Haupt und Gatte dieses Körpers galt. Als ein solches Corpus mysticum war der Staat eine charismatische Institution. Er war von ewiger Dauer, identisch trotz Wandel, ein Körper, der rechtlich gesehen nie starb. Sein Haupt, der Fürst, war eine *persona mixta* mit natürlichen und übernatürlichen Komponenten, eine Inkarnation des Gesetzes, eine Personifizierung der Vernunft[23].

Mit fortschreitender Intensivierung der Staatlichkeit fand diese politisch-theologische Semantik über die staatlichen Einrichtungen

[23] Vgl. Kantorowicz 1990, 228, 314 f., 157. Es mag sein, daß der Körperschaftsbegriff in der mittelalterlichen Kanonistik überwiegend im nominalistischen Sinne ausgelegt wurde, demzufolge eine Gruppe keine Persönlichkeit und keinen Willen außer dem ihrer Mitglieder haben könne (Berman 1991, 364). In der Legistik dagegen dominierte eher eine realistische Position, die die Körperschaft als eine jeden Wechsel ihrer Mitglieder überdauernde Institution, mithin als etwas anderes und Höheres als die Summe der Mitglieder verstand: vgl. Krawietz 1976, 1115.

hinaus auch auf die Einwohner und ihre Verbandsformen Anwendung. Schon die spätmittelalterlichen Juristen zählten zu den Corpora mystica Kollektive wie Dorf, Stadt, Provinz etc.; Baldus rechnete hierzu auch das Volk, welches nicht einfach die Summe der Individuen einer Gemeinschaft war, sondern als *hominum collectio in unum corpus mysticum* vorgestellt wurde (Kantorowicz 1990, 221). In Frankreich, wo derartige Vergleiche besonders beliebt waren, zog man seit dem 17. Jahrhundert immer häufiger den Begriff 'Nation' heran, um die überindividuelle Einheit des Ganzen zu bezeichnen. Während unter 'Volk' lediglich die Menge, «la pluralité, le nombre, la foule, la multitude» verstanden wurde, galt die Nation als «le corps de Citoyens», bestimmt «par l'unité de volonté, de puissance, de loi, d'intérêt, d'existence politique» (Roubaud 1785, zit. n. Fehrenbach 1986, 78). In der Folgezeit wurde dann wohl darüber gestritten, wer diesen Körper repräsentierte – der König allein als das anerkannte Haupt, wie die absolutistische Doktrin prätendierte, oder der König zusammen mit den Parlamenten als den Hütern der *lois fondamentales*, wie es die ständische Opposition wollte. In der Auffassung indes, die Nation sei ein mystischer Körper, der über übernatürliche Qualitäten verfüge, waren sich beide Seiten einig.

Die liberale Theorie säkularisierte diese Auffassung. Sie ordnete sie darüber hinaus eindeutig ihrem individualistischen Gesellschaftsmodell unter, das den konkreten Inhalt des Nationalwillens aus dem Wechselspiel der Individuen bzw. ihrer Repräsentanten hervorgehen ließ. Indem sie aber nichtsdestoweniger die Vorstellung festhielt und verbreitete, „es gebe eine autonome und transzendente Realität des Kollektivwesens, das mit einer eigenen Quasi-Identität als Person versehen ist" (Gauchet 1991, 53), setzte sie eine Dynamik in Gang, die den Rahmen des Liberalismus sprengte und zu dem führte, was François Furet und Denis Richet als das „Ausgleiten" (dérapage) der Revolution bezeichnet haben: den Versuch, das Corpus mysticum der Nation zu einer wirklichen Einheit zu machen, von der alle Individuen gleichermaßen durchdrungen sein sollten. Hatte schon Sieyes darauf gedrängt, den Körper der Nation von allen Krankheitskeimen zu reinigen (1789a, 195), so widmeten sich die radikalen Kräfte mit Energie der Aufgabe, die Fremdkörper zu eliminieren, die die Homogenität der Nation bedrohten. Zugleich begannen sie, die Individuen, wie der in dieser Zeit aufkommende Neologismus lautete, zu 'nationalisieren', sie aus lauen, gleichgültigen oder unaufgeklärten Wesen in glühende Patrioten umzuwandeln. Die Kommunikation wurde moralisch 'codiert', wie die Systemtheoretiker sagen, d. h. auf Symbolisierungen umgestellt, die die Individuen in Gute und Böse aufteilten und die Gesellschaft in ein permanentes Diskussionsforum verwandelten (Furet 1980, 188, 195). Von daher der Akzent auf einer umfassenden republikanischen Erziehung, von daher der Strom von Proklamationen, Anweisungen, revolutionären Katechismen, der sich über die Bürger ergoß. Auch wenn sich ein beträchtlicher Teil Frankreichs, insbesondere die Bauernschaft, gegenüber dieser Art Pädagogik als immun erwies, die nicht abreißende Beschwörung des Patriotismus und der Tugend, der ständige Appell an den guten Willen und die moralisierende Außenabgrenzung verfehlten ihre Wirkung nicht. Sie verankerten die Idee der Nation in den Gefühlen und Vorstellungen der Menschen. Lynn Hunt hat diesen Prozeß der symbolischen Erzeugung der Nation prägnant dargestellt:

„Der symbolische Rahmen der Revolution verlieh der neuen politischen Kultur Einheit und Kontinuität ... Dieser symbolische Rahmen war nicht so sehr Ausdruck eines bereits vorhandenen Nationalgefühls oder der demokratischen Bestrebungen der Massen; vielmehr wurde ein Nationalgefühl durch diesen symbolischen Rahmen erst erzeugt. Die Umzüge, die Eide, der Umlauf von Münzen mit Abbildungen der Freiheitsgöttin oder der Herkulesfigur, all das schuf und stärkte die neue Nation, die zuallererst von der revolutionären Rhetorik gesetzt worden war" (Hunt 1989, 151f.).

Die Revolutionäre begnügten sich nicht mit dieser Erzeugung eines neuen Kollektivsubjekts. Sie wiesen ihm darüber hinaus einen eigenen Raum zu, der durch 'natürliche Grenzen' bestimmt sein sollte. Das Gebiet zwischen dem Rhein, den Alpen und dem Ozean wurde aus seinen empirischen Zusammenhängen gelöst, von allen Zufälligkeiten der Geschichte gereinigt und zu einem geweihten Raum erklärt, in dem sich die Hierophanie der Nation ereignen konnte (Guiomar 1974, 180ff.). Außerdem wurde der Nation eine Sendung zugesprochen, die sie weit über dieses Territorium hinausführte. Als Trägerin der Vernunft sollte die *Grande nation* berufen sein, die Freiheit, diese unentbehrliche Bedingung für die Formierung des Allgemeinwillens, auch jenen Völkern zu bringen, die noch vom Despotismus geknechtet waren. Die Ratio sollte verwirklicht werden, nötigenfalls auch mit Hilfe der Ultima ratio. Für ein Volk, das nach tausend Jahren der Sklaverei die Freiheit erobert hat, deklarierte Brissot am 16. Dezember 1792, sei der Krieg ein Bedürfnis. Er sei notwendig, die Freiheit zu befestigen und ihre Feinde zu vernichten. Zwei Wochen später fügte er hinzu: „Der Augenblick für einen neuen Kreuzzug ist gekommen; es wird ein Kreuzzug für die Freiheit der Welt sein" (Markov 1986, I,

197 ff.). So stark war dieses Sendungsbewußtsein, daß selbst Robespierre, anfangs ein leidenschaftlicher Gegner des Krieges und Warner vor den Missionaren in Waffen, am Ende nicht umhinkonnte, auf diese Linie einzuschwenken:

„Frankreich, einst unter den sklavischen Ländern so ausgezeichnet, möge von nun an den Ruhm aller freien Völker, die je existiert haben, verdunkeln; und ein Muster der Nationen, ein Schrecken der Unterdrücker und eine Zierde des Erdballs werden! Möchten wir doch wenigstens, indem wir unser Werk mit unserm Blut besiegeln, die Morgenröte der allgemeinen Glückseligkeit sehen! Dies ist unser Ehrgeiz, dies unser Zweck" (Fischer 1974, 343).

Die jakobinische Inszenierung der Nation als moralischer Anstalt wurde bekanntlich bald abgesetzt. Nach dem Ende der Revolution und ihres bonapartistischen Epilogs betrat der Liberalismus wieder die Bühne, und mit ihm ein Verständnis, das die Einschmelzung der Individuen in den *corps social* kategorisch ablehnte. Benjamin Constant erneuerte die Sieyessche Lehre vom Vorrang der individuellen Freiheit und wandte sich vehement gegen den Zwang zur *uniformité*. Nicht „in der aktiven, ständigen Teilnahme an der kollektiven Gewalt" sollte das Ziel der politischen Aktivität liegen, sondern „in dem friedlichen Genuß der persönlichen Unabhängigkeit"; nicht in der höchsten Steigerung der souveränen Macht, sondern in deren Begrenzung durch die individuellen Rechte. Die allein mögliche „Grundlage der Beziehungen der Menschen untereinander" sollte wieder das Recht sein; die dominante Form der sozialen Beziehungen der rational motivierte Interessenausgleich (Constant 1819, 376; 1815, 20, 221; Zenner 1971). In der programmatischen Formulierung von Guizot: «L'ordre, la légalité, la liberté constitutionnelle.»

Die Erfahrung mit den terroristischen Zügen des revolutionären Kollektivismus veranlaßte die Liberalen, dem Nationsbegriff mit mehr Vorsicht und Nüchternheit entgegenzutreten als Sieyes. Die politisch-theologische Begründung wurde deutlich abgeschwächt, der Primat der rationalen Vergesellschaftung stärker betont. Dennoch glaubten die Liberalen, ohne den *esprit national* nicht auszukommen. Ein moderner Verfassungsstaat, argumentierte Constant, könne sich nicht allein auf das aufgeklärte Interessenkalkül seiner Bürger stützen, sondern bedürfe auch des *attachement du peuple*, das sich auf eher gefühlsmäßige Momente wie den Stolz auf die geschichtliche Vergangenheit Frankreichs oder die freiheitlichen Errungenschaften von 1789 stütze; der Glaube an die Rechtsformen, diese „Schutzgottheiten der menschlichen Gesellschaft" (Constant 1815, 221), müsse ergänzt

werden durch die Hingabe an die Nation und ein Bewußtsein nationaler Identität, da die Legalität allein nicht über genügend Bindekraft
zu verfügen schien (Gall 1963, 322; Fehrenbach 1986, 105). Gerade
die Liberalen waren es denn auch, die in den Jahren nach 1815 immer
wieder die nationale Parole aktivierten und dabei auch nicht vor einer
Glorifizierung der Armee und der militärischen Erfolge der Vergangenheit zurückschreckten (Haupt 1974, 141 ff.).

Dieselbe Beharrungskraft zeigte der Sendungsgedanke[24]. Nicht
nur die Liberalen, auch Demokraten, Sozialisten oder mystische Ka-
tholiken vertraten das ganze 19. Jahrhundert hindurch die Ansicht,
daß in Frankreich und nirgends sonst der wahre Hort der Freiheit und
des Humanismus, der Vernunft und der Zivilisation zu suchen sei.
Guizot sah sein Land an der Spitze des Fortschritts marschieren,
Lamartine hielt es für die 'Avantgarde der Zivilisation', Victor Hugo
nannte es den Missionar der Zivilisation in Europa, Edgar Quinet den
peuple émancipateur. Für ihn hatte sich Frankreich durch seine Prinzipien eine höhere Stellung erworben als selbst die römische Kirche. Als
Werkzeug des Universalgeistes sollte es die Gottheit in besonderer
Form darstellen: „Voltaire, Rousseau, Montesquieu, dreifache Krone
eines neuen Papsttums, das Frankreich die Erde erblicken ließ. Von
der Höhe des neuen Vatikans aus spricht Frankreich im wahrhaften
Sinne zur Stadt und zur Welt, urbi et orbi. Nicht allein an die römische
Rasse richtet es sich, es ruft alle Menschenrassen auf." Ein Michelet
endlich sprach Frankreich den *pontificat de la civilisation nouvelle* zu
und verglich es sogar mit Christus, weil es der Welt nicht bloß das
Evangelium brachte, sondern auch stellvertretend ihre Leiden auf
sich nahm (zit. n. Hilgers-Schell/Pust 1964, 22 ff.; Epting 1952, 25, 110,
183 f.). Frankreich als Nation-Christ: Auch die populistische Demokratie wußte also die Bindekraft der religiösen Semantik noch sehr zu
schätzen.

Ziehen wir Bilanz. Im 18. Jahrhundert setzt sich in Frankreich die
Vorstellung durch, es gebe eine Nation mit einem expliziten und besonderen Charakter, der vor allem durch die Gesetze, die Verfassung
und die politischen Institutionen geprägt sei. Die liberale Doktrin
stellt dies als Ergebnis einer rationalen Vergesellschaftung dar. Die
Nation gilt ihr als politischer Verband mit rationalem Anstalts- und Be-
triebscharakter, der darüber hinaus über ein unteilbares und unveräu-

---

[24] Allerdings nicht bei Constant, der die missionarische Interpretation des
droit des nations in der Napoleonischen Ära entschieden abgelehnt hat. Siehe
dazu Zenner 1971, 62.

ßerliches Entscheidungsmonopol verfügt – die Souveränität. Da dies zugleich die Merkmale sind, die nach Max Weber den modernen Staat konstituieren, kann man auch sagen: Nation und (rationaler) Staat sind aus dieser Sicht identisch.

Gleichwohl ist die Nation auch noch etwas anderes, nämlich Träger eines Charismas. Dieses wiederum hat eine doppelte Wurzel. Es speist sich zum einen aus fortwirkenden religiösen Motiven, insbesondere aus der Lehre vom Corpus mysticum, die sich in schwächerer Form bei Sieyes, in stärkerer Form im Jakobinismus nachweisen läßt und noch in Konzeptionen des 20. Jahrhunderts nachwirkt, die die Nation als moralische Gesamtperson auffassen. Es speist sich zum andern aus der aufklärerischen Geschichtsphilosophie mit ihrer Lehre vom unaufhaltsamen Fortschritt der *civilisation*, welche ihrerseits die Verweltlichung eines alten theologischen Schemas ist: der Deutung der Weltgeschichte als Heilsgeschehen.

Idealtypisch gesehen bedeutet dies: Wir haben es beim Charisma der Nation, wie es in Frankreich auftritt, nicht mit einer neuen, eigenständigen Erscheinungsform zu tun, sondern mit einer Mischung, die sich aus dem religiösen Charisma und dem Charisma der Vernunft herleitet. Diese Mischung kann eine Eigendynamik gewinnen, wie die Zeit der Konventsherrschaft zeigt. Sie kann den rationalen Interessenausgleich in einen Holismus auflösen, der zu einer rückhaltlosen Einschmelzung der Individuen in die Nation führt, und sie kann ferner auch nach außen aggressiv wirken, indem sie die ganze Welt nach den Prinzipien der *civilisation* zu modellieren trachtet (Scheler 1923, 127). Dennoch wird sie durch starke Gegenkräfte begrenzt: von außen durch den rationalen Nationsbegriff, der auf Mäßigung und politische Umsetzbarkeit drängt; von innen durch die Verpflichtung auf die universalistischen Elemente des Christentums und der Aufklärung, auf die sich ihre Sendungsidee letztlich gründet. Das Charisma verleiht der Nation in Frankreich keinen Eigenwert, sondern nur einen Funktionswert; es macht sie zum Mittel und bestimmt sie als eine Instanz, die dazu bestimmt ist, sich in der Erfüllung ihrer Aufgabe selbst aufzuheben. In diesem Sinne war der französische Nationalismus, vor seiner Wendung in den neuen, integralen Nationalismus von Maurras und Barrès, stets mehr als bloßer Nationalismus.

II.

Die Besonderheiten, die Deutschland im Zeitalter der Lumières von Westeuropa unterschieden, sind so oft abgehandelt worden, daß sich die Feder sträubt, sie noch einmal zu Papier zu bringen. Begnügen wir uns deshalb damit, kurz an die politische Fragmentierung des Reiches zu erinnern, an das Fehlen politischer Systemkonflikte in der Art des französischen Ancien régime, an die wesentlich schärfere ständische Abgrenzung, die Ausgleichungs- und Angleichungsprozesse, insbesondere zwischen Adel und Bürgertum, erschwerte, an die prekäre Lage der Intelligenz, die zu weiten Teilen eine „verstaatlichte akademische Intelligenz" (Wehler) war und infolge der vergleichsweise geringeren Entwicklung berufsbürgerlicher Schichten eines sozialen Rückhaltes entbehrte, der es ihr erlaubt hätte, sich als Vortrupp eines gesellschaftlichen Strukturwandels zu begreifen und entsprechende politische Forderungen zu stellen.

So wichtig diese Besonderheiten sind: Sie trennten Deutschland doch nicht so tief vom Westen, wie dies die Ideologie vom deutschen Sonderweg behauptet. Deutschland stand, wie Frankreich, noch diesseits der Schwelle zum Industriekapitalismus, es verfügte über vergleichbare politische, nämlich patrimonial-absolutistische Strukturen, und auch das religiöse Leben war, sieht man von der Konfessionsspaltung ab, ähnlich organisiert: es verlief, seit der Zerschlagung der radikalreformatorischen Sekten im 16. Jahrhundert, in den Bahnen des kirchlichen Amtscharismatismus, und was den cäsaropapistischen Einschlag betrifft, so war er in den protestantischen Ländern sogar noch ausgeprägter als in den katholischen, da hier die Fürsten die Staatsleitung und das oberste Bischofsamt, den Summepiskopat, in Personalunion vereinten.

Auch die große geistige Strömung des 18. Jahrhunderts, die Aufklärung, fand in Deutschland ein vielfältiges Echo. Lessing und Wieland, Lichtenberg und Nicolai, Mendelssohn und Kant, um nur wenige Namen zu nennen, nahmen die von Westeuropa ausstrahlenden Impulse auf und verarbeiteten sie auf originelle Weise. Die 'Leserevolution' und die Expansion des Buch- und Zeitschriftenmarktes verschafften ihren Ideen ein wenn auch noch kleines, so doch nicht bloß auf akademische Kreise beschränktes Publikum. Davon, daß Deutschland sich vom Westen entfernt und der Aufklärung verweigert hätte (Hauser 1973, 616 ff.; Plessner 1988, 14 f.), kann angesichts der zahlreichen Lesegesellschaften und Patriotischen Sozietäten, der Freimaurerlogen und Geheimgesellschaften, der überaus lebendigen Diskussion in Literatur, Wissenschaft und Kirche keine Rede sein (Möller 1986).

Mit den Franzosen stimmten die deutschen Autoren von Rang darin überein, daß das höchste Ziel die Errichtung einer universalen, von Vernunft bestimmten Ordnung sei, in welcher die Vaterländer, wie es Herder ausdrückte, ruhig nebeneinander liegen und sich wie Familien beistehen würden (1793–97, 488). Man lehnte den barbarischen Eroberungsgeist und den 'eingeschränkten Nationalismus' ab (ebd. 487; ders. 1774, 34), man sah sich als Weltbürger, mindestens als Europäer und betrachtete das Universum als einen Staat, in dem die Bürger als vernünftige Wesen alles daransetzten, „unter allgemeinen Naturgesetzen die Vollkommenheit des Ganzen zu befördern, indem jedes nach seiner besondern Art und Weise für seinen eigenen Wohlstand geschäftig ist" (Wieland 1788, 167 f.). Förderung der Aufklärung, Beseitigung der Wissensunterschiede, Überzeugung der Regierenden – all dies mußte zusammenwirken, um die Menschheit als ganze ihrem Ziel entgegenzubringen. „Der Sektengeist einzelner Länder wird ersterben, die Finsternis, die in verschlossenen Winkeln herrscht, wird von dem Licht der Menschlichkeit, der Vernunft, Billigkeit und Wahrheit vertrieben werden, sobald es den Gemütern derer einleuchtet, die am Ruder der Wirksamkeit und des Staats sind" (Herder 1788, 519).

Wie in Frankreich schloß diese kosmopolitische Orientierung keineswegs aus, daß man sich zugleich als Patriot, als Bürger einer besonderen Nation verstand; und wie dort, so hatte man auch hier keine Schwierigkeiten damit, der eigenen Nation eine besondere Mission im Rahmen der allgemeinen Menschheitsaufgaben zuzuweisen (Kemiläinen 1957). Herder begrüßte es, „wenn eine oder zwei Nationen in weniger Zeit Vorschritte tun, zu denen sonst Jahrhunderte gehören", weil dann auch die übrigen Nationen zu folgen genötigt seien. „Die Weltepochen bilden eine ziehende Kette, der zuletzt kein einzelner Ring sich widersetzen mag, wenn er auch wollte" (1793–97, 487). Klopstock forderte die Deutschen auf, mit ihrer Wissenschaft und Kultur die Welt zu erobern (1774, 228 ff.), und Schiller erklärte sie gar für vom Weltgeist erwählt, „an dem ew'gen Bau der Menschenbildung zu arbeiten", „den großen Prozeß der Zeit zu gewinnen": „der Tag des Deutschen ist die Ernte der ganzen Zeit" (1797, 443). Noch die Überheblichkeiten, zu denen sich später Arndt oder Fichte steigerten, fallen nicht grundsätzlich aus dem Rahmen der aufklärerischen Menschheitspädagogik, da sie auf friedlichen Wettstreit und die Kraft des überlegenen Vorbilds abstellen. Fichtes Formel, der Kosmopolitismus könne sich nur auf dem Umweg über den Patriotismus realisieren, entspricht genau dem Muster, das wir oben für Frankreich herausgearbeitet haben (1807, 228f.).

Für die deutschen Autoren ergab sich jedoch ein besonderes Problem daraus, daß eine deutsche Nation, die diese Aufgaben erfüllen konnte, nicht oder jedenfalls nur in einem höchst deplorablen Zustand existierte. Als Friedrich Carl von Moser 1765 dem „deutschen Nationalgeist" den Spiegel vorhielt, entdeckte er „ein grosses und gleichwohl verachtetes, in der Möglichkeit glückliches, in der That selbst aber sehr bedauernswürdiges Volk", „schon Jahrhunderte hindurch ein Räthsel politischer Verfassung, ein Raub der Nachbarn, ein Gegenstand ihrer Spöttereyen". Eine ganze Generation vor Hölderlins Klage, er kenne kein Volk, das zerrissener sei als die Deutschen, konstatierte Moser: „Wir kennen Uns selbst nicht mehr; wir sind Uns untereinander fremde geworden. Unser Geist ist von Uns gewichen" (Moser 1765, 5ff.). Nicht ganz so vernichtend fiel Herders Urteil aus, aber auch er beschrieb die deutsche Geschichte seit der Reformation als eine des Verfalls und der Entfremdung. Unter dem Einfluß französischer Einrichtungen, Moden, Lebensweisen, vor allem aber der unseligen 'Gallicomanie' in der Sprache, habe Deutschland seine Identität eingebüßt. Fast das ganze Reich sei, an den Höfen und in den oberen Ständen, „eine Provinz des französischen Geschmacks" geworden. Man dürfe sich daher nicht wundern, „warum die deutsche Nation so nachgeblieben, so zurückgekommen und ganzen Ständen nach so leer und verächtlich worden ist, als wir sie leider nach dem Gesamturteil andrer Nationen im Angesicht Europas finden" (1793–97, 504).

Die deutschen Autoren reagierten auf diese Lage mit einer doppelten Operation. Da die Nation in ihrer irdischen Gestalt so wenig Anknüpfungspunkte bot, ja geradezu in einem Zustand der Uneigentlichkeit existierte, sahen sie sich genötigt, sie zunächst einmal im Überirdischen zu verankern, um auf diese Weise das Fundament für eine kontrafaktische Argumentation zu gewinnen. Herder, dessen Gedanken hier richtungweisend wurden, vollzog den entscheidenden Schritt, den „Nationalgeist" – das Wort „Volksgeist" findet sich bei ihm noch nicht – zu einer göttlichen Schöpfung zu erklären, deren Entfaltung und Wachstum nach organischen Gesetzen erfolge. Wie die Pflanzen in der Natur, so sind für ihn die Völker von Gott geschaffene Wesen, die sich nach einem verborgenen Schöpfungsplan entwickeln. Sie sind „kollektive Individuen" (Dumont), die wie die Einzelindividuen die Stadien der Kindheit, des Erwachsenen- und Greisenalters durchlaufen, in jedem Stadium „lebendige Kommentare der Offenbarung" bildend (1774, 80). Völker und Nationen sind damit nicht mehr, wie im französischen Verständnis, das Ergebnis eines rationalen Kontrakts oder bestimmter Gesetze, vielmehr sind die letzteren, wie auch die Religion oder die Kultur, Erscheinungsformen des jeweiligen Nationalgeistes. Nation, so hat es H. O. Ziegler formuliert, „wird nun zu dem Prius, – vor allen anderen sozialen Gebilden ist Nation als schöpferische Einheit uns gegeben, *nicht Produkt, sondern* selbst *Grund* alles geschichtlichen Geschehens" (1931, 31).

Die zweite Operation bestand darin, die Geschichte als eine Ausfaltung dieses Grundes zu deuten, als „Gang Gottes unter die Nationen" (Herder 1774, 79). Damit wurde keiner quietistischen oder fatalistischen Auffassung das Wort geredet, im Gegenteil. Geschichte erschien nunmehr als eine ungeheure Bildungsarbeit, die ein Höchstmaß an menschlicher Aktivität erforderte. Aber es war doch an erster Stelle eine geistige, künstlerische und zugleich quasi religiöse Aktivität, die dabei im Vordergrund stand, weniger eine politische. Herder sah die vordringlichste Aufgabe in der Überwindung der Gallicomanie, in der Verfeinerung und Veredelung der Sprachgewohnheiten durch eine Verbreitung der Büchersprache, wobei dem Dichter, als dem Sprachmächtigen, aus den Tiefen der Poesie und Kultur des Volkes Schöpfenden, eine Schlüsselrolle zukam (Frühwald 1986, 135). Klopstock und die Mitglieder des Göttinger Hainbundes erhoben den Dichter geradezu in den Rang eines Propheten, dessen Pflicht es sei, seine magische Gewalt über die Sprache in den Dienst einer nationalen Erweckung zu stellen und damit für die kulturelle Gemeinschaft jenen 'Persona-Wechsel' zu ermöglichen, wie er für den einzelnen im religiösen Feld vom Pietismus propagiert worden war (Kaiser 1961, 98 ff.; Kittsteiner 1991, 332 ff.). In eine ähnliche Richtung tendierten die zahlreichen Projekte einer Nationalerziehung der Deutschen, die im letzten Drittel des 18. Jahrhunderts Hochkonjunktur hatten. Noch Fichtes ›Reden an die deutsche Nation‹ (1808) waren, bei aller Betonung der deutschen Sendung, ein Programm, die heranwachsende Generation so zu erziehen, daß sie ihrer 'metaphysischen Deutschheit' gerecht werden konnte.

Vergleicht man den für das Deutschland dieser Epoche typischen Umgang mit dem Nationsbegriff mit dem in Frankreich üblichen, so fällt in erster Linie das eigentümlich gespannte Verhältnis zur Politik ins Auge. Gewiß wird man sich hier vor Klischees wie dem vom unpolitischen Deutschen hüten müssen. Der aufklärerische Patriotismus konnte sich an die Einzelstaaten knüpfen und sich auf diese Weise zu einem durchaus politischen Staatspatriotismus entwickeln, der auch von den Fürsten sehr gern in Anspruch genommen wurde. Er konnte sich mit Bestrebungen des Reformabsolutismus ebenso verbinden wie mit der historisch-ständisch orientierten Absolutismuskritik, und er konnte sogar zu einer revolutionären Position nach jakobinischem Vorbild zugespitzt werden (Vierhaus 1987, 100 ff.; Prignitz 1981). Eine langfristige Prägewirkung ging jedoch nicht von diesen Strömungen aus, sondern von jenen, die in der Nation primär eine geistig-kulturelle Einheit sahen, an der gemessen das Politisch-Staatliche von vornherein als etwas Mechanisches, Maschinenmäßiges und eo ipso Zweitrangiges, ja Minderwertiges erschien. Nationsbildung galt hier als kulturelle Vergemeinschaftung, zu der sich das Politische nicht einfach hinzufügen ließ, wie die verbreitete Annahme einer Stufenfolge von Kultur- und Staatsnation, von kulturellem und politischem Nationalismus will. Das Politische wurde vielmehr entweder auf Distanz gehalten und vergleichgültigt – das 'klassische' Modell; oder es wurde instrumentalisiert und dabei weitgehend seiner Eigengesetzlichkeit beraubt – das 'romantische' Modell.

Das klassische Modell läßt sich am besten an Schiller verdeutlichen, der wie kein anderer die Ästhetisierung der Kulturnation forciert hat (Seeba 1987). Schiller erklärt nicht nur die ästhetische Kultur zum wirksamsten Instrument der Charakterbildung, „welches von dem politischen Zustand vollkommen unabhängig, und also auch ohne Hülfe des Staates zu erhalten ist" (Brief an den Herzog von Augustenburg, 13. 7. 1793, zit. n. Schiller 1893, 337), er erhebt sie vielmehr zum eigentlichen Kern deutscher Identität, im Verhältnis zu welchem die politische Existenz letztlich gleichgültig sei. In seinem vermutlich 1797 geschriebenen Gedichtentwurf ›Deutsche Größe‹ wirft er die Frage auf, ob der Deutsche angesichts der Machterweiterung Frankreichs und Englands noch sein Haupt erheben und mit Selbstgefühl auftreten dürfe, und gibt darauf die Antwort: „Ja er darf's! Er geht unglücklich aus dem Kampf, aber das, was seinen Wert ausmacht, hat er nicht verloren. Deutsches Reich und deutsche Nation sind zweierlei Dinge. Die Majestät des Deutschen ruhte nie auf dem Haupt s. Fürsten. Abgesondert von dem Politischen hat der Deutsche sich einen eigenen Wert gegründet, und wenn auch das Imperium untergegangen, so bliebe die deutsche Würde unangefochten … Sie ist eine sittliche Größe, sie wohnt in der Kultur und im Charakter der Nation, die von ihren politischen Schicksalen unabhängig ist" (Schiller 1797, 447). Damit sind die Grundlinien jener 'Zweideutschlandtheorie' umrissen, die dem äußeren, bloß politischen Deutschland die Idee eines geheimen, inneren, heiligen Deutschland entgegensetzt, in welchem allein wahre Erfüllung zu finden sei. Über Thomas Manns ›Betrachtungen eines Unpolitischen‹ und über die Lehren des George-Kreises hat diese Vorstellung bis weit in das 20. Jahrhundert hinein gewirkt (Frühwald 1986).

Das romantische Modell dagegen läßt Politik, Staat und Gesellschaft nicht als gleichgültig beiseite, sondern deutet sie um, nach Maßgabe von Kriterien, die aus dem ästhetischen und mehr noch aus dem religiösen Feld entnommen werden. Ernst Moritz Arndt faßt die Gegenwart als Anbruch der dritten großen Epoche des Christentums auf, in der das Ewige und Allgemeine auf das Irdische übertragen werde; das Politische sei nur „das Kleine gegen das Große der inneren Weltbildung, die sich bereiten wird“, „nur ein äußerer Reiz, damit der des inneren Lebens lebendig werde“ (Arndt 1808, 212, 206 f.). Für Fichte ist das (deutsche) Volk die total gewordene religiöse Gemeinde, die in all ihren Aktionen und Einrichtungen „unter einem gewissen besonderen Gesetze der Entwickelung des Göttlichen aus ihm steht“ (Fichte 1808, 381); der Staat ist „nichts Erstes und für sich selbst Seyendes“, vielmehr nur das Mittel „für den höheren Zweck der ewig gleichmässig fortgehenden Ausbildung des rein Menschlichen in dieser Nation“ (ebd. 392). Er muß vom heiligen Geist der Vaterlandsliebe ergriffen und so sehr durchdrungen werden, daß er eine „Gemeinschaft der Heiligen“ bildet (Steffens), in der sich der einzelne „wie ein Bürger in dem Reiche Gottes“ fühlen kann (Schleiermacher). Ist dies erreicht, gibt es keine Kluft zwischen Einzelnem und Allgemeinem mehr, zwischen der Gemeinschaft und ihren Institutionen. Nation und Staat bilden dann ein einziges kollektives Individuum, das diskursiv nicht weiter aufgelöst werden kann – einen 'erhabenen und vollständigen Menschen' (Adam Müller), einen 'Makroanthropos' (Novalis). „Der Staat“, so die Quintessenz des romantischen Modells, „ist nicht eine bloße Manufactur, Meierei, Assecuranz-Anstalt oder mercantilistische Societät; er ist die innige Verbindung der gesammten physischen und geistigen Bedürfnisse, des gesammten physischen und geistigen Reichthums, des gesammten inneren und äußeren Lebens einer Nation, zu einem großen, energischen, unendlich-bewegten und lebendigen Ganzen“ (Müller 1809, I, 37).

Es bedarf keiner ausgreifenden Erörterungen, um die Herkunft dieser beiden Auffassungen zu demonstrieren. Wiewohl Schiller aus einem pietistischen Milieu stammte, wurde für ihn später doch der Einfluß der Philosophie Kants bestimmend, deren dualistische Struktur in mancher Hinsicht als eine Säkularisierung der Lutherschen Zwei-Reiche-Lehre angesehen werden kann, welche den Christen im Reich der Welt ganz den äußeren Zwangsordnungen von Staat und Recht überantwortet und ihn allein im Reiche Christi, dem Reich der Liebe, des inneren Wunders des Glaubens und der Gnade Gottes teilhaftig werden läßt. Der antipolitische Radikalismus der Romantik dagegen läßt sich als eine säkularisierte Version des Pietismus deuten, der nach Troeltsch eine Verwirklichung des Sektenideals auf dem Boden der Kirche verkörpert (1919, 827). Der Pietismus stand wohl für einen gewissen Rückzug ins 'Gehäuse der Innerlichkeit', da sich sein Zentralanliegen, die Erweckung des Menschen zur Gotteskindschaft, seine Wiedergeburt als Leibwerdung Christi, nur in der Weltabwendung vollziehen konnte. Doch enthielt andererseits der Akzent, den er auf die Anteilnahme des Menschen an der göttlichen Natur, den Genuß an der Gemeinschaft mit Gott schon im Diesseits legte, das Potential für einen Erneuerungswillen, der nach nichts Geringerem als der Verwirklichung des Gottesreiches auf Erden strebte (GARS I, 132ff.; Hinrichs 1977, 247).

Es war diese Überzeugung, die den Begründer des Halleschen Pietismus, A.H. Francke, dazu brachte, den Staat und den 'Regierstand' als Werkzeuge Gottes für die Erziehung und Bildung der Menschen nach seinem Heilsplan zu deuten; es war dieselbe Überzeugung, die sich in der für den pietistischen Patriotismus typischen Spiritualisierung, Emotionalisierung und Subjektivierung der Institutionen äußerte; und es war endlich auch diese Überzeugung, die die Romantiker zu ihrer Opposition gegen eine Auffassung motivierte, die die staatlich-politischen Einrichtungen als Ergebnisse einer interessegeleiteten rationalen Vergesellschaftung verstand. Wenn Fichte als das eigentliche Ziel der Vaterlandsliebe das 'Aufblühen des Ewigen und Göttlichen in der Welt' deklarierte, wenn er verächtlich auf die bloße Erhaltung der hergebrachten Verfassung, der Gesetze, des bürgerlichen Wohlstands herabsah und dagegen die „verzehrende Flamme der höheren Vaterlandsliebe" pries, die den einzelnen mit Seligkeit erfüllen und zum Opfer bereit machen sollte; wenn er den solchermaßen Ergriffenen und Erweckten den Himmel, die ewige Seligkeit und das Heil versprach (1808, 384ff.), dann zeigte er, wie wirkungsmächtig noch zu Beginn des 19. Jahrhunderts jener Sektengeist war, der vor allem die Gefühlseite der Religion betonte, den bürgerlichen Alltag aus tiefster Seele haßte und Staat und Nation in eine außeralltägliche Glaubens- und Liebesgemeinschaft verwandeln wollte[25].

---

[25] Zum Einfluß des Pietismus auf den deutschen Nationalismus vgl. vor

Mit diesen Hinweisen soll nicht behauptet werden, daß die prote-
stantische Religiosität ein Antipode der Aufklärung gewesen und für
die Abkehr Deutschlands vom Westen verantwortlich sei. Die Aufklärung war keineswegs so einseitig intellektualistisch, wie sie häufig dargestellt wird, und die religiöse Gefühlsphilosophie eine durchaus ge-
samteuropäische Erscheinung (Kondylis 1986, 563). Darüber hinaus
kann nicht bestritten werden, daß gerade der Pietismus als „das große
Eingangstor der deutschen Aufklärung" wirkte (Hinrichs 1977, 245).
Fichtes Philosophie etwa ist *auch* eine Fortbildung derjenigen Kants,
deren Zugehörigkeit zur Aufklärung außer Frage steht; und was
Herder betrifft, so hat Louis Dumont zu Recht darauf aufmerksam gemacht, daß die Lehre von den Kollektiv-Individualitäten eine Übertragung des modernen Individualismus auf die Ebene der Völker und
Nationen ist (Dumont 1991, 132). Selbst das romantische Modell
würde vollkommen mißverstanden, wenn man nur die holistische Einschmelzung des Individuums hervorhöbe und nicht auch berücksich-
tigte, daß die Vertreter der Staatsomnipotenz gleichzeitig die Repräsentanten des höchsten subjektiven Individualismus waren (Kaiser
1961, 122).

Dies alles kann aber nichts an der Tatsache ändern, daß die Religion
im Rahmen der deutschen Aufklärung eine nicht wirklich bewältigte
Voraussetzung blieb. Während sich in Frankreich seit dem 16. Jahrhundert eine Neutralisierung der Religion vollzog, die es ermöglichte,
den Nationsbegriff rein politisch, als Resultat einer rationalen Vergesellschaftung zu deuten (was, wie gezeigt, nicht verhinderte, daß die
vom Rationalisierungsprozeß ausgegrenzten emotionalen Energien
und Sinnbedürfnisse temporär zu einer charismatischen Aufladung
dieses Begriffes führten), wurde dieser Schritt in Deutschland nicht
vollzogen. Es kam wohl zu einem allgemeinen Vordringen innerwelt-
licher Orientierungen, doch blieben in ihnen, gleichsam subkutan, religiöse Grundmuster aufbewahrt und verhinderten die Herausbildung
einer wirklich neutralen Weltlichkeit, wie sie im liberalen Verfassungs-
begriff des Westens konzipiert war. Dies gilt für den Wortschatz, der in
einem heute nur noch schwer nachvollziehbaren Ausmaß vom Pietismus geprägt wurde (Langen 1968). Es gilt für die Dichtung, in der das
aus dem 'Sakralbau der religiösen Sprache' herausgebrochene Material eine Ausstrahlungskaft höchst eigenen Sinnes bewahrte (Schöne
1958). Ja es gilt für die gesamte Sphäre der Kultur schlechthin, die

---

allem Kaiser 1961. Zugleich einschränkend und weiterführend hierzu: Lehmann 1982.

zum Träger einer so nur in Deutschland anzutreffenden „Weltfrömmigkeit" avancierte, in der es keine klare Grenze zwischen Religiosität und innerweltlichem Dasein gab. Die „Verdrängung der religiösen Energien in die innerweltliche Geistigkeit", von der Helmuth Plessner gesprochen hat, bewirkte eine „Übernahme der religiösen Funktion durch eine innerweltliche Kultur" (Plessner 1988, 41, 75), wodurch deren Eigengesetzlichkeiten sich nur bedingt entfalten konnten.

Der lange Schatten, welchen die Religion dabei besonders auf den Nationsbegriff warf, ist noch im Zweiten Kaiserreich gut erkennbar, zu einer Zeit, als Entkirchlichung und Entchristianisierung rasche Fortschritte machten. Der einflußreiche Publizist Paul de Lagarde, der gleichermaßen auf die Studentenvereinigungen, den Wandervogel und Exponenten des Linksliberalismus wie Troeltsch oder Naumann gewirkt hat, sah in der Reicheinigung lediglich eine negative Errungenschaft, da mit ihr nur die äußere Uneinigkeit beendet sei. Im übrigen sei Deutschland noch keine Nation, „sondern eine Sammlung einander hebender Monaden", welche unterschiedlichen Interessen und je besonderen Göttern folgten. Deutschland könne nur einig werden durch gemeinsame Arbeit; diese aber sei in der Hauptsache eine religiöse, weil nur die Religion die Idee stiften könne, welche die Teile zu Gliedern eines Organismus mache (1886, 470, 27, 79).

Wie schon Herder, so faßte auch Lagarde die Nationen als göttliche Schöpfungen auf. Ihr Kern sei das Heilige, welches allein Menschen innerlich verbinde. Da dieses aber durch die fortschreitende Verweltlichung, durch das Vordringen des Materialismus und der 'Zivilisation' seine Kraft einzubüßen drohe, seien alle Anstrengungen vonnöten, um dem entgegenzuwirken. Lagarde empfahl, die noch glühenden Kohlen der Religion zu sammeln und aufeinanderzuschütten. Auf diese Weise könne zwar eine nationale Religion nicht geschaffen werden – denn Religionen ließen sich nur offenbaren, nicht willentlich erzeugen –, doch würde zumindest genügend Glut erhalten, die vielleicht ein Genius, ein Prophet, ein Begnadeter entfachen könne. Staat und Verfassung dagegen waren Bereiche, die Lagarde relativ wenig interessierten. Der Staat galt ihm als „Supplement der Nation", die Prinzipien von 1789 erschienen ihm als fremder Plunder, der tunlichst bald hinauszuwerfen war (1886, 142, 285). Gesetzmacherei sei bis zum Überdruß getrieben worden. Was jetzt nottue sei, „eine nationale Religion zu erringen (...), in welcher die Interessen der Religion und des Vaterlandes vermählt sind" (1886, 156).

Sah sich Lagarde im Hinblick auf die 'Religion der Zukunft' nur in

der Rolle eines Wegbereiters wie Johannes der Täufer, so ging Richard
Wagner einen Schritt weiter. Auch für ihn konnte eine Regeneration
des 'materialistisch verseuchten' und unter der französischen Zivilisation erdrückten Volksgeistes „nur aus dem tiefen Boden einer wahrhaften Religion erwachsen" (1880, 152). Diese aber war keine Zukunfts-
musik, sondern potentielle Gegenwart, keine Frage der Offenbarung,
sondern der Inszenierung. Die Aufgabe der Religion, die Welt zu überwinden, lag heute bei der Kunst als dem „freundlichen Lebenshei-
land, der zwar nicht wirklich und völlig aus dem Leben hinausführt,
dafür aber innerhalb des Lebens über dieses erhebt" (1864, 221, 245).
Seine bevorzugte Wirkungsstätte war das Theater. Als „Schauplatz,
auf welchem Götter wandelten", als furchtbarer Abgrund und Pandämonium, vermochte es auch heute noch den ganzen Menschen mit
seinen niedrigsten und höchsten Leidenschaften sich selbst gegen-
überzustellen und über sich hinauszutreiben, „zu Himmel und Hölle",
zu einer Transzendenz, die „außer jeder Möglichkeit der eigenen Le-
benserfahrung liegt". Es war dadurch imstande, den einzelnen sowohl
als die Gesamtheit von Grund auf zu verwandeln und jene „Wiedergeburt des Völkergeistes" zu bewirken, von dem die Zukunft der Deutschen und, darüber vermittelt, auch der Menschheit, abhing (1867/68,
281, 250). Voraussetzung dafür war allerdings, daß der Monarch das
Theater in seine Sphäre, die „Sphäre der Gnade", erhob und einen
Stand der „Eximierten" schuf, der sich dem zwecklosen Interesse und
reinen Genuß widmete; und daß für das Theater als solches die Bedingung der „Außerordentlichkeit" geschaffen wurde, indem man eine
besondere Aufführungsstätte bereitstellte, die Seltenheit der Auffüh-
rungen sicherte und einen neuen 'deutschen Stil' schuf (ebd. 348f.).
Was sich in Frankreich – nicht nur, aber vor allem – durch den rationalen Austrag der Interessen im Parlament vollzog – die Konstitu-
ierung der Nation –, geschah im Deutschland Wagners als ästhetische
Veranstaltung und rituell-kultische Erzeugung 'außerordentlicher',
d. h. charismatischer Gemeinschaftlichkeit (Mork 1990).

Aus Religion und Kunst bezog endlich auch Julius Langbehn, der
'Rembrandtdeutsche', die Vorgaben für die von ihm anvisierte nationale Wiedergeburt. Langbehns Ziel war eine „dritte Reformation",
die das Werk von Luther und Lessing vollenden sollte, indem sie „den
eigentlichen Kern der Volksseele, die Mystik", wieder in seine Rechte
einsetzte (1890, 151f.). Religion und Kunst sollten an die erste Stelle
treten und den zersetzenden Einfluß von Wissenschaft und Fachschulung zurückdrängen. Die Künstler als die Propheten von heute sollten
das Unten und Oben, das Außen und Innen des Menschenlebens zur

Einheit zusammenfassen und an die Stelle des analytischen Verstandes das Herz, an die Stelle des tötenden Buchstaben den lebendigen Geist setzen (171, 173). Mystische Verinnerlichung und große nationale Kunst nach dem Vorbild Rembrandts: gemeinsam sollten sie die drei Aufgaben erfüllen, die von den Deutschen zu bewältigen waren: „nämlich ihren Geist erstens: zu individualisieren und zweitens: zu konsolidieren und drittens: zu monumentalisieren" (205). Solchermaßen wiedergeboren, sollten die Deutschen den ihnen zukommenden Rang in der Welt einnehmen: als „Adel der Welt", „auf dem Richterstuhl der Nationen". „Die Geige ist das spezifisch deutsche Musikinstrument; der Deutsche hat sie erfunden, kultiviert und führt sie noch immer meisterhaft; er ist berufen, auch im politischen Weltkonzert die erste Geige zu spielen. PRIMUS INTER PARES" (210).

Lagarde, Wagner oder Langbehn waren keine repräsentativen Autoren. Die tonangebenden Schichten des Kaiserreichs waren mit dem neuen Staat durchaus zufrieden und entwickelten eine Haltung, die sich am besten als Staatspatriotismus kennzeichnen läßt (Schieder 1961, 40ff.). Dennoch zeigt die beachtliche Resonanz, auf die ihre Werke stießen, daß es ein latentes Unbehagen und Mißvergnügen gab, das von Jahr zu Jahr weitere Kreise zog. In den neunziger Jahren fand es seinen Ausdruck in einem aggressiven Populismus, der sich außerhalb der Parteien artikulierte und sich mit pseudodarwinistischen und antisemitischen Ideologemen verband; in den Jahren kurz vor dem Ersten Weltkrieg begann die Spitze gegen Regierung und Staat langsam hervorzutreten, um dann, nach der kurzen euphorischen Identifikation von Staat und Nation im August 1914, immer schärfer zu werden. Noch während des Kaiserreichs formierte sich mit der Vaterlandspartei ein neuer Nationalismus, der zwar in vielem der romantischen Tradition entgegengesetzt war, gleichwohl gern auf die von ihr angebotenen parareligiösen Topoi zurückgriff.

Diese Zusammenhänge können hier nicht weiterverfolgt werden. Das Gesagte reicht indes aus, um die These zu erhärten, auf die es ankommt: daß der Nationsbegriff in Deutschland in weitaus stärkerem Maße als in Frankreich mit Bedürfnissen überfrachtet blieb, die ihren eigentlichen Ort in der religiösen Sphäre hatten. Gewiß, auch in Frankreich spielten religiöse Faktoren eine Rolle, wie der Blick auf die Corpus-mysticum-Tradition gezeigt hat. Mindestens ebenso stark, wenn nicht stärker, war jedoch die Tendenz, die Nation als einen rein politischen Verband aufzufassen, der das Ergebnis rationaler Vergesellschaftung war. Nation und Staat konnten sich auf diese Weise wechselseitig durchdringen, so daß die erstere die rationalen Strukturen von Recht und Verfassung in sich aufnahm, während der letztere seinerseits einen erheblichen Teil der an den Nationsbegriff gekoppelten emotionalen Energien an sich zu binden und zu temperieren vermochte.

Genau dies geschah in Deutschland nicht. Der Staat, der sich wirksam gegenüber allen aus der Gesellschaft kommenden Impulsen abschottete, konnte hier nicht als Ergebnis einer rationalen Vergesellschaftung gedacht werden, allenfalls als technisches Konstrukt, als Apparat oder Maschine. Er wurde deswegen, wie wir gesehen haben, entweder vergleichgültigt oder als eine von Grund auf umzuwandelnde Größe konzipiert. Die von politisch-praktischer Realisierung abgesperrten Energien stauten sich auf und amalgamierten sich mit religiösen Sinnbedürfnissen und Deutungsmustern, vorzugsweise solchen irrationaler oder antirationaler Art. Da sie unter den Bedingungen fortgeschrittener Säkularisierung im religiösen Feld nur noch begrenzte Erfüllung fanden, richteten sie sich auf die Nation, die dadurch mehr und mehr zu einer phantastischen, mit Erlösungs- und Heilserwartungen aufgeladenen Größe wurde. Nation und Volk blieben so bis weit in das 20. Jahrhundert in Deutschland diffuse und unkonturierte Begriffe, die sich nicht in Institutionen und Verfahren übersetzen ließen. Sie blieben strukturarm, verfassungsindifferent (Lepsius 1990, 237f.), ja sie tendierten nachgerade dazu, zum Fokus für 'Antistruktur' im Sinne von Turner zu werden: einer Sphäre des Außeralltäglichen, Außerordentlichen, den Regeln und Institutionen Entzogenen, in der nicht das Gesetz, sondern der Geist, nicht der Beamte, sondern der Genius regierte. Wenn in Frankreich der Nation *auch* ein Charisma zukam (und noch dazu eines, das seinen Inhalt von der Vernunft empfing), so wurde in Deutschland die Neigung immer mächtiger, in ihr *nur* eine charismatische Instanz zu sehen, und nichts sonst: eine Welt der spontanen Communitas im Gegensatz zur Gesellschaft und zum Staat. Eine wie immer geartete formende Wirkung konnte von ihr nicht ausgehen. Statt dessen wurde sie zur Arena, in der sich die Virtuosen der De-formierung tummelten: völkische Sektierer und Propheten, Demagogen und Literaten, verkrachte Künstler und Professoren mit Welterlösungsambitionen. Es bedurfte nicht weniger als eines Weltkriegs, um die von ihnen gesäte Saat zur Reife zu bringen; doch als sie aufging, führte dies in die bislang größte Katastrophe der Geschichte.

III.

Auch wer nur eine oberflächliche Kenntnis der deutschen Geschichte im 19. Jahrhundert besitzt, weiß, wie selektiv die voranstehenden Bemerkungen sind. Sie isolieren aus einem komplizierten Geflecht einen einzigen Strang und blenden alle Alternativen aus, die es doch auch gab: den liberalen und demokratischen Nationsbegriff, der immerhin ein Dokument wie die Paulskirchenverfassung hervorgebracht hat; den ökonomischen Nationsbegriff Friedrich Lists und der Historischen Schule; den realpolitischen Nationalismus, wie er, mit unterschiedlichen Nuancierungen, von Sybel und Droysen, Rochau und Treitschke vertreten wurde; den imperialistischen Nationalismus der wilhelminischen Ära mit seinem Drang nach Weltgeltung und Weltpolitik. Doch geht es hier nicht um eine historische Darstellung, die der Vielfältigkeit des Geschehens gerecht wird, sondern um die Herausarbeitung einer bestimmten 'Codierung' des Nationsbegriffs, die nur in besonderen Phasen der deutschen Geschichte zentral wurde, dann aber alle anderen Alternativen beiseitedrückte. Die Grundlinien dieser Codierung dürften klar sein. Wir haben jetzt zu untersuchen, wie sich die politische Soziologie Max Webers zu ihr verhält.

Mit Fragen nationaler Politik hat sich Weber schon sehr früh beschäftigt. Seine Untersuchungen zur ostelbischen Agrarverfassung waren stark von nationalen Interessen geprägt, desgleichen die Antrittsrede von 1895 über Nationalstaat und Volkswirtschaftspolitik, in der er sich nicht eben als Vorkämpfer einer wertfreien Wissenschaft präsentierte. Sein vielzitiertes Diktum, die Machtinteressen der Nation seien „die letzten und entscheidenden Interessen, in deren Dienst ihre Wirtschaftspolitik sich zu stellen hat" (GPS 14), ist Nationalismus pur, wenn man die eingangs angeführte Definition von Peter Alter zugrunde legt.

Den Versuch, die Nation auch soziologisch zu verorten, hat er dagegen erst spät unternommen, in den Jahren kurz vor dem Ersten Weltkrieg. Im Oktober 1912 beteiligte er sich am Zweiten Deutschen Soziologentag in Berlin, der den Begriffen Nation und Rasse gewidmet war. Entweder davor oder danach – eine genaue Datierung ist z. Z. nicht möglich – entstand im Rahmen der Arbeiten am ›Grundriß der Sozialökonomik‹ der Abschnitt über 'Die Nation', der sich heute im Zweiten Teil von ›Wirtschaft und Gesellschaft‹ findet (Kap. VIII, § 5). Weitere Überlegungen enthält der Abschnitt 'Nationalität und Kulturprestige' im Kapitel IV 'Ethnische Gemeinschaftsbeziehun-

gen'. Nach dem Krieg hat Weber begonnen, sein Material neu zu organisieren, doch ist er damit nicht mehr bis zur Nation gekommen.

Eine erste Vorstellung läßt sich gewinnen, wenn man verfolgt, wie
Weber sich von den beiden wichtigsten Konzeptionen abgrenzt, die
auf dem Soziologentag vertreten waren. Während der Nestor der deutschen Soziologie, Ferdinand Tönnies, am Nationsbegriff vor allem die
rationalen, voluntaristischen Komponenten wahrnahm und ihn deshalb folgerichtig dem Komplex 'Gesellschaft' zuordnete[26], teilte
Weber diese Ansicht nicht. Für ihn war die Nation kein Phänomen der
Vergesellschaftung, also des wert- oder zweckrationalen Interessen-
ausgleichs bzw. der Vereinbarung, sondern der Vergemeinschaftung:
eine „gefühlsmäßige Gemeinschaft", Ausdruck eines „mächtigen Ge-
meinschaftsgefühls", das die Individuen zu einer affektuellen Einheit
verband (Verhandlungen 1913, 50). Seine prägende Kraft verdankte
dieses Gefühl der Besonderheit des politischen Gemeinschaftshandelns, das für die Beteiligten mit einer überaus intensiven Erfahrung
verbunden war. Die politische Gemeinschaft, so führt Weber in ›Wirtschaft und Gesellschaft‹ aus, gehört nämlich zu denjenigen Gemeinschaften,

„deren Gemeinschaftshandeln, wenigstens normalerweise, den Zwang durch
Gefährdung und Vernichtung von Leben und Bewegungsfreiheit sowohl
Außenstehender wie der Beteiligten selbst einschließt. Es ist der Ernst des
Todes, den eventuell für die Gemeinschaftsinteressen zu bestehen, dem Einzelnen hier zugemutet wird. Er trägt der politischen Gemeinschaft ihr spezifisches Pathos ein. Er stiftet auch ihre dauernden Gefühlsgrundlagen. Gemeinsame politische Schicksale, d.h. in erster Linie gemeinsame politische Kämpfe
auf Leben und Tod, knüpfen Erinnerungsgemeinschaften, welche oft stärker
wirken als Bande der Kultur-, Sprach- oder Abstammungsgemeinschaft. Sie
sind es, welche (...) dem 'Nationalitätsbewußtsein' erst die letzte entscheidende Note geben" (WG 515).

Mit der Zuordnung der Nation zu den auf Vergemeinschaftung beruhenden sozialen Beziehungen verband Weber freilich eine Reihe
von Modifikationen, die in diametralem Gegensatz zu Tönnies' Verständnis von Gemeinschaft standen. Vergemeinschaftung entsprang
für Weber aus subjektiven Gefühlen der Beteiligten, nicht aus einer

---

[26] Vgl. Verhandlungen 1913, 49, 73, 187. Diese Ansicht findet sich bereits in
›Gemeinschaft und Gesellschaft‹, wo der Nationsbegriff in dieselbe Reihe wie
Großstadt, Welt und Zivilisation gestellt wird. Der Gegenbegriff zur Nation ist
für Tönnies der „Blutbegriff Volk" als eine „rohe, biologische Realität" (Ver-
handl. 1913, 187).

objektiven, vegetativ-organischen Verbundenheit des Lebens, setzte also Individuierung und Differenzierung voraus. Sie war, zweitens, in hohem Maße abhängig von Deutungen, drückte also nicht eine je schon vorhandene gemeinsame Gesinnung aus ('Eintracht' i. S. von Tönnies), sondern bildete sich erst unter dem Einfluß vielfältiger Faktoren: war also nicht Grund, sondern Folge von Geschichte. Drittens stand sie nicht in einem unumkehrbaren zeitlichen Verhältnis zur Gesellschaft, sondern war grundsätzlich auch auf dem Boden gesellschaftlicher Organisationsprinzipien denkbar. Überhaupt lehnte Weber eine schroffe Trennung wie bei Tönnies ab. Vergemeinschaftungen knüpften nach seiner Ansicht regelmäßig an Vergesellschaftungen an und verliehen diesen einen Gefühlswert (WG 205); sehr häufig erzeugten sie überhaupt erst künstlich eine gefühlsmäßige Beziehung durch „Umdeutung von rationalen Vergesellschaftungen in persönliche Gemeinschaftsbeziehungen" (WG 237), eine Konstellation, die besonders oft im Falle der ethnischen Gemeinschaften anzutreffen war. Umgekehrt kann nach Weber auch eine Beziehung, deren normaler Sinn Vergemeinschaftung ist, „von allen oder einigen Beteiligten ganz oder teilweise zweckrational orientiert werden" (WG 22). Mit der Bestimmung der Nation als einer Gemeinschaft ist also weder gesagt, daß es sich um eine organische Größe handelt noch daß sie logisch oder chronologisch dem Staat vorgeordnet ist, noch daß sie wert- oder zweckrationale Orientierungen ausschließt.

Die Nation war für Weber indes nicht nur keine 'natürliche' Gemeinschaft, sie war auch keine 'Kulturgemeinschaft'. Mit dieser These grenzte sich Weber sowohl von der Interpretation ab, wie sie Friedrich Meinecke wenige Jahre zuvor für den deutschen Nationsbegriff ins Spiel gebracht hatte, als auch von der Argumentationslinie Otto Bauers, die auf dem Soziologentag von Ludolf Moritz Hartmann vertreten wurde. Diese Linie ging von der Annahme aus, daß die wirtschaftliche und soziale Entwicklung zur Bildung regionaler Produktions- und Verkehrsgemeinschaften führe, die allmählich die von der Natur vorgegebenen Räume ausfüllen und dabei eine kulturelle und vor allem sprachliche Homogenisierung herbeiführen würden. Hatte die Kulturnation ein gewisses Niveau erreicht, war es nur eine Frage der Zeit, bis daraus eine Staatsnation wurde. Das Nationalbewußtsein war aus dieser Sicht nichts weiter als „das psychische Phänomen, das der Umsetzung des kulturellen Zustandes in einen staatlichen entspricht", die Nation nur ein anderer Name für die politisch organisierte Kulturgemeinschaft (Verhandlungen 1913, 80ff.).

Weber kritisierte an dieser Auffassung zunächst das, was man die

Container-Theorie der Nation nennen könnte: die Vorstellung, die Natur habe gewisse abgegrenzte Räume bereitgestellt, in denen sich Verkehrs- und Kulturgemeinschaften bildeten. Sein zweiter Einwand richtete sich gegen die Ungenauigkeit des Begriffes 'Kulturgemeinschaft', weil dieser den Klassengegensätzen nicht genügend Rechnung trage; sein dritter gegen den objektiven Nationsbegriff überhaupt, der die Nation als Ausdruck oder Folge einer wie immer gearteten vorgegebenen Gemeinschaft verstand – sei diese nun durch natürliche, kulturelle oder ökonomische Faktoren determiniert. Weber räumte wohl ein, daß alle diese Faktoren das Nationalgefühl beeinflußten, hielt es aber für unmöglich, ihren Anteil kausal zu bestimmen. Diese Faktoren seien so vielfältig und ihre Verschlingung derart opak, daß es zweckmäßiger sei, die Nation nicht von ihnen her zu bestimmen, sondern vom Ziel, das die nationale Vergemeinschaftung anstrebe. Dieses Ziel aber sei in der Mehrzahl der Fälle: das selbständige Staatswesen. „Alles in allem", faßte Weber seine Position zusammen, „wenn man es überhaupt zweckmäßig findet, ein Nationalgefühl als etwas Einheitliches, spezifisch Gesondertes zu unterscheiden, so kann man das nur durch Bezugnahme auf eine Tendenz zum eigenen Staat und man muß sich dann klar sein, daß darunter sehr heterogen geartete und verursachte Gemeinschaftsgefühle zusammengefaßt werden" (Verhandlungen 1913, 52).

In ›Wirtschaft und Gesellschaft‹ hat Weber an dieser Position festgehalten. Nation, heißt es dort pointiert, sei ein Begriff, der nicht von objektiven empirischen Qualitäten her definiert werden könne (WG 528). Vielmehr handle es sich um etwas Subjektives, einen „Gemeinsamkeitsglauben", der sich auf verschiedene Gründe wie Sprache, Abstammung, Sitte, 'Sinnenkultur', politische Erinnerungen, Schicksale und Legenden stütze, aber auch durch die soziale, ökonomische und politische Struktur beeinflußt werde. Als zentral sieht Weber auch in diesem Text das Ziel an, auf das sich das Nationalgefühl oder -bewußtsein richte – die politische Souveränität:

„Immer wieder finden wir uns bei dem Begriff 'Nation' auf die Beziehung zur politischen 'Macht' hingewiesen, und offenbar ist also 'national' – wenn überhaupt etwas Einheitliches – dann eine spezifische Art von Pathos, welches sich in einer durch Sprach-, Konfessions-, Sitten- oder Schicksalsgemeinschaft verbundenen Menschengruppe mit dem Gedanken einer ihr eigenen, schon bestehenden oder von ihr ersehnten politischen Machtgebildeorganisation verbindet, und zwar je mehr der Nachdruck auf 'Macht' gelegt wird, desto spezifischer" (WG 244).

Soviel zu dem, was man den Alltagsbegriff der Nation nennen könnte, wäre dieser Terminus heute nicht für ein vorwissenschaftliches Wissen reserviert. Es ist, wie in der Literatur zu Recht hervorgehoben wird, ein subjektiver Nationsbegriff, der ganz auf das Zusammengehörigkeitsgefühl und das gemeinsame politische Wollen von Individuen abstellt und insofern durchaus an westeuropäische Traditionen anschließt (Estel 1991, 215). Mit seiner Zurückweisung aller organizistischen und emanatistischen Konzeptionen sowie seiner Weigerung, die Nation aus objektiv-empirischen Voraussetzungen abzuleiten, steht Weber Constant oder Renan näher als Herder, wie er auch jede Aufladung des Nationsbegriffs mit religiösen Konnotationen vermeidet. Es ist richtig, gegenüber den naturrechtlichen Begründungsmustern des westlichen Liberalismus hielt Weber eine tiefe Distanz; sie erschienen ihm weitgehend als Fiktionen oder „höchst künstliche Konstruktionen" (WG 499; Hennis 1987, 216). Diese Distanz gilt jedoch nur für den Wissenschaftler Weber, nicht für den Politiker bzw. den politischen Publizisten. Wann immer er in der Rolle des letzteren auftritt, setzt er sich leidenschaftlich für die Schaffung oder Bewahrung einer „individualistischen Kultur" ein, für die „Durchdringung der Massen mit dem alten individualistischen Grundgedanken der 'unveräußerlichen Menschenrechte'", auch wenn dies, wie etwa in Rußland, einen Kampf gegen den Strom der materiellen Konstellationen bedeutet (MWG I/10, 269f.). „Wir dürfen nicht vergessen", schreibt er im Januar 1905 an Harnack, „daß wir den Sekten Dinge verdanken, die niemand von uns heute missen könnte, Gewissensfreiheit und die elementarsten Menschenrechte, die uns heute selbstverständlicher Besitz sind. Nur radikaler Idealismus konnte das schaffen" (zit. n. Mommsen 1974a, 76).

Auf der anderen Seite ist jedoch ein sehr deutscher Zug in Webers Argumentation nicht zu übersehen. Während im französischen Verständnis Nation und Staat zusammenfallen, handelt es sich bei Weber um zwei selbständige Größen. Die Nation ist eine gefühlsmäßige Gemeinschaft, die wohl auch rational gedeutet werden kann, aber doch primär Vergemeinschaftung ist. Sie enthält daher auch keinen Verfassungsbezug, sondern ist ausgesprochen strukturarm – im Grunde nicht mehr als das bloße Gefühl der Zusammengehörigkeit und der Wille zu Einheit und Souveränität. Struktur erhält der politische Verband allein durch den Staat, der in seiner modernen Erscheinungsform bestimmt ist durch die beiden Merkmale des rationalen Anstalts- und Betriebscharakters und des Monopols der legitimen physischen Gewaltsamkeit.

Infolge dieser Aufteilung vollzieht sich die politische Willensbildung in zwei ganz unterschiedlichen Formen. Die Artikulation rationaler Interessen fällt in die staatliche Sphäre, die dafür Verfahren und Institutionen bereithält, allen voran: das Parlament. Die emotionale Vergemeinschaftung dagegen, die sich im Nationalgefühl ausdrückt, sperrt sich per definitionem der rationalen Regulierung. Sie verlangt eher nach Symbolisierung, nach repräsentativer Verkörperung durch eine Person, der man Glaube, Liebe, Vertrauen entgegenbringen kann. In den Begriffen der Herrschaftssoziologie: der (moderne) Staat stützt sich auf rationale Legitimität i.S. einer unpersönlichen Ordnung, die Nation hingegen tendiert zu persönlicher Autorität, wie sie im Alltagsfall durch die traditionale, unter außeralltäglichen Bedingungen durch die charismatische Herrschaft verkörpert wird. Von hier aus erklärt sich, weshalb Weber gleichzeitig ein Anhänger entschiedener Parlamentarisierung und einer Begrenzung der Parlamentsherrschaft zunächst durch einen konstitutionellen Monarchen, später durch einen vom Volk gewählten Reichspräsidenten sein konnte.

Gewiß, eine solche Kombination zweier unterschiedlicher Legitimitätsprinzipien ist kein deutsches Spezifikum. Sie findet sich im amerikanischen Präsidialsystem ebenso wie in der Verfassung der Fünften Republik in Frankreich. In Deutschland mußte sie indes eine besondere Brisanz entfalten, weil es hier eine lange Tradition der Abwertung des Staates einerseits, der Aufwertung und nachgerade religiösen Überhöhung der Nation andererseits gab. Obwohl Weber weder der einen noch der anderen Auffassung das Wort redete, vielmehr im Sinne des liberalen Balancedenkens nach einem Ausgleich der Kräfte strebte, kam er ihnen mit seiner dualistischen Konzeption doch in hohem Maße entgegen. Waren Nation und Staat einmal als unterschiedliche Formen der politischen Synthesis anerkannt, so war einer Auslegungsstrategie Tür und Tor geöffnet, die der Repräsentation der politischen Einheit der Nation einen höheren Stellenwert beimaß als dem Pluralismus der Interessen, zumal dann, wenn eine Situation eintrat, in der sich die letzteren gegenseitig blockierten. Wolfgang J. Mommsen mag zu weit gegangen sein, als er eine direkte Linie von Webers Konzeption des Reichspräsidenten zum plebiszitären Führerstaat Hitlers zog. Seiner Auffassung indes, daß die Zusammenzwingung von rationaler und charismatisch-plebiszitärer Legitimität im Kontext der deutschen politischen Tradition zuungunsten der ersteren ausschlagen mußte, wird man schwerlich widersprechen können (Mommsen 1974 b, 406 ff.).

Diese Bedenken wiegen um so schwerer, als Weber selbst unter bestimmten Umständen bereit gewesen zu sein scheint, nicht nur dem Repräsentanten der Nation ein Charisma zuzuschreiben, sondern der Nation als solcher. Natürlich geschah dies weder nach dem französischen noch nach dem deutsch-romantischen Modell, in denen Weber typische Intellektuellenkonstrukte sah. Nationale Missionsideen jedweder Art galten ihm als 'Legenden', die zur Aufrechterhaltung oder Erweiterung bestimmter Machtinteressen produziert wurden und deshalb nicht zu ihrem Nominalwert zu nehmen waren (WG 527f., 530). Gleichwohl gab es eine Sphäre, die geeignet war, die im Innern der Gesellschaften zunehmend schwindende Kraft des Charismas am Leben zu erhalten und stets von neuem aufflammen zu lassen: die Sphäre der zwischenstaatlichen Beziehungen. Weber zufolge führt die Rationalisierung des politischen Gemeinschaftshandelns zur Herausbildung territorial begrenzter, durch die Monopolisierung der legitimen Gewaltsamkeit charakterisierter Anstaltsverbände, welche nicht primär durch Gefühlsgemeinsamkeiten, sondern durch rationale Ordnungen mit Zwangscharakter zusammengehalten werden. Die Gebietsbezogenheit bedeutet zugleich, daß dieser Prozeß des *state-building* nicht in einem einzigen Staat, sondern in mehreren Staaten kulminiert – einem Staatensystem. Da es für dieses System keine verbindliche, durch eine Sanktionsinstanz garantierte Gesamtordnung gibt, stößt die politische Rationalisierung hier an eine, wie immer auch vorläufige Grenze. Auf zwischenstaatlicher Ebene bleibt erhalten, was die politische Theorie des 17. und 18. Jahrhunderts den Naturzustand nannte und was von Weber etwas prosaischer als das 'irrationale Element aller politischen Außenbeziehungen' qualifiziert wird: die Fortexistenz eines 'Reichs der Ehre', in dem um konkrete Machtanteile, aber auch um Machtprestige – „praktisch: die Ehre der Macht über andere Gebilde" – gekämpft wird (WG 520f.). Prestige und Ehre aber sind, wie Weber an anderer Stelle notiert, veralltäglichtes Charisma (WG 146), so daß die Sphäre der zwischenstaatlichen Beziehungen neben und außer ihren rationalen Zügen stets auch ein charismatisches Element enthält.

Dieses veralltäglichte Charisma kann nun unter besonderen Umständen wieder in seinen reinen, außeralltäglichen Aggregatzustand zurückverwandelt werden – im Krieg. Schon im älteren Teil von › Wirtschaft und Gesellschaft‹, also noch vor 1914, sieht Weber, wie oben zitiert, das spezifische Pathos der politischen Gemeinschaften im Ernst des Todes und fügt hinzu, daß dieser dem Nationalitätsbewußtsein erst die letzte entscheidende Note gebe. In der 'Zwischenbetrachtung'

zur ›Wirtschaftsethik der Weltreligionen‹ (1916) schlägt er die Brücke
zum Charisma. Der Krieg als die realisierte Gewaltandrohung, heißt
es dort, schaffe gerade in den modernen politischen Gemeinschaften
ein Pathos und ein Gemeinschaftsgefühl, eine Hingabe- und Opfer-
bereitschaft, „welcher die Religionen im allgemeinen nur in Heroen-
gemeinschaften der Brüderlichkeit ähnliches zur Seite zu stellen
haben". Die „Außeralltäglichkeit der Kriegsbrüderlichkeit und des
Kriegstodes" sei eine Erfahrung, welche „nur mit dem heiligen Charisma und dem Erlebnis der Gottesgemeinschaft" zu vergleichen sei.
Sie stehe deshalb in äußerster Konkurrenz mit jeder religiösen Ethik,
die die Theodizee des Todes in völlig anderer Richtung auslege. Denn
der Krieg gebe dem Krieger etwas, was bisher nur die Religion dem
Menschen zu geben vermochte: die „Empfindung eines Sinnes und
einer Weihe des Todes, die nur ihm eigen ist. Die Gemeinschaft des im
Felde stehenden Heeres fühlt sich heute, wie in den Zeiten der Gefolgschaft, als eine Gemeinschaft bis zum Tode: die größte ihrer Art"
(Weber 1916, 398f.). Norbert Elias hat an Webers Charisma-Lehre
den zu starken Zuschnitt auf die Person des Führers bemängelt und
statt dessen eine Konzeption gefordert, die auch dem Phänomen des
Gruppen-Charismas Rechnung trage. Wie man sieht, ist Weber ihm
zuvorgekommen.

Webers Äußerungen klingen heute befremdlich, um das mindeste
zu sagen. Sie dürften auch schon damals, als sich der Krieg längst als
industrialisierte Massenvernichtung entpuppt hatte, mehr wie eine
Geisterbeschwörung geklungen haben, die vergeblich versuchte, das
Augusterlebnis festzuschreiben. Immerhin wird eine faire Würdigung
konzedieren müssen, daß Webers Heroisierung der Opfergemeinde
weit entfernt ist von den Exaltationen vieler seiner Kollegen. Weber
spricht ausdrücklich nur von einer Vergleichbarkeit von religiösem
und kriegerischem Charisma. Er macht aus dem Krieg keine religiöse
oder quasi-religiöse Angelegenheit wie Werner Sombart, für den es
sich letztlich um einen Glaubenskrieg handelt. Er betont ausdrücklich
die äußerste Konkurrenz zwischen Brüderlichkeitsreligiosität und
Kriegsbrüderlichkeit, die zu einer je anderen ‘Theodizee des Todes’
führe. Daß die Kriegsmoral dank der Preisgabe der Privategoismen
eine „Vorstufe zur religiösen Liebesmoral" und ipso facto „ein gera-
derer und sanfterer Weg zu dem überschwenglichen Ziele des ‘Reiches
Gottes’" sei; daß sie die „stärkste Kraft der Menscheneinigung" sei
und „die Gesamtfülle der Liebe auf Erden bedeutend steiger(e)" –: zu
solchen Euphemismen, wie sie Max Scheler zur selben Zeit verbreitete (1915, 67ff.), ließ sich Weber nicht hinreißen. Für ihn bedeutete

der Krieg ganz im Gegenteil die äußerste Zuspitzung der Fremdheit zwischen religiöser und politischer Sphäre.

Liest man die zitierte Passage aus der 'Zwischenbetrachtung' genau, so zeigt sich überdies, daß Weber das Charisma letztlich nicht der Nation als ganzer, sondern nur der „Gemeinschaft des im Felde stehenden Heeres" zuspricht. Das ist eine nicht ganz unwichtige Differenz. Weber stand zwar insofern im Banne nationalistischer Doktrinen, als er in der Nation – im Widerspruch zu seiner individualistischen Methodologie – eine Art Makrosubjekt sah, das über einen eigenen Willen, über Würde- und Ehrgefühl verfügte; er benutzte sogar die Kategorie des „Herrenvolkes", welchem allein das Recht zukommen sollte, Weltpolitik zu betreiben (MWG I/10, 270; I/15, 192, 594, 396). Dieses Subjekt war jedoch nicht als ein charismatisches konzipiert. Es war kein Träger einer Gnadengabe, sondern primär: ein politisch reifes Volk, ein Volk, „welches die Kontrolle der Verwaltung seiner Angelegenheiten in eigener Hand hält und durch seine gewählten Vertreter die Auslese seiner politischen Führer entscheidend mitbestimmt" (MWG I/15, 594). Es war kein Corpus mysticum und kraft dieser Eigenschaft Führer zum Gottesreich wie bei Scheler, sondern allenfalls Träger einer bestimmten nationalen Kultur, die wohl verteidigt, aber nicht in missionarischer Absicht anderen übergestülpt werden sollte. Gegen eine Kriegszielpolitik, deren hauptsächliches Ergebnis wäre, „daß Deutschlands Stiefel in Europa auf jedermanns Fußzehen ständen", wandte sich Weber bereits 1915 (ebd. 90). Man muß im übrigen nur seine Philippika über die politische Unreife des deutschen Volkes lesen, um zu erkennen, wie weit er davon entfernt war, seinem Land eine wie immer geartete Sendung in diesem Krieg zuzuschreiben. Verteidigung dessen, was sich in Deutschland an individualistischer Kultur entwickelt hatte, ja. Aber Ausbreitung derselben über Deutschland hinaus? Das lag Weber fern. Ihm schien es vordringlicher, sie überhaupt erst einmal in Deutschland selbst zu verankern, was angesichts der vordringenden Bürokratisierung einer Sisyphusarbeit gleichkam.

Kein Charisma der Nation also, wohl aber: ein Charisma des Krieges. Wie kaum ein anderer Soziologe, ausgenommen vielleicht Herbert Spencer, hat Weber im Krieg stets ein zentrales *movens* der Geschichte gesehen; wie kein zweiter war er präokkupiert mit 'Kampf' und Konflikt als den Schlüsselkategorien des sozialen Geschehens – so sehr, daß man geradezu von einer 'Kriegszentrierung' seiner Soziologie gesprochen hat (Heins 1990, 61). Insbesondere galt ihm der Krieg als die neben Magie und Religion wichtigste Wurzel des

Charismas. Die außeralltägliche Situation des Krieges bringt in primitiven Gesellschaften den charismatischen Kriegshäuptling hervor, der oft als eine Sondergestalt neben den Friedenshäuptling tritt. Wird der Kriegszustand chronisch, entspringt daraus das Kriegsfürstentum und wird aus der Gelegenheitsvergesellschaftung der Beutelustigen bzw. der Bedrohten „die Dauervergesellschaftung der Kriegerschaft mit systematischer Besteuerung der Frauen, Waffenlosen, Unterworfenen" (GAWL 451; WG 670). Solche Vergesellschaftungen attrahieren leicht ein starkes Gemeinschaftsgefühl, insbesondere wenn sie mit der Bildung spezieller, alltagsenthobener Lebensweisen wie dem 'Lager- und Beutekommunismus' einhergehen, wie er sich nach Weber in den charismatischen Kriegerorganisationen aller Zeiten findet (WG 660). Der Krieg bringt für alle Beteiligten einen Bruch mit dem gewöhnlichen Leben, wie er tiefer nicht sein könnte. Er bietet Chancen zur Akkumulation von Ehre und Prestige, wie sie im Zivilleben niemals geboten werden können. Er bricht mit der Routine, sprengt die festen Gehäuse der materiellen Interessen und ermöglicht ganz neue Machtverteilungen (GARS I, 348). Kurzum: Als die intensivste Form des Kampfes ist er geeignet, die unvermeidliche Erstarrung der sozialen Beziehungen in 'Ordnungen' aufzubrechen und damit auch das Charisma vor seinem allmählichen Erstickungstod zu bewahren. Es war diese charismatische, liminale Dimension des Krieges, nicht ein wie immer gearteter Glaube an die Sendung der Nation, die Weber veranlaßte, diesen Krieg als 'groß' und 'wunderbar' zu bezeichnen (Marianne Weber 1950, 568, 571).

Die zu Beginn dieser Studie aufgeworfene Frage läßt sich damit beantworten. Ein Charisma der Nation im Sinne einer weiteren, eigenständigen Entwicklungsstufe des Charismas hat Weber nicht gekannt. Wohl rückt er den Nationsbegriff deutlich in Richtung Vergemeinschaftung, spielt diese aber nicht gegen die Struktur der Vergesellschaftung aus; 'nationalreligiöse' Ambitionen im Stil Lagardes oder Wagners sind ihm fremd. Nationen, vor allem große Nationen, folgen in ihrer Wechselbeziehung zwar nicht ausschließlich rational definierten Interessen, sondern auch einer Logik der Ehre und des Prestiges, doch läßt sich diese mit der Kategorie des politischen bzw. militärischen Charismas hinreichend analysieren; das gilt erst recht für die intensivste Wechselbeziehung von Nationen, den Krieg. Die Nationen unterscheiden sich in dieser Hinsicht nicht so grundsätzlich von anderen sozialen Aggregaten wie dem Stamm oder dem Stadtstaat, daß es zum Verständnis der Einführung einer neuen Kategorie bedürfte. Und auch das, was darüber hinausgeht: die 'Sendung', die eine Nation für sich in Anspruch nimmt, kann im Rahmen der Weberschen Soziologie mit den bekannten Kategorien behandelt werden. In Frankreich bezieht die Nation das ihr zugeschriebene Charisma teils aus der Religion, teils aus ihrem weltlichen Surrogat, dem Charisma der Vernunft. In Deutschland sind die verschiedenen Entwürfe einer Nationalreligion direkte Erben der lutherischen und pietistischen Tradition. Welche Metamorphosen auch immer das Charisma über die ihm von Weber zugeschriebene letzte Gestalt hinaus erlebt haben mag: ein Charisma der Nation gehört nicht dazu. Womit freilich eine charismatische Überhöhung der Nation nicht ausgeschlossen ist.

DAS CHARISMA DES FÜHRERS

Wir haben uns bisher ausschließlich mit der historischen Seite des Charismas befaßt: mit den Ideen und Programmen, die eine 'Metanoia' der Gesinnung bewirken und Glaubensüberzeugungen stiften, die von innen heraus revolutionieren. Beiseite gelassen haben wir dabei den transepochalen Aspekt, den personalistischen und emotionalen Charakter aller sozialen Beziehungen, die unter dem Primat des Charismas stehen. Gerade diesem Aspekt aber, so meinen viele, habe Weber in seinen letzten Jahren immer größere Bedeutung beigemessen. Die einen glauben eine Aufwertung der Erotik zu einer innerweltlichen Erlösung vom Rationalen zu sehen (Gilcher-Holtey 1988, 153 f.). Andere meinen eine Wendung zur Kunst als einer gleichsam dionysischen Macht zu erkennen, mit der Weber sich der von Nietzsche, George oder dem frühen Lukács inaugurierten ästhetischen Revolte gegen die Moderne angeschlossen habe (Mitzman 1985, 256 ff.). Wieder andere beziehen sich auf Webers politische Schriften und konstatieren eine „Relativierung des Rationalisierungstheorems" und einen „Appell an das Charisma der großen Persönlichkeit" als der einzigen Kraft, welche imstande sei, das gesellschaftliche Universum vor der drohenden Versteinerung zu bewahren (Mommsen 1986, 68; ders. 1974 a, 41, 135 f.). Insbesondere die letzte These hat eine bis heute anhaltende Debatte darüber ausgelöst, ob Weber ein Plädoyer für den Cäsarismus als die „Regierungsform des Genies" gehalten und damit den Weg zum Nationalsozialismus gebahnt habe.

Ich möchte im folgenden darlegen, weshalb diese Sichtweise zwar nicht ganz falsch ist, jedoch erheblicher Modifikationen bedarf. Weber hat wohl nach 1918 dem Charisma einen neuen Stellenwert beigemessen, jedoch nur in einem genau begrenzten Rahmen; dabei hat er sowohl am Rationalisierungstheorem als auch an der Differenzierung von Politik, Kunst, Religion und anderen Feldern festgehalten und jene Grenzverwischungen kritisiert, wie sie für die ästhetische Rebellion der Jahrhundertwende sowie, unter anderen Voraussetzungen, für den Nationalsozialismus charakteristisch waren. Dies läßt sich beispielhaft an seiner Haltung gegenüber dem George-Kreis deutlich machen (I). Im Anschluß daran möchte ich in einer Auseinandersetzung mit Wolfgang J. Mommsens einflußreicher Interpretation zeigen, daß das Konzept der plebiszitären Führerdemokratie nicht in einer Kontinuität mit dem Nationalsozialismus steht, sondern im Gegenteil den – wie immer auch problematischen – Versuch darstellt, die charismatischen Tendenzen der modernen Massendemokratie zu domestizieren (II). Die Grenzen der politischen Soziologie Max Webers müssen deshalb anders bestimmt werden als durch die allfällige *reductio ad hitlerum* (Leo Strauss).

I.

Unter den Merkmalen, die die deutsche Kultur von den übrigen Kulturen des Okzidents unterscheiden, nimmt der Geniegedanke einen herausragenden Platz ein. Nicht daß er eine deutsche Erfindung wäre. Gerade in der Periode, die als Genie-Zeit in die Literaturgeschichte eingegangen ist, findet sich kaum eine theoretische Aussage über das Genie, die nicht aus England oder Frankreich nach Deutschland gekommen wäre. Nirgends sonst aber widmete man diesem Gegenstand eine so obsessive und vor allem anhaltende Aufmerksamkeit. Goethe und Schiller, später auch Hölderlin, wurden zum Zentrum eines beispiellosen Kultes, der sich in der Erhebung Weimars zur Wallfahrtsstätte oder im großen Schillerfest von 1859 manifestierte, das den Dichter symbolisch zum Fürsten und Führer der Deutschen verklärte. Bismarck gewann einen Teil seiner Aura nicht zuletzt dadurch, daß man ihn zum Nachfolger Schillers und zum Vollender seines Werkes stilisierte (Noltenius 1988).

Nicht weniger beispiellos waren gegen Ende des 19. Jahrhunderts die Kulte um Richard Wagner und Bayreuth, um Nietzsche und Stefan George, in deren Werk das deutsche Bildungsbürgertum die Bestätigung dafür erblickte, daß seine schöpferischen Kräfte noch nicht erloschen und Dekadenz und Entartung kein unausweichliches Schicksal waren. Pseudowissenschaftliche Autoren mit Massenpublikum wie Langbehn oder Chamberlain trugen ebenso zur Verbreitung des Genieenthusiasmus bei wie der seriöse akademische Betrieb, der die 'Kulturwissenschaft' (Rickert) faktisch auf die Lehre von der Produktions- und Wirkungsweise des Genies reduzierte. Selbst in der Soziologie gewann diese Sichtweise breiten Raum, wie ein Blick in die Künstlermonographien Simmels oder die Schriften von Alfred Weber und Max Scheler lehrt, in denen das 'protuberanzenhafte Herausbrechen der Produktivität' (A. Weber) oder das 'meteorartige' Erscheinen des Genius (Scheler) beschworen wird. Die Vermutung ist nicht von der Hand zu weisen, daß auch Max Weber aus diesem Kontext mehr Anregungen für seinen Charismabegriff bezog als aus den theologischen Fachschriften Rudolf Sohms oder Karl Holls.

Die Geniereligion war in Deutschland wahrscheinlich deshalb so erfolgreich, weil sie ganz unterschiedlichen Interessen entgegenkam. Im Sturm und Drang erfüllte sie das Bedürfnis der jungen bürgerlichen Intelligenz nach Überwindung des Rationalismus mit seiner strengen Regelhaftigkeit, welche als steril und, was schlimmer war, als sklavische Nachahmung des französischen Klassizismus empfunden wurde. Die Welt des Genius war dagegen die des Ursprungs, der Natur, der spontanen Hervorbringung. In der Weimarer Klassik rückte dann mehr die Fähigkeit in den Vordergrund, Ganzheit zu schaffen, eine vollkommene, geschlossene Totalität, die dem sich immer mehr zerfasernden Dasein einen Sinn verlieh (Schmidt 1985). Mit der sozialen Mobilisierung im 19. Jahrhundert wie auch mit der zunehmenden Fragmentierung des deutschen Bürgertums kamen andere Motive hinzu: die Verehrung des Genies erlaubte die Ausbildung einer Wir-Identität ('das Volk der Dichter und Denker'), sie befriedigte Größenphantasien, konnte aber auch, wie z. B. bei Schopenhauer, zum Vehikel weltflüchtiger Interessen werden. Nicht zuletzt eröffnete der Genieenthusiasmus erfreuliche Möglichkeiten der sozialen Differenzierung, indem er zwischen der Welt der Dutzendmenschen und dem Pantheon der Wenigen Raum für eine dritte Spezies schuf, die zwar unproduktiv, aber doch der Teilnahme am Heiligen fähig war – die Literaten und Connoisseurs, die „Priester der Geniereligion", die, wenn schon nicht genial, so doch wenigstens kongenial waren (Zilsel 1990, 87). Mit dieser Verbindung von sozialen, religiösen, psychologischen und implizit auch politischen Komponenten war der Geniekult eines jener Phänomene, die Marcel Mauss als 'totale gesellschaftliche Tatsachen' bezeichnet hat. Er hielt zwar nicht die Gesellschaft und ihre Institutionen in Gang, wies aber deutliche Prätentionen auf, dies in Zukunft tun und damit dem Prozeß der Rationalisierung und Differenzierung Grenzen setzen zu wollen.

Max Weber hatte Gelegenheit, eine Variante dieses Kults aus nächster Nähe zu verfolgen. Im Dezember 1909 machte er die Bekanntschaft von Friedrich Gundolf, der sich einige Zeit später mit einer Arbeit über die deutsche Shakespeare-Rezeption bis zur Romantik habilitierte und seitdem als Privatdozent in Heidelberg lehrte. Ein intensiverer Austausch ergab sich, in dessen Verlauf Gundolf neben Lukács zu einem der Mittelpunkte der berühmten Sonntagnachmittage in Webers Haus in der Ziegelhäuser Landstraße wurde. Gundolf wiederum machte Weber mit Stefan George bekannt, und so kam es zwischen 1910 und 1912 zu einer Reihe von Begegnungen, die, bei aller Unvereinbarkeit der Standpunkte, von tiefem wechselseitigem Respekt getragen waren (Marianne Weber 1950, 496 ff.; Mitzman 1985, 262 ff.; Lepenies 1988, 341 ff.). Weber, der dreizehn Jahre zuvor auf einen Versuch Heinrich Rickerts, ihm das Werk Georges nahezubringen, wenig empfänglich reagiert hatte, zeigte sich nunmehr stark beeindruckt. Er bewunderte die Ausdruckskraft, die Fähigkeit, nie Gesagtes zu sagen, und stellte George in manchen Punkten mit Hölderlin und Dante in eine Reihe. „Ein Funke jenes gewaltigen Feuers lebt auch in ihm, das scheint kein Zweifel" (Marianne Weber 1950, 499). Zugleich registrierte er jedoch aufmerksam die sektenhaften Züge, die der Kreis um George in dieser Zeit annahm. Persönliche Ablehnung und soziologische Neugier gingen dabei Hand in Hand. Denn während er sich einerseits brieflich äußerst kritisch über die Georgianer äußerte – auf die Argumente wird im einzelnen noch zurückzukommen sein –, schlug er andererseits auf dem Ersten Soziologentag in Frankfurt (1910) eine systematische Erforschung dieses Phänomens vor. Die von künstlerischen Weltgefühlen getragenen Sekten, führte er aus,

„gehören in soziologischer Hinsicht – sie bieten auch sonst ein erhebliches Interesse – oft zu dem Interessantesten, was es geben kann; sie haben noch heute, ganz wie eine religiöse Sekte, ihre Inkarnationen des Göttlichen gehabt – ich erinnere an die Sekte Stefan Georges –, und die Prägung der praktischen Lebensführung, der inneren Attitüde zum gesamten Leben, die sie in ihren Anhängern erzeugen, kann eine sehr weitgreifende sein" (GASS 446).

Trifft diese Einschätzung zu? Um das beurteilen zu können, ist es unumgänglich, etwas ausführlicher auf die Struktur des George-Kreises einzugehen. Sein Stifter, geboren 1868, hatte lange Jahre das Dasein eines Solitärs geführt, der seine Werke in Privatdrucken erscheinen ließ und sorgfältig bemüht war, alle Bindungen zu vermeiden, die ihn in ein bürgerliches Alltagsleben verstricken könnten. Selbst die ›Blätter für die Kunst‹, die er seit 1892 herausgab, waren nicht auf eine breitere Wirkung bedacht, sondern allein dem Ziel einer Erneuerung und Wiedergeburt der Kunst verpflichtet. Dabei war es George noch durchaus möglich, gleichrangige Mitstreiter anzuerkennen. Bis etwa 1904 war der Kreis um die ›Blätter‹, nach dem Zeugnis von Edgar Salin, „ein Kreis der Meister, nicht um Einen Meister", eine Schar von „gleichgestellten Mitbrüdern", die sich am Vorbild des Pariser *cénacle* um Mallarmé orientierte (Salin 1954, 169, 282). George mochte wohl schon damals recht hohe Vorstellungen von sich selbst gehabt haben, doch war er immerhin noch 1896 bereit, dem von ihm als 'Zwillingsbruder' angesehenen Hofmannsthal gleiche Rechte bei der Leitung einer geplanten Monatsschrift einzuräumen.

Diese Konstellation änderte sich 1904 im Gefolge von zwei Ereignissen: dem Bruch mit den sogenannten Kosmikern und dem Maximin-Erlebnis. Das Zerwürfnis mit den Münchner Kosmikern, mit denen George seit Ende der neunziger Jahre intensiveren Kontakt pflegte, hatte sachliche und persönliche Gründe. Sachlich war es vor allem die von Schuler und Klages propagierte Rückkehr zu den Müttern, zu den heidnisch-chthonischen Ursprüngen, die George zurückschrecken ließ – teils weil er die Regression in ein herrschaftsloses Chaos ablehnte, teils weil er nicht bereit war, die Autonomie der Kunst einem magisch-mystischen Taumel zu opfern. Auf persönlicher Ebene spielte ein Machtkampf mit Klages, der sich Georges Autorität nicht unterordnen wollte, eine mindestens ebenso große Rolle wie die Sorge um die psychische Integrität in der durch einen Mystagogen wie Schuler geprägten Atmosphäre von 'Wahnmoching'. „Worauf Schuler hinaus wollte", äußerte sich George damals im Gespräch mit Wolfskehl, „ist das fundamental verschieden sein können" (Salin 1954, 191): also eine Art Multiphrenie, gegen die sich George mit heftigstem Affekt zur Wehr setzte.

Es deutet auf eine gewisse Schwäche von Georges Identität, daß er sich aus der Krise – sein Hagiograph Wolters spricht vom „Augenblick der höchsten Gefährdung, als er den dunklen Mächten in ihrer feinsten und verführerischsten Form zu verfallen drohte" (1930, 270) – nur dank eines Mechanismus zu retten vermochte, der aus der neueren Psychoanalyse als Alter-Ego- oder Zwillingsübertragung bekannt ist. In solchen Übertragungen, die durch eine Erschütterung des narzißtischen Gleichgewichts ausgelöst werden, kommt es zu einer Wiederbelebung des archaischen Größen-Selbst in Gestalt eines Objekts, das als dem Größen-Selbst gleich oder ähnlich erlebt wird; dabei sind die Grenzen vielfach fließend zur entwickelteren Form der Spiegel-Übertragung, bei der die Umgebung auf die Funktion eines Echos oder Spiegels des Größen-Selbst reduziert wird (Kohut 1976, 140 ff.). Wie anfällig George in dieser Hinsicht war, zeigte bereits die vieldiskutierte Begegnung mit Hofmannsthal, der sich der ihm angetragenen Rolle eines Zwillings verstört entzogen hatte (Schonauer 1986, 30 f.). Das nächste Objekt von Georges narzißtischer Begierde, der vierzehnjährige Max Kronberger, starb zeitig genug, um es der dichterischen Imagination zu erlauben, den Toten zu dem zu machen, was der

Lebende nie gewesen: der „Helfer und Retter", der Georges Selbst vor der Fragmentierung bewahrte. Die Vorrede zu ›Maximin‹ (1906) spricht diesen Zusammenhang ganz unverstellt aus (GW 2, 302):

„Wir hatten eben die mittägliche höhe unsres lebens überschritten und wir bangten beim blick in unsre nächste zukunft. Wir gingen einer entstellten und erkalteten menschheit entgegen die sich mit ihren vielspältigen errungenschaften und verästelten empfindungen brüstete indessen die grosse tat und die grosse liebe am entschwinden war … Schon wandten sich einige von uns abseits nach den dunklen bezirken und priesen den wahnsinn selig – andere verschlossen sich in ihre hütten voll trauer und hass: als die plötzliche ankunft eines einzigen menschen in der allgemeinen zerrüttung uns das vertrauen wiedergab und uns mit dem lichte neuer verheissungen erfüllte."

George deutete diese Ankunft als Parusie. Mit Maximin sei den Irdischen ein Erlöser erschienen, ein Heilsbringer in einer Zeit, die von Entzauberung und Entgötterung geprägt war. „Preist eure stadt die einen gott geboren!/Preist eure zeit in der ein gott gelebt" (GW 2, 64). Zugleich ließ George seine Leser jedoch nicht darüber im unklaren, wer der Erzeuger, der wahre Vater dieses Gottes war. Wie Verwey berichtet, stand die Konzeption von Maximin bereits fest, noch bevor George für sie einen Träger gefunden hatte (Boehringer 1967, 66); er selbst gesteht dies auch ganz offen, wenn er schreibt: Je mehr wir Maximin kennenlernten, „desto mehr erinnerte er uns an unser denkbild" (GW 2, 303), desto mehr erwies er sich als der „Sohn", der den Traum des Vaters, des Meisters, verkörperte – und dies in solcher Vollkommenheit, daß der Vater sich wiederum an seinem eigenen Abbild ein Vorbild nehmen konnte. In einem Gedicht aus dem Maximin-Zyklus mit dem sprechenden Titel „Einverleibung" heißt es: „Nun wird wahr was du verhiessest:/Dass gelangt zur macht des Thrones/Andren bund du mit mir schliessest –/Ich geschöpf nun eignen sohnes" (GW 2, 71). George: das ist nicht der Prophet, der sich demütig zum Sprachrohr seines Gottes macht. Es ist vielmehr Gottvater selbst, der seinen Sohn opfert, um sich dadurch zu erhöhen. Niemand hat diese Rangfolge klarer ausgedrückt als Friedrich Wolters, der seine Darstellung in engem Einvernehmen mit George verfaßt hat:

„Daß er (Maximin) nach zwanzig Jahrhunderten als erster leiblicher Erdensohn mit dem leiblichen Meister wieder den Ring schloß, in dem die Liebe des Göttlichen, in dem der liebende Gott selbst sich im Menschen vollendet ist das Wunder das seinen Namen trägt und alle Stufen des irdischen Daseins wieder heiligt. Den Menschen von heute erscheint es als das unwahrscheinlichste und außerzeitlichste

Geschehen dieser Tage, uns erscheint es als höchste Erfüllung der mei-
sterlichen Kraft weniger wunderbar als das Erscheinen des Meisters
selbst ... Daß Deutschland in einem Lebensalter zwei solche Wesen
erzeugte: den einen der der höchste geistige Gestalter des Göttlichen,
den andern der die höchste leibliche Gestaltung des Göttlichen war
und von denen jeder das Wesen des andern in sich barg: jener das
schönste bild des jugendlich-heldischen Menschen, dieser das hehrste
Bild des schöpferischen Meisters: daß beide als Dichter Träger der
gleichen göttlichen Urkraft waren – dies war das undenkbare Ereignis
der Zeitenwende etc." (Wolters 1930, 314).

Die Apotheose Maximins war also näher besehen eine Selbstapo-
theose Georges, der sich einen göttlichen Zwilling schuf, sich diesen
einverleibte und nun mit Energie daranging, ein Spiegelkabinett zu
schaffen, in dem sich die neu erworbene Göttlichkeit reflektieren
konnte. Seine Anhänger erkannten diese Veränderung wie die ihnen
von jetzt an zugedachte Rolle genau[27], und doch waren sie bis auf wenige Ausnahmen bereit, sich ihr zu unterwerfen: Anzeichen dafür, daß
es um ihr eigenes seelisches Gleichgewicht nicht zum besten stand und
daß sie selbst nach narzißtischen Objekten suchten, von denen sie All-
machts- und Vollkommenheitserlebnisse erwarteten[28]. Aus dem Kreis
der Meister wurde der Kreis des Meisters; aus der Schar gleichran-
giger Mitbrüder eine Gruppe von Jüngern; aus der lockeren Vereinigung der „Staat", in dem das Wort des Einen Gesetz war. In der
VIII. Folge der ›Blätter‹ verbreitete sich Gundolf über „Gefolgschaft
und Jüngertum" und definierte das letztere durch „rückhaltlose hingabe" und Bereitschaft zur Auslöschung des eigenen Ichs (109 ff.).
Friedrich Wolters verkündete in ›Herrschaft und Dienst‹ den Anbruch
des 'Geistigen Reiches' durch die geistige Tat des Herrschers und bestimmte diesen treffend als eine Lichtquelle, „welche ihr licht aus der
lebendigen Mitte schleudert · unbekümmert um ein anderes urteil als

---

[27] So schreibt etwa Kurt Hildebrandt treffend: „aus der Erscheinung Maximins folgte notwendig die Idee des Jüngertums und des Neuen Reiches"
(1965, 41). Und Friedrich Gundolf charakterisiert seinen Seelenzustand 1910
in der IX. Folge der ›Blätter‹ illusionslos: „Stets gegenüber – keinem ding ge-
mein. / Spieglung und nie gestalt. ein ewig baden / Und wie ein trank – und
immer ferne sein / Und immer zur vereinigung geladen" (S. 89).
[28] Mit Kohut wäre in diesem Fall allerdings nicht von einer Störung auf der
Linie des Größen-Selbst, sondern auf derjenigen der idealisierten Eltern-
Imago zu sprechen: vgl. Kohut 1976, 130 sowie meine daran anschließenden
Überlegungen (Breuer 1992, 17 ff.).

das ihres innersten gottes mit dem werk das gesetz aufrichtet · und indem sie damit den gliedern und gewalten ihre art aufdrückt · das gepräge des Geistigen Reiches für den kreislauf ihrer zeit bestimmt". In dem so geschaffenen Universum würde es nichts Fremdes und Unvertrautes geben, nur Spiegelungen des einen Zentrums. „Denn die Herrschaft duldet nicht · dass irgend bild oder wesen auf den Ebenen des Reiches ein anderes wappen trage als das ihre" (Wolters 1909, 134 f.).

Dies alles war mehr als nur der Auftakt einer neuen literarischen Strömung. Es war die Verkündung eines neuen Kults, die Huldigung vor einem neuen Charisma, das weder Botschaft noch Lehre kannte, sondern ganz als personales Charisma gedacht war. „Wenn man in diesem Buch", so führte Karl Wolfskehl – oder war es George selbst? – in einer Besprechung der Buchfassung von ›Herrschaft und Dienst‹ aus, „die Gesinnung der neuen Generation erkennen will, so scheint es, dass diese die Erfüllung (Erlösung) nur in einem *Absoluten* sieht: möchte es nun ein staatenumwälzender Eroberer oder ein weltenumstürzender Heiland sein"[29]. Wolfskehl zufolge sollte es zwar nicht darauf ankommen, ob George dieser Erfüller oder nur ein Vorläufer sei, doch war diese Versicherung kaum mehr als eine taktische Einstimmung des Publikums auf das, was der Autor in der IX. Folge der ›Blätter‹ (S. 53) als ausgemacht ansah:

> Ich bin dein knecht ich will dein Petrus sein
> Denn heute hab ich deinen gott gesehen
> Im fleische vor mir stehn und du warst fort
> Wie ich dich sah als deinen gott und meinen
> Und habe dich in mir gespürt

Den Mangel an inhaltlicher Bestimmtheit seiner Lehre suchte George durch einen rigiden Autoritarismus zu kompensieren, der an die Praktiken moderner Sektenführer erinnert. Seine Adepten durften keinerlei literarisches Vorleben haben, die Bindungen ans bürgerliche Leben hatten sie soweit wie möglich zu minimieren und insbesondere auf dauerhafte Beziehungen zu Frauen zu verzichten. Frauen, so bekannte der misogyne Meister zu Edith Landmann, seien „bündezerstörerisch" und daher fernzuhalten – was freilich Konzessionen an die Schwachheit des männlichen Fleisches nicht ausschloß („Liebschaften, sage ich immer, so viele Ihr wollt, aber nie bis über eine gewisse Grenze hinaus": Landmann 1963, 81). Abzustreifen

---

[29] Vgl. Salin 1954, 338. Wie Hildebrandt (1965, 46) berichtet, hat George an dieser Besprechung mitgearbeitet.

waren ferner die Bindungen an Elternhaus und Herkunft, ja mitunter sogar die eigenen Namen. Aus den Brüdern Gundelfinger wurden Friedrich und Ernst Gundolf, Edgar Salin mußte die französische Aussprache seines Namens durch die deutsche ersetzen und die Betonung obendrein auf die letzte Silbe verlagern (Salin 1954, 240). „Väter mütter sind nicht mehr …“, dekretierte ›Der Stern des Bundes‹. Beziehungen der Jünger untereinander ohne seine Kontrolle sah George nicht gern. Er reagierte mit schneidender Kälte und mit Entzug der Gnade, wenn jemand gegen dies ungeschriebene Gesetz verstieß (Landmann 1963, 122). Seine Gunst verteilte er nach freiem Gutdünken, er erhob und degradierte wie der Sonnenkönig seinen Hofstaat. „Wer zum Kreise gehörte, das wußte allerdings in jedem Augenblick allein George“ (Hildebrandt 1965, 61). Ausgewählt wurde allein nach seinen Kriterien, unter denen Jugendlichkeit und gutes Aussehen, der „Schauer der Ergriffenheit“ oder die richtige Vorlesetechnik von nicht unwesentlicher Bedeutung waren (Boehringer 1967, 144). Großer Wert wurde auf die Eignung als Spiegel gelegt; auch eine gewisse physiognomische Ähnlichkeit mit George konnte sich als vorteilhaft erweisen[30]. Zu den hohen Gnaden gehörte es, beim Meister zum Tee vorgeladen zu werden; zu den noch höheren, Ihn selbst empfangen zu dürfen, wobei genaue Vorschriften über Zimmertemperatur, Anrede und Unterhaltungston zu beachten waren (Boehringer 1967, 163). Geradezu der Höhepunkt in der Karriere des Neophyten aber war es, an einer der kultischen Lesungen, etwa im berühmten Kugelzimmer bei Wolfskehls, teilnehmen zu dürfen. „Vor dem heiligen Raum mußte jeder die Schuhe ablegen und mit Sandalen tauschen … Im ‘Kugelzimmer’ des Meisters war Höheres möglich“ (Hildebrandt 1965, 66f.).

Wenn ich von mangelnder inhaltlicher Bestimmtheit gesprochen habe, so gilt dies freilich in erster Linie in positiver Hinsicht. Was die Negationen betrifft, waren die Vorstellungen äußerst präzise. George war ein glühender Hasser der Modernität. Er haßte den Rationalismus und verabscheute die Technik. Politik und Staat widerten ihn an. Wirtschaftliche Betätigung hielt er für derart niedrig, daß er sich lange Zeit weigerte, ein Bankkonto zu unterhalten. Markt und Geld flößten ihm Abscheu ein, desgleichen die moderne Großstadt mit ihrem „getümmel und gekling“ und ihren allgegenwärtigen Massen,

---

[30] Vgl. Kluncker 1985, 61. Bezeichnend die Ablehnung, die Theodor Lessing zuteil wurde: „Wenn der ein Spiegel wird, dann ein zersplitternder“: Lessing 1935, 308.

die nach Sozialpolitik und Demokratie verlangten. Massenpolitik, Feminismus, „sich stetig steigernde artverschlechterung", die unheilige Allianz von Protestantismus und Kapitalismus, deren Zusammengehörigkeit „durch die klassische Schrift Max Webers unwiderleglich begründet worden" sei, Industrialisierung und Mechanisierung – dies sind nur einige Stichworte aus dem Buch der Abschaffungen, das die Herausgeber des ›Jahrbuchs für die geistige Bewegung‹ in ihren programmatischen Einleitungen entwarfen. Im dritten und letzten Band forderten sie dazu auf, nicht zu warten, bis das morsche Gebäude von selbst zusammenfällt, sondern „die fortschrittliche verseuchung" sofort und mit aller Energie zu bekämpfen. „Wir glauben dass jezt weniger darauf ankommt ob ein geschlecht das andre unterdrückt, eine klasse die andre niederzwingt, ein kulturvolk das andre zusammenschlägt, sondern dass ein ganz andrer kampf hervorgerufen werden muss, der kampf von Ormuzd gegen Ahriman, von Gott gegen Satan, von Welt gegen Welt" (Jahrbuch 3, VIII).

Alles in allem vertrat der George-Kreis damit die neben Nietzsche wohl radikalste Form der Modernitätskritik im Zweiten Kaiserreich. Seine Ablehnung galt der Rationalisierung in all ihren Aspekten: der Verwissenschaftlichung des Daseins, der Technisierung und Organisierung, nicht zuletzt auch der Ausdifferenzierung eigengesetzlicher Ordnungen. Zwar knüpfte man insofern an diese an, als man mit äußerster Rigorosität die Autonomie der Kunst verteidigte und jede Vermischung mit anderen Ebenen zurückwies. Die ›Blätter für die Kunst‹, hieß es im ersten Jahrgang, sollten „der kunst besonders der dichtung und dem schrifttum dienen, alles staatliche und gesellschaftliche ausscheidend" (I/1892, 1). Die selbstgezogene Grenze wurde aber bald zugunsten einer Expansion des Ästhetischen revidiert, die auf nichts Geringeres zielte als auf Wiederverzauberung des Lebens, auf eine Erneuerung des Mythos mit den Mitteln der Kunst. Man wollte nicht nur politik- und wirtschaftsenthoben sein, sondern die Macht von Politik und Wirtschaft über das Leben brechen. Man wollte sich vom Bürgerlichen, vom Vulgus, vom Profanen, nicht bloß distanzieren, sondern zur alten Rangordnung zurückkehren, in der Götter und Helden unbestrittenen Vorrang genossen. Mochte George dabei auch mit langen Zeitspannen rechnen und hektischem Aktivismus abhold sein, so überließ er sich doch bisweilen Phantasien, in denen die Kultur durch Gewalt, Tod und Zerstörung erneuert wurde[31]. Für die Ästhetisierung der Politik, wie sie durch den Faschismus auf die Tages-

---

[31] Vgl. etwa das Gedicht „Einzug" in ›Der Siebente Ring‹ (GW 2, 41 f.).

ordnung gesetzt wurde, hatte George nichts übrig, und als fast alle anderen in Deutschland kapituliert hatten, war es einer seiner Schüler, der die Hand gegen Hitler erhob. Daß aber die ästhetische Antipolitik nicht minder katastrophenträchtige Züge trägt, dafür ist sein Werk ein beredtes Beispiel.

Max Weber war gegenüber dieser massiven Modernitätskritik durchaus nicht so taub, wie dies in den Darstellungen der Georgianer – aber auch vieler Weberianer – erscheint. Es ist richtig, er schätzte die historische Leistung des asketischen Protestantismus hoch ein und bedauerte es, daß Deutschland die harte Schule der calvinistischen Sekten nicht durchgemacht hatte. Diese Auffassung verbindet sich indes bei ihm mit einem klaren Bewußtsein des Preises, der für den Sieg des okzidentalen Rationalismus zu bezahlen ist. Wenn er etwa von der „Vernichtung der Unbefangenheit des triebhaften Lebensgenusses" spricht, die durch die puritanische Askese bewirkt worden sei; wenn er – unter ausdrücklichem Verweis auf die „sehr gute(n) Bemerkungen in den Schriften von Ludwig Klages" – die „eigentümliche Verengerung und Verdrängung des natürlichen Trieblebens" durch die „streng willensmäßige ethische Rationalisierung" konstatiert und zur Verlustbilanz die „bewußte Verschlossenheit gegen die Einflüsse und Eindrücke der Welt" hinzufügt, die „Ausschaltung aller erotischen ‚Lust'", die „Vermeidung aller Hingabe an die Schönheit der Welt oder die Kunst oder an die eigenen Stimmungen und Gefühle"; wenn er ferner die gesamte okzidentale Rationalisierung als „Verhängnis" apostrophiert und dieses auf eine gänzlich irrationale Wurzel zurückführt – die „unheimliche Lehre des Calvinismus" –, dann spricht hier kein blinder Apologet des Fortschritts, kein spätgeborener Abkömmling des 18. Jahrhunderts, sondern ein Autor, der durch die Tradition deutscher Rationalismuskritik in der Nachfolge Schopenhauers und Nietzsches hindurchgegangen und von dieser nicht unberührt geblieben ist (GARS I, 117, 530; WG 337). Weit davon entfernt, sich in diesem Rationalismus zu verhärten und jede Kritik an der Moderne unter Tabu zu stellen, belegt Weber den „Vormarsch des Rationalismus" mit einer Metaphorik, die sich von derjenigen der Kosmiker und der Georgianer nicht grundsätzlich unterscheidet. Es sind Bilder des Todes, der Versteinerung, des Erkaltens und des Ersticktwerdens. Die Askese, notiert Weber, lege sich „wie ein Reif auf das Leben des fröhlichen alten England"; der Gedanke der Verpflichtung senke sich „mit seiner erkältenden Schwere auf das Leben"; die Welt werde sinnentleert und lieblos und erstarre unter „den kalten Skeletthänden rationaler Ordnungen". Die rosige Stimmung der Aufklärung, so die düstere Bilanz, scheine endgültig im Verbleichen. Was bevorstehe, sei Dunkelheit, „eine Polarnacht von eisiger Finsternis und Härte" (GARS I, 185, 189, 561, 204; MWG I/17, 251).

Die nichtsdestoweniger fundamentalen Differenzen, die Weber vom George-Kreis trennen, lassen sich an vier Punkten festmachen.

a) Weber war von der Unentrinnbarkeit der durch die okzidentale Rationalisierung geschaffenen Ordnungen überzeugt. Das kapitalistische Wirtschaftssystem mochte unpersönlich, unsittlich und unbrüderlich sein – „ein Gebilde, dem die Lieblosigkeit von der Wurzel aus anhaftete" –: es war doch zugleich „die rational höchste Form der für jede innerweltliche Kultur unentbehrlichen materiellen Güterversorgung" (GARS I, 568f.), und gerade für die Versorgung von Massen schlechterdings ohne Alternative. Die bürokratische Verwaltung durch geschulte Fachbeamte mochte ebenfalls anethisch, schematisch, ja entmenschlicht sein, sie war im modernen Großstaat schon aus rein technischen Gründen unverzichtbar und eben deshalb unentrinnbar (WG 560; MWG I/15, 462ff.). „Eine einmal voll durchgeführte Bürokratie gehört zu den am schwersten zu zertrümmernden sozialen Gebilden ... Wo die Bürokratisierung der Verwaltung einmal restlos durchgeführt ist, da ist eine praktisch so gut wie unzerbrechliche Form der Herrschaftsbeziehungen geschaffen" (WG 569f.).

b) Die Georgianer täuschten sich nicht nur über die Stabilität, sondern auch über die Totalität der modernen Ordnung. Ihrem Glauben, sich der rationalen Vergesellschaftung entziehen und eine zumindest partiell den Alltagszwängen enthobene Existenz führen zu können, hielt Weber das vielzitierte 'Rentner'-Argument entgegen, das die Bedingung der Möglichkeit einer derartigen Existenz im Besitz von Vermögen lokalisierte (WG 142). Die Georgianer, so der Gedanke. konnten sich nur deshalb der Verflechtung in die ökonomische Alltagsordnung entziehen, weil sie auf Voraussetzungen zurückgriffen, die innerhalb der letzteren erwirtschaftet worden waren. Auch wenn dieser Hinweis auf die meist berufstätigen Jünger nicht zutrifft, gilt er doch sehr wohl für den 'Meister', der lange Zeit vom elterlichen Vermögen lebte und sich später von wohlhabenden Angehörigen des Kreises unterhalten ließ (Schonauer 1986, 152f.). Weber ging jedoch noch weiter und behauptete neben der materiellen Abhängigkeit auch eine solche, die bis ins Innerste der ästhetischen Sphäre hineinreiche. In einem Kommentar zu Sombarts Vortrag über 'Technik und Kultur' auf dem Ersten Soziologentag vertrat er, unverkennbar von Simmel beeinflußt, die Ansicht, die moderne Technik stehe auch mit formalästhetischen Werten in Beziehung, und zwar insofern, als wesentliche

Elemente der zeitgenössischen künstlerischen Form durch die Erfahrung des modernen Großstadtlebens vermittelt seien. „Teils als Protest, als spezifisches Fluchtmittel aus dieser Realität: – höchste ästhetische Abstraktionen oder tiefste Traum- oder intensivste Rauschformen, teils als Anpassung an sie: – Apologien ihrer eignen phantastischen berauschten Rhythmik." Auch eine Lyrik wie die Stefan Georges mit ihrer „Besinnung auf die letzten, von diesem durch die *Technik* unseres Lebens erzeugten Taumel uneinnehmbaren Festungen rein künstlerischen Formgehalts" habe gar nicht errungen werden können, „ohne daß der Lyriker die Eindrücke der modernen Großstadt, die ihn verschlingen und seine Seele zerrütten und parzellieren will, – und mag er sie für sich in den Abgrund verdammen, – dennoch voll durch sich hat durch gehen lassen" (GASS 453).

c) Mit zunehmender Rationalisierung verliert die Religion ihren Einfluß auf die Lebensführung. Einmal, indem sie durch die Ausdifferenzierung eigengesetzlicher Handlungssphären zu einer Sphäre neben anderen wird; zum andern, indem sie durch die Versachlichung des ökonomischen und des politischen Kosmos ihre Zugriffsmöglichkeiten einbüßt. Solange die politischen, wirtschaftlichen oder rechtlichen Ordnungen weitgehend über Pietät, Tradition oder Charisma vermittelt sind, also im Kern auf persönlichen Beziehungen und Willensverhältnissen beruhen, solange können sie auch ethisch beeinflußt und reglementiert werden. Von dem Augenblick an indes, in dem die Beziehungen geschäftlich-rationalen Charakter annehmen und formalrechtlich geregelt werden, laufen die religiösen Postulate sozial gesehen ins Leere. Der moderne Kapitalismus wie der bürokratische Staat sind in Webers Augen ein Gefüge von hochorganisierten Apparaturen, das sich nicht durch karitative Anforderungen an konkrete Personen beherrschen läßt. „An ihm scheitern die Anforderungen der religiösen Karitas nicht nur, wie überall im einzelnen, an der Widerspenstigkeit und Unzulänglichkeit der konkreten Personen, sondern sie verlieren ihren Sinn überhaupt. Es tritt der religiösen Ethik eine Welt interpersonaler Beziehungen entgegen, die sich ihren urwüchsigen Normen grundsätzlich gar nicht fügen *kann*" (WG 353). Die Folge ist eine allgemeine Abschwächung religiöser Handlungsmotive und ein Schwinden der gemeinschaftsbildenden Kraft der Religion, allen voran jener Religionen, die auf ethischen Postulaten gründen. Auch wo der moderne Mensch noch ein religiöses 'Gehör' besitze, sei „er doch jedenfalls absolut kein 'religiöses *Gemeinschaft*wesen' (...) und *deshalb* für die 'Kirche' – von der er nichts merkt, wenn er nicht will –, nicht aber für irgendwelche Art von 'Sekte' prädestiniert"

(Weber 1906, 397). All denen, die auf neue Heilande und Propheten harren, hat Weber deshalb die berühmten Worte aus Jesaja 21, 11–12 entgegengehalten und ihnen geraten, an ihre Arbeit zu gehen und der Forderung des Tages gerecht zu werden (MWG I/17, 111).

d) Diese Überlegungen gelten freilich nur für die Masse der in die modernen Alltagsordnungen verstrickten Individuen. Für die religiösen oder ideologischen Virtuosen registriert Weber dagegen einen gegenläufigen Prozeß, der durch die Stichworte Irrationalisierung und Radikalisierung der Weltablehnung gekennzeichnet ist. Mit jeder Zunahme des Rationalismus, wie sie besonders durch die fortschreitende Verwissenschaftlichung aller Lebensbereiche bestimmt sei, werde „die Religion zunehmend aus dem Reich des Rationalen ins Irrationale verdrängt und nun erst: *die* irrationale oder antirationale überpersönliche Macht schlechthin"; mit jeder Steigerung der Eigengesetzlichkeit ihrer Teilordnungen gerate die Kultur insgesamt in den Verdacht „eine(r) nur immer vernichtendere(n) Sinnlosigkeit", die „die Welt, rein ethisch angesehen, dem religiösen Postulat eines göttlichen 'Sinnes' ihrer Existenz gleich brüchig und entwertet erscheinen" lasse (GARS I, 564, 570f.). Auf diese Entwertung reagiere das Virtuosentum mit einer antiökonomischen und antipolitischen Weltablehnung, die je nach dem nationalen oder sozialen Kontext unterschiedliche Färbung annehmen könne, unter allen Umständen aber regressiv sei.

Eine solche regressive Erscheinung sieht Weber im George-Kreis mit seiner 'Kreaturvergötterung', die neue Formen persönlicher Herrschaft und persönlichen Dienstes begründen soll (Marianne Weber 1950, 499). In einem Brief an eine „begabte Frau" – Dora Jellinek? – gibt Weber einen Kommentar, der, als seine umfassendste Äußerung zum George-Kreis, ausführlich zitiert zu werden verdient: „Wenn der Georgesche Kreis ohnehin alle Merkmale der Sektenbildung an sich trägt – damit übrigens auch das spezifische Charisma einer solchen –, so ist die Art und Weise des Maximin-Kultus schlechthin 'absurd', weil sich von dieser Erlöser-Inkarnation mit aller Gewalt nichts aussagen läßt, was seine Göttlichkeit für andere als diejenigen, die ihn persönlich kannten, irgendwie glaubhaft machen könnte ... Nun aber schließt sich daran die Tatsache, daß alle neueren Leistungen Georges 'Erlösung' fordern, verkünden, versprechen, propagieren, daß George im Teppich des Lebens und im Siebenten Ring selbst aus dem ästhetischen Kloster heraustritt, um, ein Asket mit ästhetischen Vorzeichen nach dem Vorbild so mancher anderer Asketen, die Welt, die er zuerst geflohen hat, zu erneuern und zu beherrschen. Damit gibt er uns das Recht zu fragen: 'Erlö-

'Erlösung' – wovon? Und mir scheint, als einziges positives Ziel bleibt das Streben nach *Selbstvergottung*, nach dem unmittelbaren Genuß des Göttlichen in der eigenen Seele. Dazu führt der Weg entweder durch die ekstatische Entrückung, oder aber durch die kontemplative Mystik. Den ersteren hat, wie mir scheint, die Georgeschule und George selbst gewählt, weil nur er die Anwendung der ihm eigenen, Danteschen Ausdrucksmittel gestattet. Aber dieser Weg führt nun – das ist sein Verhängnis – nie zu einem mystischen Erlebnis (...), sondern stets nur zum orgiastischen Dröhnen einer Stimme, die dann als ewige Stimme erscheint, nie mit andern Worten, zu *Inhalten*, sondern nur zu einem leidenschaftlichen Harfengetön. *Ein* Versprechen eines ungeheuren, Erlösung garantierenden Erlebnisses, wird durch ein anderes, noch größeres überboten, immer werden neue Wechsel auf das, was kommen soll, gezogen, obwohl die Uneinlöslichkeit offen zutage liegt. Und da es über dies rein formale Prophetentum hinaus, schließlich keine Steigerung mehr gibt, ist der Dichter auf der beständigen Suche nach dem postulierten Inhalt seiner Prophezeiung begriffen, ohne ihn jemals erhaschen zu können" (zit. n. Marianne Weber 1950, 500 f.).

Vertreter des George-Kreises haben diese Kritik abzutun versucht, indem sie sie auf eine Äußerung des puren Neides zurückführten. Weber selbst habe der charismatische Führer sein wollen und deshalb George herabsetzen müssen (Hildebrandt 1965, 183). Diese Parade ist schwächlich. Weber bestreitet keineswegs das Vorhandensein eines persönlichen Charismas bei George und schon gar nicht dessen schöpferische Potenz. Was er bestreitet, ist allein die religiöse Prätention, die sich an diese Eigenschaften knüpft. Religiös ist der Maximin-Kultus, weil er seinen Anhängern nicht bloß ästhetische Erlebnisse, sondern Erlösung, d. h. eine Befreiung vom Leiden in und an der Welt verheißt. Prätention aber ist diese Verheißung, weil der Stifter des Kultus jeden Versuch einer sinnhaften Deutung der Welt wie auch des Leidens in ihr vermeidet und bloß mit autoritativer Geste auf seine Privaterfahrung verweist, die von allen anderen nur äußerlich übernommen, nicht wirklich innerlich nachvollzogen werden kann. Was dabei herauskommt, ist eine Erlösungsreligion ohne Inhalte, eine Intellektuellenreligion, die auf das permanente sacrificium intellectus hinausläuft und damit in diametralem Gegensatz zu den geschichtlich bekannten Erlösungsreligionen steht, welche allesamt der intellektuellen Spekulation ein Betätigungsfeld eröffneten (WG 304 ff.). Von daher der zwanghafte, 'Herrschaft und Dienst' so stark akzentuierende Grundzug des Kreises, von daher seine Spitze gegen jegliche

Äußerung von Individualität, die sogleich der Abweichung verdächtigt wird, von daher endlich auch der von Weber sehr scharfsichtig erkannte Überbietungsmechanismus, da der nie wirklich gestillte Erlösungshunger exponentiell wächst. Am Ende steht der unvermeidliche Kollaps, das Sich-wieder-geltend-Machen der Realität, das je nach dem Grad der sozialen Machtentfaltung der Sekte mehr oder weniger katastrophal ausfällt.

Vor diesem Haupteinwand sinken die übrigen Streitpunkte, die Weber mit den Georgianern hatte – die Kritik an den elitären, massenverachtenden Zügen, die Zurückweisung des Antifeminismus und, ab 1914, die unterschiedliche Auffassung des Krieges –, zu Nebenschauplätzen herab. Mit der Kritik am formalen Prophetentum und der Kreaturvergötterung hat Weber jeden Versuch zurückgewiesen, die rationalisierte Welt um das personale Charisma zu zentrieren. Er bezweifelte die Fähigkeit des personalen Charismas, unter den Bedingungen fortgeschrittener Rationalisierung etwas hervorzubringen, das mehr als ein bloßes Religionssurrogat war. Er lehnte den Versuch ab, mit künstlichen Mitteln eine Wiederverzauberung der Welt herbeizuführen, und er wandte sich mit Entschiedenheit gegen jeden Totalitätsanspruch des Ästhetischen. Wohlgemerkt: Die Kunst als solche, „als ein Kosmos immer bewußter erfaßter selbständiger Eigenwerte", wurde damit nicht in Frage gestellt, ebensowenig ihre Funktion einer „innerweltlichen *Erlösung* vom Alltag und, vor allem, auch von dem zunehmenden Druck des theoretischen und praktischen Rationalismus" (GARS I, 555). Diese Funktion aber konnte die Kunst nur wahrnehmen, solange sie sich auf die genuin ästhetische Sphäre beschränkte. Sobald sie darüber hinausging und auf das Gebiet der Religion oder der Politik übergriff, schuf sie Bedingungen, die das gerade Gegenteil bewirkten. Der letzte Abschnitt von ›Wissenschaft als Beruf‹ (1917) ist nicht speziell auf den George-Kreis gemünzt, doch läßt er sich durchaus als erneute Bekräftigung von Webers Absage an jede Übersteigerung und charismatische Überhöhung der Kunst lesen:

„Es ist das Schicksal unserer Zeit, mit der ihr eigenen Rationalisierung und Intellektualisierung, vor allem: Entzauberung der Welt, daß gerade die letzten und sublimsten Werte zurückgetreten sind aus der Öffentlichkeit, entweder in das hinterweltliche Reich mystischen Lebens oder in die Brüderlichkeit unmittelbarer Beziehungen der einzelnen zueinander. Es ist weder zufällig, daß unsere höchste Kunst eine intime und keine monumentale ist, noch daß heute nur innerhalb der kleinsten Gemeinschaftskreise, von Mensch zu Mensch, im pianissimo, jenes Etwas pulsiert, das dem entspricht, was früher als prophetisches Pneuma in stürmischem Feuer durch die großen Gemeinden ging und sie zusammenschweißte. Versuchen wir, monumentale Kunstgesinnung zu erzwingen und zu 'erfinden', dann entsteht ein so jämmerliches Mißgebilde wie in den vielen Denkmälern der letzten 20 Jahre. Versucht man religiöse Neubildungen zu ergrübeln ohne neue, echte Prophetie, so entsteht im innerlichen Sinn etwas Ähnliches, was noch übler wirken muß. Und die Katheterprophetie wird vollends nur fanatische Sekten, aber nie eine echte Gemeinschaft schaffen. Wer dies Schicksal der Zeit nicht männlich ertragen kann, dem muß man sagen: Er kehre lieber, schweigend, ohne die übliche öffentliche Renegatenreklame, sondern schlicht und einfach, in die weit und erbarmend geöffneten Arme der alten Kirchen zurück" (MWG I/17, 109 f.).

Liest man diese Ausführungen vor dem Hintergrund der in der ›Zwischenbetrachtung‹ entwickelten Differenzierungstheorie, so zeigt sich: der Prozeß der Rationalisierung führt nicht nur zu einer Veränderung der Inhalte des Charismas, sondern auch zu dessen Differenzierung. Er bringt eigengesetzliche Teilordnungen hervor, in denen je spezifische Charismata entstehen können: ein Charisma der Kunst, ein Charisma der Erotik, ein Charisma der Politik usf. Diese Sondercharismata sind, eben weil es sich um Besonderungen handelt, mit der Gewalt des ursprünglichen, magischen oder religiösen Charismas nicht zu vergleichen. Sie existieren gleichsam in Symbiose mit den Alltagsordnungen, ohne die Individuen aus ihnen herauszureißen und von innen her zu revolutionieren. Gleichwohl können sie künstlich gesteigert werden und dabei eine transgredierende, alle anderen Teilordnungen überflutende Wirkung entfalten, und eben diese Möglichkeit ist es, auf die Weber so alarmiert reagiert. Unter den Bedingungen fortgeschrittener Rationalisierung und Differenzierung, so sein Argument, kann der Versuch, von der Basis eines Sondercharismas aus die alles durchdringende und alle Differenzierungen einschmelzende Macht des magisch-religiösen Charismas zu erneuern, nur zu pseudoreligiöser Prätention und zum falschen Prophetentum führen, zum sektiererischen Fanatismus, der jedoch die Welt nicht mehr wirklich beherrschen, sondern allenfalls zerstören kann. In diesem Sinn kommt seiner Kritik am George-Kreis eine paradigmatische Bedeutung zu, denn was für die Kunst gilt, trifft, mutatis mutandis, auch für alle anderen gesellschaftlichen Teilordnungen zu – etwa für die Erotik, deren exzessive Übersteigerung Weber am Beispiel der 'erotischen Bewegung' kritisiert hat (Schwentker 1987). Es muß deshalb auch für die Politik gelten, die zwar im Unterschied zu

Kunst und Erotik im öffentlichen Bereich angesiedelt ist, aber nicht weniger auf bestimmte 'Funktionen' spezialisiert ist als jene. Hat Weber, so haben wir nun zu fragen, auch hier an seinen Prämissen festgehalten?

II.

Auf den ersten Blick scheint das nicht der Fall zu sein, denn die politische Theorie, die er von 1917 an entwickelt hat, weist alle Merkmale einer Hypertrophie des Charismas auf. Ihre Grundzüge sind bekannt und deshalb hier nur stichwortartig in Erinnerung zu rufen. Die Epoche, so die These, stehe nicht nur im Zeichen der Rationalisierung und Bürokratisierung, sondern auch in dem der 'Massendemokratisierung' in dem ganz allgemeinen Sinne, daß „die Massen nicht mehr rein als passives Verwaltungsobjekt behandelt werden können, sondern in ihrer Stellungnahme aktiv irgendwie ins Gewicht fallen" (MWG I/15, 537). Unter den Bedingungen hochgetriebener quantitativer und qualitativer Differenzierung kann diese Stellungnahme nicht in einer direkten Teilhabe der Massen an der Alltagsverwaltung bestehen, also in einer Demokratisierung der Verwaltung. Sie kann sich vielmehr nur in einer Demokratisierung der Führerauslese äußern, also im Massenwahlrecht für die Positionen an der Spitze der professionalisierten Apparate (WG 546ff.).

Die moderne Entwicklung stellt dafür im wesentlichen zwei Formen bereit: die parlamentarische und die plebiszitäre Führerauslese. Während in der ersten der Massenwille nur indirekt, über die institutionellen Vermittlungen des Partei- und Interessentenbetriebs der Politik, zur Geltung kommen kann, scheint er sich in der zweiten weitaus unmittelbarer zu artikulieren. Der vom Volk direkt gewählte Führer ist der „Vertrauensmann der *Massen*", er verdankt seine Stellung nicht der Bewährung im Kreis einer Honoratiorenschicht oder im Parlament und seinen Ausschüssen, sondern der Massendemagogie und der demokratischen Legitimität, in der Weber eine „antiautoritäre Umdeutung des Charisma" sieht: eine Variante, bei der die Anerkennung durch die Beherrschten Grund, nicht Folge der Legitimität ist. An anderer Stelle bezeichnet er diese Art der Führerauslese auch als cäsaristisch, die aus ihr hervorgehende Herrschaftsform als Cäsarismus, die 'Herrschaft des persönlichen Genies' (WG 156f., 554f.; MWG I/15, 539, 441).

Weber hat sich nicht damit begnügt, diese neue Herrschaftsform typologisch zu verorten. In der Debatte über die Weimarer Reichsverfassung hat er vielmehr daraus eine politische Forderung gemacht und für einen direkt vom Volke gewählten Reichspräsidenten optiert, für die „Schaffung einer unbezweifelbar auf dem Willen des Gesamtvolkes, ohne Dazwischenkunft von Mittelsmännern, ruhenden Staatsspitze". An die Adresse der Sozialdemokratie gewandt, schrieb Weber im Februar 1919: „Möchte sie doch bedenken, daß die viel beredete 'Diktatur' der Massen eben: den 'Diktator' fordert, einen selbstgewählten Vertrauensmann der Massen, dem diese so lange sich unterordnen, als er ihr Vertrauen besitzt." Das Recht der unmittelbaren Führerwahl sei die „Magna Charta der Demokratie", das „Palladium der echten Demokratie, die nicht ohnmächtige Preisgabe an Klüngel, sondern Unterordnung unter selbstgewählte Führer bedeutet" (MWG I/16, 220f., 224; Herv. i. O. gestr.).

Unter den vielen kritischen Kommentaren zu dieser Konzeption ragt derjenige von Wolfgang J. Mommsen als der kenntnisreichste und geschlossenste hervor. Mommsen operiert, erstens, mit einer werkgeschichtlichen These: Weber habe noch in der Parlamentsschrift von 1917 eine Kombination von plebiszitärer Demokratie und Parlamentarismus propagiert, in der Nachkriegszeit aber ganz auf den plebiszitären Führer gesetzt und die Rolle des Parlaments deutlich reduziert (1974b, 199, 364f.). Diese These wird, zweitens, durch eine Interpretation der Herrschaftssoziologie abgestützt, derzufolge Weber die legitimierende Kraft reiner Legalität nicht sehr hoch eingeschätzt und einer Ergänzung durch charismatische Elemente für bedürftig gehalten habe (ebd. 429). Der dritte und entscheidende Baustein ist die Annahme, Webers Werk gründe auf einer bestimmten Geschichtsphilosophie. Weber habe wohl die große Bedeutung von Rationalisierungs- und Routinisierungsprozessen in der Geschichte anerkannt, darin aber keine einlinige und unumkehrbare Entwicklung gesehen, sondern ein Gefälle, „das immer wieder ganz oder teilweise von charismatischen Eruptionen durchbrochen und in neue Richtungen gelenkt wird". Typisch für Weber sei ein bipolares oder antinomisches Modell des sozialen Wandels, das vom „ewigen Kampf zwischen schöpferischem Charisma und rationalisierender Bürokratie" ausgehe. In der Verfassungsdebatte habe Weber ganz auf das Charisma gesetzt, weil er sich allein von ihm den Durchbruch „zu ganz neuen Aufgipfelungen, zu völlig neuartigen Kulturschöpfungen von wesentlichem Rang" erhofft habe. Angesichts der bürokratischen Routine und der drohenden Versteinerung der Gesellschaft sei es ihm darum gegangen, ein „aus freier Eigenverantwortung handelndes Führertum" zu postulieren, „das aus letzten persönlichen Wertvorstel-

lungen heraus der gesellschaftlichen Entwicklung die Richtung weist",
mehr noch: mit Hilfe der schöpferischen, revolutionären Kraft des
Charismas eine erneute Öffnung der Geschichte erzwingt (Mommsen
1974a, 129ff., 50, 67, 41).

Mommsen ist nun keineswegs gegen diese geschichtsphilosophische
Konzeption. Er hält Weber nur vor, nicht auf das richtige Charisma gesetzt zu haben, welches auf positive Wertverwirklichung im Dienste
der Gesamtheit ziele. Statt dessen habe er das falsche Charisma propagiert, „das durch den Appell an die niedrigen Instinkte und emotionalen Triebe der Massen den Volkswillen korrumpiert und zum Hebel
benutzt, um eine Gewaltherrschaft aufzubauen". Mit dieser Anknüp-
fung an das Charisma der Demagogie habe er wichtige Voraussetzungen für jene Argumentationsstrategie der Rechten geliefert, die
am Ausgang der Weimarer Republik die plebiszitäre Legitimität des
Reichspräsidenten gegen die bloße Legalität des Parlaments ausge-
spielt habe. Carl Schmitts Verabsolutierung der plebiszitär-charismatischen Legitimität sei deshalb nur ein folgerichtiges Zu-Ende-Denken
des Weberschen Gedankens, Schmitt selbst ein „gelehriger Schüler"
Max Webers. Ihre endgültige Verwirklichung habe die charismatisch-
plebiszitäre Führerschaft mit Maschine im Jahre 1933 gefunden, wenn
auch in anderer Form, als Weber es sich vorgestellt habe. „Gleichwohl
wird man ehrlicherweise feststellen müssen, daß Webers Lehre von
der charismatischen Führerherrschaft, verbunden mit ihrer radikalen
Formalisierung des Sinns der demokratischen Institutionen, ihr Teil
dazu beigetragen hat, das deutsche Volk zur Akklamation eines Führers, und insofern auch Adolf Hitlers, innerlich willig zu machen"
(Mommsen 1974b, 435ff., 412, 407).

Diese Thesen haben einen wahren Kern. Webers Konzeption des
plebiszitären Präsidenten war in der Tat nicht immun gegen eine Umdeutung im autoritären Sinne. Darauf wird noch genauer einzugehen
sein. Entgegenzutreten ist jedoch der von Mommsen verfolgten Strategie, Weber damit gleich für den Faschismus mitverantwortlich zu
machen. Auch wenn es natürlich eine faktische Beziehung zwischen
der Präsidialdiktatur und dem NS-Regime gab, müssen beide doch
unter herrschaftssoziologischen Gesichtspunkten strikt auseinander-
gehalten werden. Bezogen auf die drei Thesen Mommsens bedeutet
dies:

a) Es ist richtig, Weber hat nach dem Krieg die plebiszitäre Führerauslese auf Kosten der parlamentarischen aufgewertet. Er hat damit
jedoch nicht die Kontrollfunktionen des Parlaments preisgegeben.
Auch nach 1918 ist das Parlament für ihn die Instanz, vor der sich die

Minister zu verantworten haben und vor der die Verwaltung Rechenschaft ablegen muß. Darüber hinaus hat Weber ausdrücklich die „Zulassung eines Abberufungsreferendums auf Antrag einer qualifizierten Mehrheit des Reichstags" gefordert, um ein Gegengewicht gegen den plebiszitären Präsidenten zu schaffen (MWG I/16, 224, 129). Zu Recht haben die Kritiker Mommsens betont, daß das Parlament vor und nach 1918 die Institution bleibt, „welche gegen die Ausbildung eines persönlichen Regiments erfolgreich auf den Plan treten könnte" (Schmidt 1964, 309; Löwenstein 1965, 71). Allerdings, und insofern hat Mommsen recht: nur, wenn es einig ist. Ist es dies nicht, so fällt dem Präsidenten aufgrund des ihm von Weber zugeschriebenen Rechts, in zeitweilig unlösbaren Krisenfällen „durch suspensives Veto und Berufung von Beamtenministerien" einzugreifen, eine Überlegenheit zu, die unter Umständen zu einer Erschütterung und Aushöhlung der parlamentarischen Mitherrschaft führen kann (MWG I/ 16, 223).

b) Mommsen geht jedoch zu weit, wenn er im Begriff der rationalen Herrschaft eine Konstruktion sieht, die geradezu zwangsläufig zu einer Aufwertung der charismatischen Legitimität führt. Rationale Herrschaft ist keineswegs bloß ein Organisationsprinzip der Exekutive, sondern eine Struktur, die sehr viel weiter reichende Implikationen besitzt: auf der Ebene des Rechts das Vorhandensein eines *Systems* absichtsvoll gesatzter Regeln, die zwar „beliebig" geändert werden können, dabei aber natürlich in bezug auf das System anschlußfähig sein müssen; auf der Ebene der Legislative die Auswahl zwischen alternativen Optionen und die Chance, sie umzusetzen; auf der Ebene der eigentlichen Legitimitätsgeltung die Existenz rationalisierter Sinnsysteme, die Orientierungspunkte und Präferenzen für *rationales* politisches Handeln abgeben (Döbert 1989, 219 ff., 242 ff.). Legale Herrschaft bedeutet keineswegs Programmlosigkeit, sondern die Möglichkeit eines Wechsels der Programme, ohne daß die nicht zum Zuge gekommenen Individuen oder Gruppen deshalb mit ‚exit' im Sinne Albert Hirschmans votieren. Daß damit die außeralltäglichen Interessen nicht befriedigt sind, steht auf einem anderen Blatt. Für die alltäglichen (materiellen und/oder weltanschaulichen) Interessen in einer hochdifferenzierten Gesellschaft bietet die rationale Herrschaft ein hohes Maß an Implementationschancen und bezieht daraus ein ebenso hohes Maß an Anerkennung.

c) Am entschiedensten muß indes der geschichtsphilosophischen Konstruktion widersprochen werden, mit der Mommsen Weber an die Seite der Lebensphilosophie und ihrer Revolte gegen die Versachlichung rückt. Wie in dem Abschnitt über George gezeigt, hat Weber sich der Rationalitätskritik der Jahrhundertwende nicht verschlossen, doch daraus keine regressiven Konsequenzen gezogen. Die Moderne, so ein von ihm gern gebrauchtes Bild Schopenhauers, war kein Fiaker, in den man beliebig ein- und aussteigen konnte. Es scheint mir deshalb überzogen, wenn Mommsen behauptet, Weber habe sich mit der Bürokratisierung und Rationalisierung nicht abfinden wollen und das Heil „im Rückgriff auf die revolutionierende Kraft des Charisma" gesehen (1974b, 449). Die in Routine erstarrte Welt aufzubrechen und „der geschichtlichen Entwicklung eine neue Richtung zu geben" (1974a, 35), das wäre selbst für Nietzsches Übermenschen, für den Weber nicht allzuviel übrig hatte, eine zu große Aufgabe gewesen.

Um wieviel mehr für einen plebiszitären Präsidenten! Gewiß kommt mit diesem eine charismatische, persönliche Form von Herrschaft zur Geltung. Aber doch nicht im Sinne einer antibürokratischen, gar revolutionären Kraft, sondern ganz im Gegenteil als Spitze des bürokratischen Apparats, dem damit eine zusätzliche Legitimitätsreserve erschlossen werden soll. Schon die Kandidaten für das Präsidentenamt sind oft Parteiführer, Führer *mit Maschine*. Einmal im Amt, fällt ihnen die Aufgabe zu, die *Staatsmaschine* zu repräsentieren und, sei es mittel- oder unmittelbar, zu steuern. Der Reichspräsident in der von Weber konzipierten Form soll Einheit in die Verwaltung bringen. Er soll ihr für die Fülle neuer Verwaltungsaufgaben, etwa im Zusammenhang mit den Kriegsfolgen und der damals diskutierten Sozialisierung, die erforderliche Autorität verschaffen. Er soll den Reichseinheitsgedanken angesichts des wachsenden Separatismus stärken und nicht zuletzt auch das zu erwartende Übergewicht Preußens im Reichsverband ausgleichen (MWG I/16, 220ff.) – alles Aufgaben, die auf die Erhaltung des modernen Anstaltsstaates zielen, auf seine Anpassung an veränderte Umweltbedingungen. Der Reichspräsident sollte nicht die Speerspitze einer gleichsam kulturrevolutionären Bewegung gegen das sich abzeichnende Gehäuse der Hörigkeit der Zukunft sein, sondern eine Art Transformator, der die Energien der neuen, demokratischen Legitimität auffangen, bündeln und dem bürokratischen Apparat zuführen sollte.

Es stimmt: Weber war dabei bereit, dem Präsidenten sehr umfassende Kompetenzen zuzugestehen. Dies muß jedoch in Zusammenhang mit seinen Ausführungen über die inneren und äußeren Schranken monokratischer Herrschaft gesehen werden. Die ersteren waren durch die stets zunehmende Rolle des Fachwissens bestimmt, die schon den Monarchen und eo ipso auch den Präsidenten als dessen

Nachfolger in die Position eines Dilettanten geraten ließ und ihn gegenüber den Fachleuten des Apparats unterlegen machte (WG 574, 128 f.; MWG I/15, 470). Die letzteren fanden ihren institutionellen Ausdruck in der schon erwähnten „effektive(n) Mitherrschaft machtvoller Vertretungskörperschaften", die sowohl für die „staatsrechtlichen Garantien der bürgerlichen Ordnung" als auch für die Kontrolle der Verwaltung einstand. „Als Organ der Beamtenkontrolle und Verwaltungspublizität, als Mittel der Ausschaltung ungeeigneter leitender Beamter, als Stätte der Budgetfeststellung und als Mittel der Herbeiführung von Parteikompromissen ist das Parlament auch in den Wahldemokratien unentbehrlich" (MWG I/15, 546). Wenn es eine Instanz gab, die unter den Bedingungen steigender Bürokratisierung noch in der Lage war, „*irgend welche* Reste einer in *irgend* einem Sinn 'individualistischen' Bewegungsfreiheit zu retten" (ebd. 465), dann war dies nicht der charismatische Führer als der prospektive Leiter der Bürokratie, sondern die parlamentarische Demokratie; und wenn Weber 1918/19 es für nötig hielt, ihr ein Gegengewicht zur Seite zu stellen, so ist dies weniger mit einer veränderten Stellung zum Parlamentarismus als solchem zu erklären, als mit der Befürchtung, die *deutschen* Parlamente seien diskreditiert. Seine Konstruktion der Reichsspitze erscheint unter *diesem* Gesichtspunkt als eine Zwischenlösung, bei der der Präsident genügend Macht haben sollte, um die staatliche Kontinuität zu sichern, aber nicht zu viel, um ein Erstarken der parlamentarischen Demokratie zu verhindern (Schmidt 1964, 273). Daß ein Präsident wenige Jahre später seine Macht nutzen würde, um sowohl den Staat als auch die Demokratie ihren Todfeinden auszuliefern, hätte man sich vielleicht schon damals vorstellen können, doch ist damit die Frage nach der Alternative noch nicht beantwortet. Welche Institutionen waren angemessen für ein Land, in dem die konstitutionelle Monarchie entwurzelt war, die parlamentarische Demokratie aber noch keine tiefen Wurzeln geschlagen hatte?

Wie immer man diese Frage beantwortet, festzuhalten bleibt, daß Webers Konzeption in keinerlei Affinität zum NS-Regime steht. In ihr ist die plebiszitäre Demokratie nur ein Element innerhalb eines Arrangements, das eine rechtsstaatliche Ordnung, eine formal-rationale Verwaltung und eine Beteiligung des Parlaments an der Herrschaft einschließt. Die plebiszitäre Demokratie zielt dabei auf die Besetzung der Spitze der bürokratischen Hierarchie und läßt diese, wie auch die übrigen Faktoren, unangetastet; sie ist somit in sich selbst ein Kompromiß zwischen Bürokratisierung und Demokratisierung, ein Ausgleich zwischen der Unvermeidlichkeit professionell-sachlicher Verwaltung und dem Bedürfnis der Massen nach einer Person ihres Vertrauens. Daß solche Arrangements labil sind und sich je nach der Stärke der verschiedenen Machtfaktoren verschieben können, darüber wird man einen empirisch so versierten Herrschaftssoziologen wie Weber nicht zu belehren brauchen. Er selbst weist darauf hin, wie schnell gerade in revolutionären Zeiten die plebiszitäre Demokratie in eine Diktatur umschlagen kann (WG 156 f.). Einmal ganz davon abgesehen, daß Weber dies nirgends, mit keinem Wort, befürwortet, muß man auf den Unterschied achten, der zwischen einer solchen plebiszitären Diktatur und dem NS-Regime besteht. Die antiautoritäre Umdeutung des Charismas, sagt Weber, „führt normalerweise in die Bahn der Rationalität. Der plebiszitäre Herrscher wird regelmäßig sich auf einen prompt und reibungslos fungierenden Beamtenstab zu stützen suchen" (WG 157). Er wird zwar sein Charisma bewähren wollen, sich dabei aber rationaler Mittel bedienen, so daß der bürokratische Anstaltsstaat erhalten bleibt, wenn nicht sogar einen Ausbau erfährt.

Das NS-Regime dagegen bedeutete die Machtergreifung durch eine charismatische *Bewegung*. Damit ist nicht gesagt, daß in ihm die nationalsozialistische *Partei* die Herrschaft ausgeübt hätte, denn diese hatte, wie wir wissen, nur wenig Einfluß auf den politischen Entscheidungsprozeß. Gemeint ist vielmehr, daß ab 1933 die schon für die Partei typische Struktur personeller Gefolgschaften und konkurrierender Zuständigkeiten auf das politisch-administrative System übertragen wurde, mit der Folge, daß in einem Prozeß permanenter Zellteilung, Verdoppelung und Multiplikation immer neue Ämter und Behörden aus dem Boden schossen, sich verselbständigten und Kompetenzen an sich zogen, ohne daß von der Spitze her eine andere als personelle, improvisierte und ad hoc vorgenommene Koordination stattgefunden hätte. Obwohl die alten Regierungsressorts und die ihnen nachgeordneten Verwaltungen der Form nach fortbestanden, wurde der Bürokratie nach und nach der Boden entzogen. Die bürokratische Rationalität, die nach Weber auf unverzichtbaren Voraussetzungen wie fester Hierarchie, klar abgegrenzten Kompetenzen, Fachschulung, Aktenmäßigkeit der Verwaltung etc. beruht, wurde durch die progressive Wucherung von Ämtern, die Übertragung von Zuständigkeiten an konkurrierende Apparate wie die SS oder durch die Schaffung führerunmittelbarer Reichsbehörden ausgehöhlt, das bürokratische Gehäuse des Anstaltsstaates als ganzes zunehmend zersetzt, bis der sogenannte 'Führerstaat' schließlich mehr dem *Behemoth* als dem *Leviathan* glich. Mit Recht hat man deshalb von einer „Charisma-

tisierung der Staatsverwaltung" gesprochen, bei der es zu einer beispiellosen „Brechung bürokratischer Herrschaftsstrukturen durch die
Etablierung eines charismatisch legitimierten Führerabsolutismus mit
extrabürokratischen Stabsorganisationen" kam[32].

Max Webers Konzeption der plebiszitären Führerdemokratie mit
Maschine war weder eine offene noch eine versteckte Vorwegnahme
dieser Entwicklung. Sie war im Gegenteil der Versuch, die Brechung
bürokratischer Herrschaftsstrukturen zu verhindern, wie sie schon
1918/19 von damals freilich ganz anderen Kräften propagiert wurde,
nämlich der revolutionären Rätedemokratie. Für einen Autor, der in
der Bürokratisierung den „eindeutige(n) Maßstab der Modernisierung des Staates" erblickte und der zugleich seinem Land beschei-
nigte, alle anderen Länder in dieser Hinsicht übertroffen zu haben
(MWG I/15, 451, 461), war es in der revolutionären Krisensituation
das oberste Gebot, das erreichte Niveau zu stabilisieren. Dazu war es
erforderlich, die neue, revolutionär-demokratische Legitimität zu akzeptieren, zugleich aber auch: sie zu kanalisieren und davon abzu-
halten, sich gegen den Apparat zu wenden. Mit der Konzeption eines
volksgewählten Reichspräsidenten hoffte Weber, genau dies zu erreichen. Sie sollte für den von den Massen ausgehenden Druck ein
„Ventil" bereitstellen und konkrete Veränderungen, etwa in Richtung
der von Weber eher mißtrauisch beäugten 'Sozialisierung', ermöglichen (MWG I/16, 222, 220). Und sie sollte im Gegenzug dem
Apparat eine neue, revolutionäre Legitimität verschaffen, die es erlauben würde, das Staatsschiff ohne größere Schäden durch den

---

[32]   Bach 1990, 61. Auf der gleichen Linie bereits Neumann 1977 sowie meine
eigene Analyse (1985, 208 ff.). Abwegig sind angesichts dieser Konstellation
alle Versuche, das NS-Regime als eine Form bürokratischer Herrschaft zu begreifen und in Max Webers Soziologie eine Antizipation des Holocaust zu
sehen (Rubenstein 1983). Es ist richtig, daß dieser mit bürokratischen Methoden durchgeführt wurde. Voraussetzung dafür aber war die Zerstörung des
rationalen Anstaltsstaates durch eine charismatische Bewegung und das Re-
arrangement der Teilbürokratien nach deren Vorgaben. Im übrigen erinnert
das Verfahren, Max Weber, der als einer der ersten den anethischen Charakter
moderner Bürokratien diagnostiziert hat, für eben diesen in die Verantwortung zu nehmen, an die Praxis patrimonialer Herrscher, die Überbringer
schlechter Nachrichten zu strafen. In einer Welt, in der der Moralismus leer-
läuft, bedarf es offenbar der Prügelknaben. – Zum Zusammenhang von Bürokratie und Holocaust aufschlußreich auch Bauman (1992), der sich freilich
nicht entschließen kann, ob er Webers Untersuchungen für erkenntnisför-
dernd halten oder – mit Rubenstein – verdammen soll.

Sturm zu manövrieren. Man kann dieser Konzeption den Vorwurf machen, den Legalismus des Apparats über- und seine Bereitschaft zur Obstruktionspolitik unterschätzt zu haben. Vom revolutionären Charismatismus indes, wie er 1918 in einer linken und 1933 in einer rechten Version auftrat, kann man sie nicht nachdrücklich genug absetzen.

Nach dieser Klärung des Bezugsrahmens, in den Webers Überlegungen gestellt werden müssen, können wir uns nun dem Wahrheitsmoment in Mommsens Argumentation zuwenden: der These, Weber habe nach dem Krieg eine Neubewertung des Charismas vorgenommen. Prüft man die Texte sorgfältig, so zeigt sich in der Tat eine auffällige Veränderung. In den herrschaftssoziologischen Abschnitten der ersten Fassung von WG, die um 1913 entstanden sind, überwiegt in bezug auf die Rolle des Charismas in der Moderne eine eher pessimistische Sicht. Weber spricht von einer zunehmenden Einschränkung des Charismas und des individuell differenzierten Handelns durch das „Umsichgreifen der Disziplinierung", er konstatiert ein Zurückweichen, Zurückebben und Schwinden des Charismas und schließlich sogar dessen drohenden Erstickungstod (WG 687, 679, 681, 661). Überall, in der Kriegführung, in der Herrschaft, im politischen Kampf, werde das Charisma marginalisiert oder „kastriert". Hier und da sei ihm wohl noch ein Durchbruch vergönnt, doch, erstens, nur unter ganz außerordentlichen Bedingungen, und, zweitens, niemals für länger. Die „Kontinuierlichkeit des fachmännischen Betriebes als solchen" bleibe „auf die Dauer der emotionalen Heldenverehrung überlegen" (WG 669).

Vier oder fünf Jahre später liest sich das anders. In der Parlamentsschrift registriert Weber, wie bereits bemerkt, eine „*cäsaristische* Wendung der Führerauslese" (MWG I/15, 539), die zwar nicht explizit, wohl aber implizit mit dem Charisma in Verbindung gebracht wird: der Cäsarismus ist die Herrschaftsform des Genies, das Genie aber ist zweifelsfrei Träger eines Eigencharismas. Die bürokratische Nivellierung und die Kastrierung des Charismas durch den Betrieb erscheinen nun als ein spezifisch deutsches Gebrechen, als eine Folge der Machtlosigkeit, zu der der autoritäre Obrigkeitsstaat die parlamentarische Politik verurteilt habe. Das politische System Englands dagegen, von dem Weber stets fasziniert war (Schmidt 1964; Roth 1993), biete zahlreiche Beispiele für den Aufstieg cäsaristischer Führer. Es zeige, „daß innerhalb der Parlamentslaufbahn (...) und auch innerhalb der durch das Caucussystem straff organisierten Parteien dort politische Temperamente und Führernaturen in genügender Zahl aufgetreten sind und hochkommen" (MWG I/15, 548). Allgemeiner gesprochen: „Die Chance, daß Führernaturen an die Spitze gelangen, ist eben, wie sich immer wieder zeigt, Funktion der *Machtchancen* der Parteien. Weder der cäsaristische Charakter und die Massendemagogie noch die Bureaukratisierung und Stereotypierung der Parteien sind jedenfalls als solche ein starres Hindernis für den Aufstieg von Führern" (ebd. 549).

Webers Gedankenbewegung hat damit jedoch noch nicht ihren äußersten Punkt erreicht. Dieser findet sich erst in dem Vortrag ›Politik als Beruf‹, den er am 28.1.1919 in München gehalten und während der anschließenden fünf Monate noch einmal erheblich (und zwar gerade um die im folgenden herangezogenen Passagen) erweitert hat[33]. Der Text knüpft zunächst an frühere Überlegungen an. Politik wird als Kampf zwischen einer relativ kleinen Zahl machtinteressierter Individuen vorgestellt, die sich Gefolgschaft durch freie Werbung verschaffen, diese zu einer Partei zusammenschließen und damit auf Wahlstimmenfang gehen. Dabei verwandeln sich die Parteien aus anfänglich locker organisierten Honoratiorenvereinigungen mit zunehmender Massenmobilisierung in straff organisierte Apparate mit „höchster Einheit der Leitung und strengster Disziplin". Anders als in der Vorkriegszeit sieht Weber in dieser Hierarchisierung jedoch weniger eine Einschränkung als vielmehr eine Steigerung der Möglichkeiten politischer Führung. Die Verwandlung der Parteien in Maschinen bewirkt eine „Zentralisation der ganzen Gewalt in der Hand der wenigen und letztlich der einen Person, die an der Spitze der Partei" steht. Kraft seines Charismas und der Macht seiner demagogischen Rede schlägt der Führer die Massen in seinen Bann und zieht daraus politisches Kapital; er bindet die Mitglieder und den Apparat an seine Person und macht sie zu einem Instrument seines Willens, „fast gesinnungslos und ganz in den Händen des leader" (MWG I/17, 197, 202, 209, 211).

Von entscheidender Bedeutung erscheint Weber dabei, daß diese Entwicklung sich immer mehr an den Parlamenten vorbei vollzieht. Sah er noch 1917/18 im Parlament zwar nicht die einzige, aber die wichtigste und unbedingt zu bevorzugende Stätte der Führerauslese, so heißt es jetzt kategorisch: „Die Honoratiorenherrschaft und die Lenkung durch die Parlamentarier hört auf. 'Hauptberufliche' Politiker *außerhalb* der Parlamente nehmen den Betrieb in die Hand" (ebd. 202). Damit ist mehr gemeint als nur der Vorgang der Professionalisierung und Bürokratisierung der Parteiarbeit. Der Übergang zur

---

[33] Siehe dazu den Editorischen Bericht von W. J. Mommsen, in: MWG I/17, 133.

organisierten Massenpartei impliziert zugleich eine Verlagerung des Entscheidungszentrums aus dem bisherigen Kreis heraus und seine Umstellung von traditionaler auf charismatische Legitimität, und zwar charismatisch im Sinne der plebiszitär-charismatischen Umdeutung des Charismas, bei welcher der Herr als Vertrauensmann der Massen fungiert:

„Das Entscheidende ist, daß dieser ganze Menschenapparat – die 'Maschine', wie man ihn in den angelsächsischen Ländern bezeichnenderweise nennt – oder vielmehr diejenigen, die ihn leiten, den Parlamentariern Schach bieten und ihnen ihren Willen ziemlich weitgehend aufzuzwingen in der Lage sind. Und das hat besonders Bedeutung für die Auslese der *Führung* der Partei. Führer wird nun derjenige, dem die Maschine folgt, auch über den Kopf des Parlaments. Die Schaffung solcher Maschinen bedeutet, mit anderen Worten, den Einzug der *plebiszitären* Demokratie" (MWG I/17, 203f.).

Weber stützt diese Behauptung mit längeren Ausführungen über die Entwicklung der Parteien in England und Amerika. In England, so seine These, hätten die Wahlrechtsreformen von 1867 und 1883–1885 eine tiefgreifende Änderung nicht nur im Parteiensystem, sondern auch in der organisatorischen Struktur der Parteien bewirkt, die dem Parteiführer eine überragende Position verschafft und den Wahlen den Charakter eines persönlichen Plebiszits verliehen hätte. Die Abgeordneten, vormals die eigentlichen Träger der Politik, seien nun Wachs in den Händen des Leaders, der faktisch zum plebiszitären Diktator geworden sei. Während in England aber das Parlament auch weiterhin eine wesentliche Rolle spiele – als Ort der Bewährung und der Erziehung der Führer –, seien die Vereinigten Staaten bereits einen Schritt weiter. Hier, wo ein plebiszitär gewählter Präsident Haupt der Exekutive und Chef der Amtspatronage sei, habe das Parlament gegenüber den Parteien „fast jede Macht verloren"; die Parteien aber seien reine Maschinen, Gefolgschaften von Stellenjägern, die ohne jede eigene Gesinnung seien und ihren Führern blind gehorchten. Auch wenn Weber das amerikanische System der Amtspatronage als eine Einrichtung ansieht, die über kurz oder lang von einer bürokratisch-rationalen Struktur abgelöst werde, macht er doch keinen Hehl daraus, daß er die plebiszitär-demokratische Strukturform für die der modernen Massendemokratie adäquateste und damit verallgemeinerungsfähige Strukturform hält: „Aber es gibt nur die Wahl: Führerdemokratie mit 'Maschine' oder führerlose Demokratie, das heißt: die Herrschaft der 'Berufspolitiker' ohne Beruf, ohne die inneren, charismatischen Qualitäten, die eben zum Führer machen. Und das bedeutet dann das, was die jeweilige Parteifronde gewöhnlich als Herrschaft des ‚Klüngels‘ bezeichnet" (ebd. 211 ff., 223 f.).

Es stimmt also: Weber hat etwa ab 1917/18 die Rolle des Charismas im politischen System aufgewertet. Erscheint es vor dem Krieg als eine zunehmend marginale Größe, der nur in Ausnahmesituationen eine begrenzte Bedeutung zukommt, so gewinnt es jetzt an Gewicht, aufgrund von Entwicklungen, die Weber in den beiden fortgeschrittensten Demokratien zu entdecken glaubt. Als Legitimationsmodus für den plebiszitären Führer wird es zu einem nicht mehr nur ephemeren, sondern permanenten Bestandteil moderner politischer Ordnungen, und dies sowohl im Hinblick auf die Organisation der Parteien als auch auf die Struktur der Staatsspitze. Mit einer „Dialektik der Vernunft" (Marcuse), derzufolge die formale Rationalisierung notwendig in Irrationalität umschlage, hat dies nichts zu tun. Sondern eher mit der Erkenntnis, daß die Moderne nicht nur im Zeichen der Bürokratisierung, sondern auch in demjenigen der Demokratisierung steht, die, bei aller Verbundenheit mit der ersteren, doch auch ihre Eigengesetzlichkeiten hat.

Darin eine Erkenntnis zu sehen, muß freilich nicht heißen, alle Folgerungen zu akzeptieren, die Weber daraus gezogen hat. Zwar: daß moderne politische Systeme einen stark personalplebiszitären Einschlag aufweisen, wird man ihm zubilligen müssen. Für das viktorianische England hat das schon Ostrogorski, der Klassiker der empirischen Parteisoziologie, belegt (1902, I, 316), die Fünfte Republik in Frankreich hat daraus bekanntlich ein Verfassungsprinzip gemacht, und was die USA angeht, so sprechen ernstzunehmende Beobachter geradezu von der Herausbildung einer „zweiten", d.h. plebiszitären Republik mit einer persönlichen Präsidentschaft (Lowi 1985, XI). Richtig dürfte ferner auch die Annahme sein, daß die Parlamente mit dem Übergang zur Massendemokratie ihre exklusive Bedeutung für die Führerauslese verloren haben und sowohl gegenüber den Parteien als auch gegenüber der Ministerialbürokratie ins Hintertreffen geraten sind (Löwenstein 1965, 38 ff.). Folgt daraus jedoch, daß Politik heute zu einem Kampf zwischen mehr oder minder charismatischen Führern geworden ist, die ihre Apparate in die Schlacht führen wie einst die römischen Feldherren ihre Legionen? Ist Politik wirklich jene Kraftprobe zwischen souveränen Willensnaturen, jenen Cäsaren des Wahlschlachtfeldes, die ihre Gefolgschaften so sehr im Griff haben, daß sie, wie es Robert Michels in engster Parallele zu Weber formuliert hat, willenlos ihrem Führer folgen „und der gesamte Verein gleichsam einen Hammer in der Hand des Präsidenten" darstellt[34]?

Wohl kaum. Weber, so scheint es, hat einfach Michels' Analysen über die quasi-militärische Hierarchie der deutschen Sozialdemokratie und die ihm zur Verfügung stehenden Informationen über die plebiszitäre Demokratie in Amerika addiert und zu einem allgemeinen Trend hochgerechnet, ohne dabei die – theoretisch von ihm durchaus erkannte – Möglichkeit einzubeziehen, daß die Demokratisierung auch zu einer Öffnung der hierarchischen Struktur, ja sogar zu ihrem Abbau führen kann. Wiewohl niemand heute in den westeuropäischen Parteien Paradebeispiele einer Demokratie im genuinunmittelbaren Sinne sehen wird – die Liste der Defizite reicht von der geringen Mitgliederpartizipation über den geringen Wechsel in der Ämterbesetzung bis zur Penetration durch Verbandsinteressen und zur finanziellen Abhängigkeit von Großorganisationen –, kann doch von einer derart schroffen Verherrschaftlichung, wie sie von Weber und Michels angenommen wurde, nicht mehr die Rede sein. Dazu hat nicht allein die Demokratisierung der politischen Systeme beigetragen, die über Parteigesetze in die Parteiorganisation hineinwirkt, sondern auch die Fortexistenz einer gewissen Selbständigkeit der Parlamentsfraktionen, der Kooperationszwang auf Regierungsebene und die Notwendigkeit, Verbandsinteressen Rechnung zu tragen – Tendenzen, die zwar die Oligarchiebildung nicht verhindern, dieser aber ein pluralistisches, dezentrales Muster aufzwingen (v. Beyme 1984, 296ff.).

Darüber hinaus haben populistische Wellen die Parteien unter Druck gesetzt, 'responsiver' gegenüber den Wünschen und Forderungen der Wähler zu werden. In den Vereinigten Staaten hat dieser Populismus sogar zu einem deutlichen Niedergang der Parteien geführt; sie spielen weder im Rekrutierungs-/Nominierungsprozeß noch im Wahlkampf eine zentrale Rolle und haben einen großen Teil ihrer Funktionen an Interessengruppen, Political Action Committees, professionelle Wahlkampfberater und, nicht zuletzt, die Medien abgegeben – mit weitreichenden, jedoch hier nicht zu diskutierenden Folgen im Hinblick auf eine Fragmentierung der politischen Willensbildung und mangelnde institutionelle Effizienz (Roth 1987, 49f.). Politik heute: das ist, jedenfalls in den meisten westlichen Demokratien, ein schwer überschaubares, polyzentrisches Geflecht organisier-

---

[34] Michels 1911, 39. Das Bild geht übrigens auf Lassalle zurück: vgl. ebd. 168.

ter und kollektiver Akteure mit vielfältigen Teilnahme-, Mitbestimmungs- und Steuerungschancen, das nicht mehr von einer souveränen Spitze – sei es im Staat oder in den Parteien – manipuliert werden kann und vielleicht gerade deshalb immer wieder Formen des Personalismus und des *manufactured charisma* hervortreiben muß, um wenigstens zeitweise eine Bindung der Individuen zu ermöglichen. Mancher mag daraus die Hoffnung ziehen, daß die Versachlichung zumindest des politischen Kosmos unübersteigbare Grenzen hat. Von den klassischen Formen des Charismas her gesehen aber erinnert dasjenige der heutigen politischen Führer eher an das Grinsen der Cheshire Cat in Alices Wunderland, das noch stehenbleibt, nachdem das Gesicht längst schon verschwunden ist.

Max Weber, so wird man nach alledem sagen können, hat die personalplebiszitären Tendenzen moderner Massendemokratien richtig erkannt, nicht aber ihre nicht weniger ausgeprägten pluralistischen, 'heterarchischen' Struktureffekte. Obwohl die bereits zu seiner Zeit vorliegenden empirischen Erkenntnisse, etwa diejenigen Ostrogorskis, keineswegs eindeutig waren und auch ein skeptischeres Urteil über die Qualität der plebiszitären Führerauslese erlaubt hätten (vgl. Ostrogorski 1983, I, 289ff.), entschied sich Weber dafür, alle in diese Richtung deutenden Hinweise auszublenden und ein Phantasiegebilde des Politischen zu entwerfen, das in seinem übersteigerten Voluntarismus an jene 'Illusion der Politik' erinnert, wie sie François Furet für die französische Revolution nachgewiesen hat[35]. Vielleicht war es ein aristokratischer Liberalismus, der ihn dazu bewog, seiner Organisationstheorie den Standpunkt eines einzigen Teilnehmers zugrunde zu legen: den des Gründers, Unternehmers, Führers, der die Organisation als Verlängerung seiner Handlungsrationalität benutzt (Luhmann 1983, 97); vielleicht eine Fixierung auf die preußische Verwaltung; vielleicht auch einfach der Druck der konkreten politischen Situation von 1918, so schnell wie möglich einen Ausgleich zwischen revolutionärer Veränderung und Strukturerhaltung finden zu müssen. Genau läßt sich das nicht entscheiden. Was immer aber die Gründe gewesen sein mögen, das Politikverständnis, das Weber in jenen Jahren entwickelte, war unzureichend und führte zu verfassungspolitischen Weichenstellungen, die am Ende genau das Gegenteil von dem bewirkten, was Weber mit ihnen beabsichtigt hatte. Der plebiszitär ge-

---

[35] Vgl. Furet 1980, 36, 49, 73. Ich habe diese Konzeption in einem früheren, mir heute allerdings als zu undifferenziert erscheinenden Text auf Weber und Lukács übertragen (1982).

wählte Präsident, der den bürokratischen Anstaltsstaat vor charismatischen Prozessen schützen sollte, entpuppte sich als Biedermann, der die Brandstifter ins Haus lud, die Führerdemokratie mit Maschine als ein auf Schwachstrom eingestellter Apparat, der von den einströmenden Energien zerrissen wurde. Mit den „diabolischen Mächten" (MWG I/17, 247), das wenigstens haben die Erfahrungen von Weimar gelehrt, läßt sich keine Politik und erst recht kein Staat machen. In diesem Sinne ist ›Politik als Beruf‹ ein veralteter Text.

DIE VIER REINEN TYPEN DER DEMOKRATIE.
EIN VORSCHLAG ZUR SYSTEMATISIERUNG

In den voranstehenden Abschnitten war immer wieder von der Demokratie die Rede: der parlamentarischen Demokratie, der Rätedemokratie, der plebiszitären Demokratie, der Parteiendemokratie. Die außerordentliche Bedeutung, die Weber dieser Erscheinung beigemessen hat, weckt den Wunsch nach einer systematischen Erörterung, den Weber selbst freilich nicht mehr erfüllt hat. Eine geschlossene Abhandlung aus seiner Feder zu diesem wahrlich nicht nebensächlichen Thema fehlt, statt dessen muß man mühsam verstreute Hinweise aus allen Teilen des Werks zusammensuchen, darunter nicht selten bloße obiter dicta, die nur einen einzigen Gesichtspunkt beleuchten. Dazu jene ständigen penetranten Anführungszeichen, die bei den einen Mißtrauen, den anderen Ratlosigkeit hervorrufen – Max Weber hat es seinen Lesern wirklich nicht leichtgemacht.

Um einen Weg durch dieses Labyrinth zu finden, beginnt man am besten mit einer Äußerung, die Weber 1917 in einem Vortrag über die Probleme der Staatssoziologie gemacht hat. Er stellt hier zunächst seine Typologie der legitimen Herrschaft vor, skizziert knapp die rationale, traditionale und charismatische Legitimität und vollzieht dann einen interessanten Schwenk. Die Entwicklung des modernen okzidentalen Staatswesens, führt er aus, sei „durch das allmähliche Entstehen eines *vierten Legitimitätsgedankens* charakterisiert (...), derjenigen Herrschaft, welche wenigstens offiziell ihre eigene Legitimität aus dem Willen der Beherrschten ableitet" (Weber 1917). Wenn der Bericht korrekt ist, woran zu zweifeln kein Anlaß besteht, hat Weber also zu diesem Zeitpunkt den Gedanken erwogen, die dreigliedrige Herrschaftstypologie zu einer viergliedrigen zu erweitern und dabei der demokratischen Herrschaft den Status eines eigenständigen Legitimitätstypus zuzuerkennen.

Er hat diesen Gedanken rasch wieder fallengelassen. Schon in ›Politik als Beruf‹ (1919) ist wieder nur von drei Typen der Herrschaft die Rede, desgleichen in der Endfassung der Herrschaftssoziologie von 1920; der Begriff der demokratischen Legitimität taucht nur noch versteckt und in Klammern auf, im Abschnitt über die antiautoritäre Umdeutung des Charismas. Es lohnt sich, über die Gründe für diese

Entscheidung nachzudenken. Handelt es sich um eine Inkonsequenz? Ist Weber im letzten Augenblick vor der Demokratie zurückgeschreckt? Hat er, wie Dolf Sternberger argwöhnt, zur gesamten „Dimension der Zivilität, des Bürgerlichen oder des eigentlich und buchstäblich Politischen" kein Verhältnis gewonnen und deshalb dem Kern der Demokratie: der bürgerlichen Vereinbarung, die ihm zustehende Anerkennung verweigert (Sternberger 1986, 63)?

Wer so argumentiert, hat, erstens, den Sinn der Weberschen Legitimitätslehre nicht verstanden. Ihr geht es nicht um die Entwicklung normativer Begründungskriterien, in deren Lichte die Billigungswürdigkeit staatlicher Ordnung beurteilt werden könnte, sondern um eine werturteilsfreie Begrifflichkeit, um die Konstruktion von Idealtypen, die der empirischen Forschung – der Soziologie, der Politikwissenschaft, der Geschichtswissenschaft – als Ordnungsinstrumente dienen sollen. Die Ausklammerung der Demokratie aus den drei reinen Typen besagt deshalb überhaupt nichts zu der Frage, ob Demokratie ein begründungsfähiges Prinzip ist oder nicht. Er hat aber auch, zweitens, die Anlage der Konstruktion nicht verstanden. Die drei reinen Typen sind für die Analyse von Herrschaftsverhältnissen gedacht, von Verhältnissen also, die auf Befehl und Gehorsam beruhen, auf der Tatsache,

„daß ein bekundeter Wille ('Befehl') des oder der 'Herrschenden' das Handeln anderer (des oder der 'Beherrschten') beeinflussen will und tatsächlich in der Art beeinflußt, daß dies Handeln, in einem sozial relevanten Grade, so abläuft, als ob die Beherrschten den Inhalt des Befehls, um seiner selbst willen, zur Maxime ihres Handelns gemacht hätten ('Gehorsam')" (WG 544).

In dieser Perspektive wird ganz bewußt die Vielfalt der Motive, die den Legitimitätsglauben der Beherrschten tragen, ausgeblendet. Die Herrschaftssoziologie interessiert sich nicht für die Fälle, in denen sich eine Kluft zwischen diesem Glauben und dem Legitimitätsanspruch der Herrschenden öffnet, sondern für die Fälle, in denen dies nicht so ist; und für diese nimmt sie an, daß der Legitimitätsanspruch der Herrschenden Priorität besitzt, d.h. etwaige andere Motive auf seiten der Beherrschten nur soweit zuläßt, wie sie mit dem Herrschaftsanspruch konform gehen. Für eine 'Geschichte von unten' ist die Herrschaftssoziologie also kein brauchbares Instrument. Sie will dies aber der expliziten Intention nach auch gar nicht sein. Ihr geht es um die Durchsetzung von Herrschaft und um die Bestimmung der Formen, in denen dies geschieht.

Wie in der Studie über Webers Staatssoziologie gezeigt, bedeutet dies jedoch mitnichten, daß die Beherrschten bei Weber nicht vorkämen. Mit dem 7. Abschnitt des 3. Kapitels von WG kehrt Weber die Blickrichtung um und betrachtet die Gegeninstanzen, die die Beherrschten zur Kontrolle oder Eindämmung der herrschaftlichen Institutionen errichten. Und genau hier kommt die Demokratie ins Spiel. Die demokratische Legitimität wird ausdrücklich als ein herrschafts*fremdes* Prinzip eingeführt, als Ergebnis einer antiautoritären, ja revolutionären Umdeutung, die im Extremfall bis zur einer „Minimisierung der Herrschaft des Menschen über den Menschen" führen kann (WG 157). Wie immer man dabei zu der Tatsache stehen mag, daß dieser Vorgang als eine Umdeutung des Charismas vorgestellt wird, unstreitig dürfte doch sein, daß diese Konstruktion das gerade Gegenteil einer Herabstufung oder Unterbewertung der Demokratie ist. Die Entscheidung, die Demokratie nicht als vierten Typus der Herrschaftslegitimität, sondern als antiautoritäres Prinzip zu behandeln, trägt dem revolutionären Selbstverständnis Rechnung, das die okzidentale Demokratie der Neuzeit seit den Tagen der Leveller auszeichnet. Sie entspricht im übrigen auch dem Temperament eines Autors, der die Deutschen deswegen nicht als Kulturvolk bezeichnet wissen wollte, weil sie niemals einem Monarchen den Kopf vor die Füße gelegt hätten (Honigsheim 1961, 269).

Damit ist der Punkt benannt, von dem aus sich das Verständnis von Webers Demokratiekonzeption erschließt. Wenn es drei, und nur drei Typen legitimer Herrschaft gibt und diese ganz aus der Perspektive der Herrschenden konzipiert sind, dann ist jede Bewegung, die sich auf den Willen der Beherrschten beruft, zunächst einmal nicht legitim, revolutionär: sie bestreitet den Legitimitätsanspruch der Herrschenden. Genau so hat Weber die Anfänge des modernen Emanzipationsprozesses eingestuft. Die Coniurationes der mittelalterlichen Städte galten ihm als „Ergebnis einer politischen Vergesellschaftung der Bürger trotz der und gegen die 'legitimen' Gewalten", als eine „Durchbrechung des Herrenrechts", die, formalrechtlich gesehen, eine „revolutionäre Usurpation" darstellt (WG 749, 742). Dieselbe Entwicklung wiederholt sich dann innerhalb der Stadt mit der Herausbildung des Popolo als einer Sondervergemeinschaftung der Kommune, in Webers Worten: „der erste ganz *bewußt illegitime* und *revolutionäre* politische Verband" (WG 776). Obwohl Weber nicht verkennt, wie weit beide Bewegungen von aller modernen Demokratie entfernt sind, sieht er in ihnen doch die ersten Stadien einer Entwicklung, die schließlich dorthin einmündet.

Die Rede von der Illegitimität enthält natürlich ebensowenig ein Werturteil wie die von der Legitimität der Herrschaft, gegen welche sich die revolutionäre Usurpation richtet; desgleichen präjudiziert sie nichts hinsichtlich der durch die Revolution geschaffenen Verhältnisse. Sie zielt einfach auf das, was man in der Sprache Victor Turners eine 'Schwellenphase' nennen könnte – den Augenblick, in dem eine Herrschaftsstruktur mit genau definierten Rollen und Statuspositionen, Rechten und Pflichten durch eine 'Antistruktur' abgelöst wird: „die Befreiung der kognitiven, affektiven, volitionalen, kreativen usw. Fähigkeiten des Menschen von den normativen Zwängen, die sich aus dem Innehaben einer Reihe aufeinanderfolgender Statuspositionen, dem Spielen einer Vielzahl sozialer Rollen und der bewußten Zugehörigkeit zu korporierten Gruppen wie der Familie, der Lineage, dem Klan, dem Stamm, der Nation usw. oder zu sozialen Kategorien wie einer Klasse, einer Kaste, einem Geschlecht oder einer Altersgruppe ergeben" (Turner 1989b, 68). Die Antistruktur setzt die Ordnungen und Regeln des Alltags außer Kraft. Sie läßt die fixierten sozialen Beziehungen gleichsam in einen anderen Aggregatzustand übergehen, welcher offen und fließend ist und in dem die Individuen sich nicht als Träger von Rollen und Rollensegmenten gegenübertreten, sondern als ganze, konkrete Personen (Turner 1989a, 169). Mit Turner kann man diesen Übergang als Wechsel von 'Sozialstruktur' zu 'Communitas' fassen, in Webers Terminologie als Wechsel von einem mehr die Vergesellschaftung zu einem mehr die Vergemeinschaftung betonenden Beziehungsgefüge. Die Außeralltäglichkeit und geringe Dauerhaftigkeit dieses Zustands weisen außerdem darauf hin, daß wir es mit einem charismatischen Phänomen zu tun haben. Spontane Communitas, sagt Turner, ist „mehr eine Sache der 'Gnade' als des 'Gesetzes'...: sie ist *Ausnahme*, nicht *Gesetz, Wunder*, nicht *Regel*, ursprüngliche *Freiheit*, nicht *anangke*, die Kausalkette der Notwendigkeit" (1989b, 77). Auf eben dieses Moment der Indeterminiertheit, das qualitative Sprünge und Innovationen ermöglicht, hat auch Weber den allergrößten Wert gelegt. Es heißt deshalb seine Demokratiekonzeption vollständig verfehlen, wenn man sie nur „als eine Art von verdrehtem Nebenprodukt des charismatischen Führertums" versteht (Sternberger 1986, 59).

Die verschiedenen Formen der Demokratie lassen sich nun nach zwei Gesichtspunkten einteilen. Einmal danach, ob sie in der Antistruktur verharren oder den Schritt zur Struktur vollziehen. Sodann danach, ob sie mehr persönliche oder überpersönliche (sachliche) Lösungen bevorzugen. Daraus ergeben sich vier Kombinationen, die in sich wiederum vielfältiger Abstufungen und Variationen fähig sind:

a) Als der wichtigste Versuch, die Antistruktur gleichsam auf

Dauer zu stellen, ohne dabei in einen reinen Personalismus zu verfallen, kann die unmittelbare Demokratie gelten. Darunter versteht
Weber eine Form, die auf der Voraussetzung prinzipiell gleicher Qualifikation aller Verbandsmitglieder zur Führung der gemeinsamen Geschäfte beruht, den Umfang der Befehlsgewalt minimiert und, wenn
überhaupt, nur einen rudimentären Verwaltungsapparat besitzt. Um
eine Antistruktur handelt es sich insofern, als diese Form kein historischer Ausgangspunkt ist, sondern bereits entwickelte Verhältnisse unterstellt, also in Reaktion auf, seien es traditionale, seien es rationale
Strukturen entsteht; um eine überpersönliche Lösung insofern, als
durch verschiedene Techniken wie Ämterrotation, kollektive Willensbildung, geringe Spezialisierung u. ä. m. eine Homogenisierung und
Nivellierung angestrebt wird, die dem Aufstieg überragender Persönlichkeiten entgegensteht. „Die unmittelbare Demokratie", sagt
Weber, „ist ein *rationaler* Verband oder kann es doch sein" (WG 170).
Historisch-empirisch ist sie allerdings eher ein Grenzfall, der nur
unter sehr seltenen und vor allem: nur sehr schwer perpetuierbaren
Bedingungen zu existieren pflegt. „Diese Art der Verwaltung findet
ihre normale Stätte in Verbänden, welche 1. lokal oder 2. der Zahl der
Teilhaber nach eng begrenzt, ferner 3. der sozialen Lage der Teilhaber
nach wenig differenziert sind, und sie setzt ferner 4. relativ einfache
und stabile Aufgaben und 5. trotzdem ein nicht ganz geringes Maß an
Entwicklung von Schulung in der sachlichen Abwägung von Mitteln
und Zwecken voraus" (WG 546).

Entfallen diese Bedingungen, wie das in modernen Massenstaaten
regelmäßig der Fall ist, so versagt die genuin-unmittelbare Demokratie schon aus rein technischen Gründen. Sie kann dann wohl in
bestimmten Bereichen, etwa auf lokal-kommunaler Ebene, noch fortgeführt werden, jedoch nur um den Preis des Dilettantismus, der man-
gelnden Effizienz und der Überforderung der Verbandsmitglieder,
welche sich meist in sinkender Wahlbeteiligung und Appropriation der
Ämter durch Cliquen und Seilschaften ausdrückt. Eine andere Variante ergibt sich aus dem Versuch, unter den Bedingungen des Mas-
senstaates wenigstens Surrogate der unmittelbaren Demokratie zu
verwirklichen. Wo dies über punktuelle Forderungen wie die nach
dem imperativen Mandat hinausgeht und sich in besonderen Einrichtungen kristallisiert wie z. B. den Volksgesellschaften in der französischen oder den Räten in der russischen und deutschen Revolution,
entstehen labile Formen der Doppelherrschaft, die der historischen
Erfahrung nach zugunsten der 'Struktur' aufgelöst zu werden pflegen.
Die für diese Form typische 'Führerlosigkeit' (WG 175) rechtfertigt

es, die Rätedemokratie als Derivat der unmittelbaren Demokratie aufzufassen.

b) Die Kombination von antistruktureller Communitas und personalem (genuinem) Charisma hat Weber nur in der Gestalt religiöser oder quasi-religiöser Bewegungen und kriegerischer Gefolgschaften gekannt, in einer Form also, bei der die Anerkennung des Charismas 'pflichtmäßig' und eo ipso nicht-demokratisch ist. Die Epoche der Faschismen jedoch hat seither deutlich gemacht, daß unter den Bedingungen fortgeschrittener Rationalisierung und Säkularisierung eine Mutation denkbar ist, die die Communitas im politischen Raum plaziert (als Volksgemeinschaft oder Nation) und auf einen als Vertrauensmann der Massen gedachten Führer ausrichtet: 'Gefolgschaftsdemokratie', wie ich sie im folgenden nennen möchte[36]. Die Bewegungen Mussolinis und Hitlers, um nur diese beiden zu nennen, verdankten ihren Aufstieg nicht allein den Gewalttaten, mit denen sie ihre Gegner traktierten, sondern nicht zuletzt auch demokratischen Wahlen; die politische Rhetorik des Duce wie des Führers läßt dabei keinen Zweifel daran, daß sie sich als Verkörperung des empirischen Volkswillens verstanden und darin von einem beträchtlichen Teil der Wählerschaft bestätigt wurden. Eine Radikalisierung des antistrukturellen Potentials ist nach der Machtergreifung freilich nur im deutschen Fall zu beobachten. Während die Herrschaft Mussolinis eher eine bonapartistische Wendung nahm, die die bürokratischen Staatsapparate im Prinzip unberührt ließ, penetrierte in Deutschland die charismatische Vergemeinschaftung der Bewegungsphase tief in das institutionelle Gefüge des Anstaltsstaates und bewirkte eine umfassende Verflüssigung und Desinstitutionalisierung der politischen Ordnung (Bach 1991). Dies war freilich größtenteils das Ergebnis einer ungeplanten Entwicklung, so daß man auch in diesem Fall nur von einer begrenzten Annäherung an den Typus sprechen kann.

---

[36] Alternativ und möglicherweise funktional äquivalent hierzu ist auch eine Mobilisierung der Tradition denkbar, die eine allein an *religiösen* Prinzipien orientierte Rationalisierung der alltäglichen Lebensführung anstrebt: das Phänomen des Fundamentalismus. Trotz vieler gemeinsamer Züge, allen voran die Akzentuierung des Personalcharismatismus und die antistrukturelle Negierung einer Differenzierung der Gesellschaft in eigengesetzliche Teilbereiche, unterscheidet sich der Fundamentalismus gerade durch den Primat heilsgeschichtlicher Überzeugungen vom Faschismus, der eine genuin säkulare und politische Bewegung darstellt (was Anleihen bei der religiösen Symbolik nicht ausschließt). Eine exzellente Analyse des Fundamentalismus mit den Mitteln der Weberschen Religionssoziologie gibt Riesebrodt 1990.

c) Wenn jedoch der Akzent nicht auf der Antistruktur liegt, vielmehr auf dem Willen, neue, den Erfordernissen der Zeit gemäße Strukturen zu schaffen, und wenn dabei sachliche, nicht persönliche Orientierungen vorwiegen, dann entstehen daraus die Formen, die unter der Bezeichnung repräsentative Demokratie geläufig sind; dabei können wir uns auf die freie Repräsentation beschränken, da wir die gebundene Repräsentation bereits unter (a) abgehandelt haben und die Repräsentation durch Interessenvertretung ein relativ seltener Fall ist. Webers Verständnis von Repräsentation ist ganz unpathetisch. Es beschwört weder ein 'unsichtbares Sein', das durch ein öffentliches, anwesendes Sein sichtbar gemacht wird (Carl Schmitt), noch die als geistige Einheit existentiell vorhandene Volksgemeinschaft (Leibholz), noch einen, sei es empirischen, sei es hypothetischen Volkswillen. Statt dessen definiert es Repräsentation kühl als den Tatbestand, „daß das Handeln bestimmter Verbandszugehöriger (Vertreter) den übrigen zugerechnet wird oder von ihnen gegen sich als 'legitim' geschehen und für sie verbindlich gelten gelassen werden soll und tatsächlich wird" (WG 171) – wohl wissend, daß der Repräsentant faktisch nicht den Willen der Wähler oder gar des Volkes exekutiert, sondern seinen eigenen bzw. den seiner Partei. „Solche Begriffe wie 'Wille des Volkes', *wahrer* Wille des Volkes' usw. existieren für mich schon lange nicht mehr. Sie sind *Fiktionen*" (MWG II/5, 615). Allerdings handelt es sich um nützliche Fiktionen, denn sie erlauben eine Einschränkung des Kreises derjenigen, die die politischen Fragen beraten und entscheiden, und ermöglichen dadurch eine Entemotionalisierung und Versachlichung der Politik (MWG I/15, 305, 374). Der freie Repräsentant, sagt Weber, ist „pflichtmäßig nur an *sachliche* eigene Überzeugungen, nicht an die Wahrnehmung von Interessen seiner Deleganten gewiesen" (WG 172).

Die repräsentativen Demokratien lassen sich untergliedern in solche mit und solche ohne spezifizierte Gewaltenteilung. Im ersten Fall teilt die Repräsentativkörperschaft die Herrschaft mit anderen Gewaltträgern und beschränkt sich auf eine bestimmte Funktion, üblicherweise die Legislative: das in den westlichen Ländern seit dem 18. Jahrhundert sich durchsetzende Modell. Im zweiten Fall zieht die Repräsentativkörperschaft sämtliche Gewalten an sich, wie dies in Frankreich ab 1792 geschah. Charakteristisch für diese Form ist der von Karl Löwenstein so bezeichnete Typus der Konventsregierung, bei der die gesetzgebende Versammlung (Parlament) die unbestrittene Vormachtstellung gegenüber allen anderen Staatsorganen hat. Sie war historisch auch der erste Träger jenes Charismas der Vernunft, das ich weiter oben skizziert habe. Die bolschewistische Variante entwickelte sich zwar nicht aus der repräsentativen Demokratie, sondern aus der Rätedemokratie heraus, bog aber mit der Verfassung von 1936 ebenfalls in die Bahnen der Konventsregierung ein (Löwenstein 1961, 374 ff.).

d) Als vierter reiner Typus läßt sich die plebiszitäre Demokratie geltend machen. Sie kombiniert Personalismus und Struktur. Der bürokratische Anstaltsstaat der Moderne bleibt im Kern verbindlich, doch drängt das Bedürfnis der Massen, ihre Interessen auf direkterem Wege realisiert zu sehen als über die vielfältigen Vermittlungen und Filter des politischen Alltagsbetriebs zu einer persönlichen Gestaltung wenigstens der Spitze des Apparates. Dies begünstigt den Aufstieg von Individuen, die sich als Vertrauensleute der Massen präsentieren und mit ihrer Person für eine bestimmte Politik eintreten – 'Führer'. Wahlen werden unter diesen Auspizien Personalplebiszite, die Diskussion von Sachfragen tritt zurück hinter dem Wettkampf um die Gunst des Publikums, Politik wird in vieler Hinsicht zu einer Funktion der Rhetorik, mit der Gefahr, daß die Erwartungen der Massen schneller steigen als die Fähigkeiten der Führer, sie zu erfüllen.

Auch hier läßt sich eine weitere Untergliederung durch die Einführung des Kriteriums der spezifizierten Gewaltenteilung erreichen. Die klassische Verbindung der Führerdemokratie mit einer funktionalen Gliederung der Herrengewalten findet sich in der Verfassung der USA, nach der der Präsident als *Chief Executive* unmittelbar vom Volk gewählt wird, nicht Mitglied der Gesetzgebungskörperschaft und ihr auch nicht verantwortlich ist, andererseits aber, insbesondere in Budgetfragen, ohne oder gegen den Kongreß nicht viel bewegen kann. Eine abgeschwächte Variante bietet die Verfassung der V. Republik in Frankreich, die den direkt gewählten Präsidenten ebenfalls zur entscheidenden politischen Kraft macht, ihn aber nicht zum alleinigen Chef der Exekutive erhebt; er teilt die politische Führung mit dem von ihm ernannten Premierminister, der vor dem Parlament für die Regierungspolitik verantwortlich ist (Lacroix/Lagroye 1992).

Bei der autoritären Version dagegen sind die gesetzgebende und die ausführende Gewalt in der Hand des plebiszitären Führers vereinigt. Im Gegensatz zu Weber freilich, der hier eher zu einer weiten Auslegung neigt und unterschiedslos die antiken Tyrannen, die mittelalterlichen Signori, die Regime Cromwells, der Jakobiner und Napoleons I. aneinanderreiht (WG 156 f.), schlage ich vor, die Kriterien enger zu fassen. Von Diktaturen, die auf dem Wege des Militärputschs oder des kalten Staatsstreichs etabliert werden, unterscheidet sich der hier anvisierte Typus der 'demokratischen Diktatur' (Wüstemeyer 1986) dadurch, daß der Herr von einer freien Willenskundgebung der Beherrschten an die Macht getragen wird – ein Kriterium, welches nicht auf Napoleon I., wohl aber auf das Regime Louis-Napoleons zutrifft. Dieser gewann seine Herrschaft durch einen überwältigenden Sieg in einer demokratischen Wahl, in der er sich erfolgreich als Vorkämpfer der *souveraineté du peuple* und des *suffrage universel* präsentierte; interessanterweise übrigens im Rahmen des einzigen Versuchs, das amerikanische Präsidialsystem nach Europa zu verpflanzen (Fraenkel 1958, 19f.). Mit den Diktaturen Mussolinis oder Hitlers teilt dieser Typus die demokratische Investitur, doch fehlt eine auf charismatischer Vergemeinschaftung beruhende Partei mitsamt den für die Faschismen typischen Privatarmeen (Alff 1971, 30ff.). Vom Radikalfaschismus Hitlerscher Provenienz unterscheidet er sich außerdem durch die Respektierung, ja Förderung der bürokratisch-legalen Struktur. Zu Recht hat man vom Zweiten Kaiserreich gesagt, daß das Prestige und die Macht der Verwaltung unter ihm ihren Zenit erreicht hätten (Zeldin 1958, 82).

Die genannten Merkmale – die demokratische Investitur, das Fehlen einer wie auch immer organisierten Bewegung, das bejahende Verhältnis zu den bürokratischen Staatsapparaten – machen die demokratische Diktatur zu einer Erscheinung, die auf den okzidentalen Kulturraum im weiteren Sinne mit seiner sowohl bürokratischen wie demokratischen Tradition beschränkt ist. Außerhalb des Zweiten Kaiserreichs, das diesen Typus am reinsten verkörpert, finden sich nur Annäherungen: im Argentinien Peróns sowie im Regime Mussolinis ab 1925 (Waldmann 1977; Breuer 1985, 206). Gescheiterte Ansätze lassen sich in der freilich nur kurzfristigen Herrschaft Garibaldis über Sizilien und Neapel, im Boulangismus, vielleicht auch im Regime Kerenskijs ausmachen. Die Regierung Bismarcks, die verschiedentlich als bonapartistisch bezeichnet worden ist, gehört nicht hierher, denn sie verdankte sich monarchischer, nicht demokratischer Investitur und bediente sich darüber hinaus niemals des Plebiszits zur Durchsetzung ihrer Ziele (Mitchell 1977, 65). Den weit ausgreifenden Versuch Alain Rouquiés (1975), das Bonapartismus-Modell für die Analyse politischer Systeme der Dritten Welt fruchtbar zu machen, finde ich nicht überzeugend.

Stark vereinfacht, d.h. unter Weglassung der durch Kombination mit der spezifizierten Gewaltenteilung gewonnenen Untergliederungen, lassen sich die vier Grundformen der Demokratie in folgendes Schema bringen (Abb. 3):

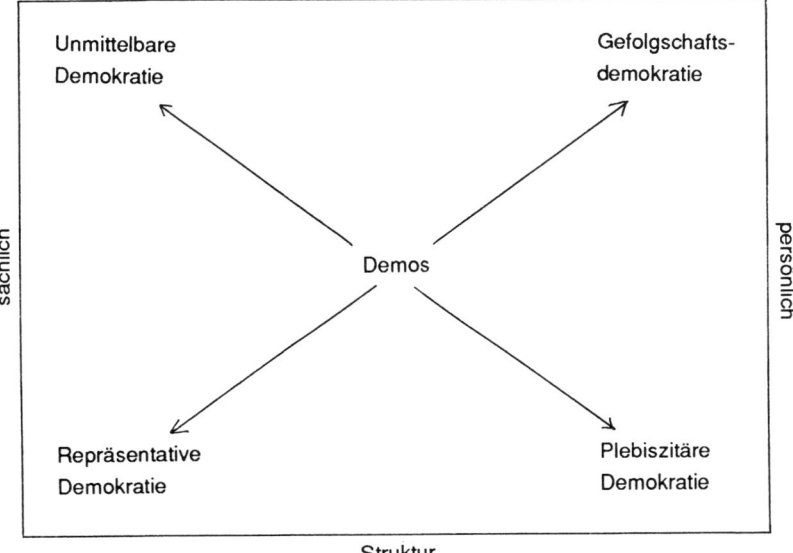

Zur Vervollständigung der Analyse ist nun freilich noch auf einen Faktor einzugehen, den wir verschiedentlich berührt, aber nicht systematisch behandelt haben: die Parteien und ihr Verhältnis zur Demokratie. Als auf *formal freier Werbung* beruhende Vergesellschaftungen mit dem Zweck des Machterwerbs gehören sie zu den Instanzen, die von den Beherrschten als Mittel gegen eine bestehende Herrschaft geschaffen werden; als *Vergesellschaftungen* indes geht ihnen jenes Moment der Antistruktur und der Communitas ab, das weiter oben für die revolutionäre Demokratie herausgestellt wurde[37]. In ihnen ist der antiautoritäre Grundzug der Demokratie negiert. Sie sind Herrschaftsverbände, deren Mitglieder als solche kraft geltender Ordnung Herrschaftsbeziehungen unterworfen sind; diese wiederum sind entsprechend den drei reinen Typen als charismatische, traditionale oder rationale Typen bestimmt. So bedeutet die Organisation der Beherrschten in Parteien wohl eine Stärkung ihrer Position gegenüber

---

[37] Jedenfalls soweit es sich um rationale oder traditionale Verbände handelt. Die charismatische Partei dagegen ist ein Grenzfall, da in ihr das Moment der Vergesellschaftung weitgehend von dem der Vergemeinschaftung überlagert, obschon nicht ganz ausgeschaltet wird.

den Herrschenden innerhalb des politischen Verbandes; jedoch nur um den Preis der freiwilligen Unterordnung unter ein neues Herrschafts-Knechtschafts-Verhältnis, bei dem „die Masse der Verbandsglieder nur eine Objektrolle spielt" (WG 169).

Bezieht man diese Überlegungen auf die vier reinen Typen der Demokratie, so zeigen sich allerdings unterschiedliche Effekte. Die unmittelbare Demokratie wird durch den Aufstieg der Parteien vollständig negiert. Herrschaftsfreie unmittelbare Demokratie, heißt es lapidar, bestehe nur so lange genuin, „als keine *Parteien* als *Dauer*gebilde entstehen, sich bekämpfen und die Ämter zu appropriieren suchen. Denn sobald dies der Fall ist, sind der *Führer* der Kämpfenden und – mit gleichviel welchen Mitteln – siegenden Partei und sein Verwaltungsstab *herrschaftliches* Gebilde, trotz Erhaltung aller Formen der bisherigen Verwaltung" (WG 171). Die repräsentative Demokratie verfügt über ein größeres Widerstandspotential, doch wird auch ihr Spielraum stark eingeschränkt, indem der Abgeordnete „aus einem 'Herrn' des Wählers zum *Diener der Führer der Parteimaschine*" wird (WG 174). Und was die beiden anderen Varianten angeht, so steigert sich mit dem Organisationsgrad der Partei als des 'Stabes' des Führers naturgemäß die Chance, die antiautoritäre Umdeutung des Charismas nun ihrerseits einer autoritären Umdeutung zu unterziehen. Max Weber war, im Unterschied zu Robert Michels, nicht auf ein rousseauistisches Idealbild der Demokratie fixiert. Dessen These indes, wonach mit zunehmender Organisation der Parteien die Demokratie dahinschwinde (Michels 1911, 26), hätte auch er unterschreiben können.

Heute, aus dem Abstand von fast einem Jahrhundert, ist klar, warum diese Sichtweise nicht ganz falsch, aber auch nicht ganz richtig ist. Gewiß, die unmittelbare Demokratie ist fast überall von den Parteien erdrückt worden, jedoch eben nur fast: in den USA etwa hat sie sich, in Verbindung mit der plebiszitären Präsidentschaft, als kräftig genug erwiesen, um ihrerseits den Parteibetrieb der Politik zu unterminieren. Die repräsentative Demokratie steht wohl durchgängig im Würgegriff der Fraktionsdisziplin und anderer Zwänge, ist aber dennoch ein – in Deutschland durch Verfassung und Verfassungsrechtsprechung gestärktes – Element geblieben, das zumindest punktuell politische Relevanz gewinnen kann – siehe die §-218-Entscheidung von 1992. Der Aufstieg plebiszitärer Führer kann zwar durch organisierte Massenparteien begünstigt werden, doch ist diese Entwicklung keine Einbahnstraße. Die vor allem durch die Massenmedien gegebene Chance für charismatische Persönlichkeiten, sich direkt an die Massen zu wenden, kann eine Schwächung, ja Erosion der Parteien auslösen, wie das politische System der USA seit den sechziger Jahren lehrt; umgekehrt kann die Verfilzung von Politik, Verwaltung, Wirtschaft und Verbänden jenen Typus der 'führerlosen Demokratie' fördern, in dem ein kleiner Kreis von Mehrfachfunktionären mit multiplen Mitgliedschaften Politik auf die Verteilung von Steuergeldern und Ämtern reduziert und dies mit einem kontinuierlichen Verfall ihres Ansehens, d. h. ihrer Führereigenschaften bezahlt: das Beispiel der Bundesrepublik Deutschland (Scheuch/Scheuch 1992). Eine generelle Entwicklungsmechanik in dem von Weber unterstellten Sinne, wonach die Bürokratisierung der Parteien die cäsaristische Führerauslese begünstige und umgekehrt, ist nicht zu erkennen. Es gibt plebiszitäre Präsidenten, die ohne starke Parteibasis regieren, und solche, die sich auf ergebene Apparate stützen, Staatsführer, die nur den Willen ihrer Partei exekutieren, und solche, die es verstehen, die Fähigkeit der Parteien zur Machtausübung gründlich zu destruieren. Nimmt man die Einsicht der modernen Parteiforschung hinzu, derzufolge die Annahme eines einheitlichen, vom cäsaristischen Führer oktroyierten Parteiwillens genausosehr Fiktion ist wie die eines einheitlichen Volkswillens (v. Beyme 1984, 285), so ist klar, in welche Richtung die These von Weber und Michels ergänzt werden muß: Der Aufstieg der Parteien affiziert wohl die Demokratie, doch affiziert diese ihrerseits die Parteien. Die vier reinen Typen der Demokratie bleiben deshalb auch unter den Bedingungen moderner Parteiherrschaft ein nützliches Analyseinstrument.

BÜROKRATIE UND CHARISMA HEUTE:
VOM ANTAGONISMUS ZUR OSMOSE
(EIN POSTWEBERIANISCHER AUSBLICK)

Wir sind am Ende unserer Streifzüge durch die politische Soziologie
Max Webers. Die Ausbeute war größer, als man uns prophezeit hatte.
Viele der Urteile, die über diese Soziologie im Umlauf sind, erwiesen
sich als haltlos; statt einer Sammlung von Museumsstücken fanden wir
ein keineswegs rostig gewordenes Instrumentarium, das auch heute
noch gute Dienste zu leisten vermag. Woher dann dennoch der Eindruck des Unzulänglichen, Nicht-mehr-Hinreichenden, ja des Über-
holten und Antiquierten, dem sich niemand ganz zu entziehen
vermag?

Er rührt zum einen aus dem individualistischen Zuschnitt dieser Soziologie, aus dem, was man als „großbürgerliches Aktionsmodell" bezeichnet hat (Rehberg): jenem emphatischen Verständnis, das in der
Politik wie in der Wirtschaft vor allem die Handlungs- und Verfügungs-
chancen aktionsmächtiger, mit Willens- und Durchsetzungsfähigkeit
ausgestatteter Subjekte betont. Gewiß gibt es bei Weber auch die andere Seite: die Einsicht in die entindividualisierenden, standardisie-
renden Folgen moderner Großorganisationen, die den einzelnen auf
die Funktion eines austauschbaren Rädchens in einem riesigen Mechanismus reduzieren (im digitalen Zeitalter eine ihrerseits antiquierte Metapher). Gleichwohl unterliegt es keinerlei Zweifel, daß
Weber in dieser Reduktion primär eine Bedingung der Möglichkeit
für die Steigerung der Handlungschancen von Großsubjekten gesehen hat – jener Cäsaren des Wahlschlachtfeldes, Parteistrategen,
Wirtschaftstycoons, denen seine unverhohlene Bewunderung galt.
Wilhelm Hennis hat diese Rolle der Persönlichkeit in Webers Werk
noch einmal ganz stark gemacht und damit freilich auch die Grenzen
dieser Position beleuchtet: denn wenn der aristokratische Individualismus Webers Distanz gegenüber seiner Gegenwart begründet, so erklärt er zugleich unsere eigene Distanz zu Weber. Die Zeit der großen
Kapitäne ist vorbei. Heute werden die Supertanker durch rechner-
gestützte Antikollisionssysteme geleitet, und wenn überhaupt noch
von Kapitänen die Rede ist, so von solchen, die im Zustand vermin-
derter Zurechnungsfähigkeit eine Havarie verursachen.

Der Eindruck von Antiquiertheit speist sich indes noch aus einer anderen Quelle: dem tiefen Ordnungsvertrauen, das diese Soziologie grundiert. Wo Weber auch ansetzt, fällt sein Blick auf Ordnungen, im Recht, in der Wirtschaft, in der Religion, in der staatlichen Verwaltung – 'Die Wirtschaft und die gesellschaftlichen *Ordnungen* und Mächte' sollte bekanntlich der Titel seines Opus magnum werden. Natürlich ist auch das wiederum nicht alles. Ich habe mich gerade in diesem Buch darum bemüht, die große Bedeutung herauszuarbeiten, die Weber den Gegenkräften zur Ordnung: dem Charisma, der Antistruktur, beigemessen hat. Wägt man indes ab, so neigt sich die Schale eindeutig zugunsten der Ordnung. Das Charisma in seiner genuinen Gestalt bringt zwar die Macht des Außeralltäglichen zur Geltung, aber irgendwann ist Schluß, fordert der Alltag wieder sein Recht, kommt es zur Routinisierung. Als Dauerzustand läßt sich das Außeralltägliche nur mit ungeheurem Energieaufwand festhalten, und dann auch nur an den äußersten Rändern der Gesellschaft, in der Bohème oder in esoterischen Zirkeln. Überall sonst regiert die Ordnung, so fest, so unerschütterlich, daß Weber sich eher veranlaßt sah, vor *zuviel* Ordnung zu warnen. Der moderne Kapitalismus erschien ihm als ein die Wirtschaft und durch sie das Alltagsschicksal der Menschen unentrinnbar beherrschendes System; die staatliche Bürokratie als 'lebende Maschine', die dabei war, die ganze Gesellschaft in ein 'Gehäuse der Hörigkeit' zu verwandeln. Berühmt und immer wieder des Zitierens wert seine Worte auf der Wiener Tagung des Vereins für Sozialpolitik:

„Diese Leidenschaft für die Bürokratisierung, wie wir sie sich hier äußern hörten, ist zum Verzweifeln. Es ist, als wenn in der Politik der Scheuerteufel, mit dessen Horizont der Deutsche ohnehin schon am besten auszukommen versteht, ganz allein das Ruder führen dürfte, als ob wir mit Wissen und Willen Menschen werden *sollten*, die 'Ordnung' brauchen und nichts als Ordnung, die nervös und feige werden, wenn diese Ordnung einen Augenblick wankt, und hilflos, wenn sie aus ihrer ausschließlichen Angepaßtheit an diese Ordnung herausgerissen werden. Daß die Welt nichts weiter als solche Ordnungsmenschen kennt – in dieser Entwicklung sind wir ohnedies begriffen, und die zentrale Frage ist also nicht, wie wir das noch weiter fördern und beschleunigen, sondern was wir dieser Maschinerie *entgegenzusetzen* haben, um einen Rest des Menschentums freizuhalten von dieser Parzellierung der Seele, von dieser Alleinherrschaft bürokratischer Lebensideale" (GASS 414).

Es sind solche Äußerungen, die Webers tiefe Verwurzelung im 19. Jahrhundert am deutlichsten erkennen lassen. Weber konnte sich,

wie wir alle, die Zukunft nur als Verlängerung von bereits beobacht-
baren Tendenzen vorstellen; und diese Tendenzen wiesen im Jahrhundert der Industrialisierung und des Rechts- und Verwaltungsstaates
auf eine fortschreitende Verdichtung und Expansion sozialer Ordnungen. Die Durchsetzung des staatlichen Gewaltmonopols machte
die Interaktionen, wenigstens im Prinzip, frei von spontanen und irrationalen Unterbrechungen und ermöglichte dadurch den Aufbau
langer und halbwegs berechenbarer Handlungsketten. Die Bereitstel-
lung rechtlicher Verfahren für die Austragung von Konflikten erlaubte
eine Entlastung der Kommunikation und eine Regulierung des Stör-
potentials. Die Verbetrieblichung der Wirtschaft gewöhnte die Menschen in einem zentralen Lebensbereich an Disziplin, Kontinuität und
Stetigkeit. Dies alles vorerst nur in einem relativ kleinen Teil der Welt,
aber mit deutlich darüber hinausweisender, virtuell globaler Tendenz.
Webers Bemerkungen über die drohenden Schließungstendenzen des
Hochkapitalismus, seine Warnungen vor der Bürokratisierung, sein
Drängen etwa in bezug auf Rußland, hier schnell noch die Menschenrechte zu verankern, 'solange es Tag sei', „solange die ökonomische
und geistige 'Revolution', die vielgeschmähte 'Anarchie' der Produk-
tion und der ebenso geschmähte 'Subjektivismus' noch ungebrochen
bestehen" (GPS 65) – all das gewinnt seinen Sinn nur auf der Folie der
Annahme einer rapide fortschreitenden Verallgemeinerung jener
Ordnungskonfigurationen, die der Okzident in den vorangegangenen
Dezennien entwickelt hatte.

Es läßt sich nicht bestreiten: diese Verallgemeinerung hat stattgefunden; sie findet noch immer statt. Was Weber sich indes nicht
träumen ließ, ist das Ausmaß an Unordnung, das dabei entsteht. Die
erstaunliche Leistung, die der Kapitalismus vollbracht hat: einer
desintegrierten, von ihren Produktionsmitteln getrennten, von Hun-
gersnöten und Epidemien geschüttelten Bevölkerung nicht nur Nah-
rungsgrundlagen, sondern einen geschichtlich beispiellosen Massen-
wohlstand zu bescheren, scheint sich außerhalb des Okzident nur in
Ausnahmefällen wiederholen zu wollen. Die Regel ist der wirtschaftliche Ruin, die Dekomposition, die permanente Katastrophe. Weite
Teile Lateinamerikas, Afrikas, Vorder- und Südasiens sowie der ehe-
maligen Sowjetunion sind Zonen der Verwüstung und der Verhee-
rung, in denen malthusianische Zyklen nie gekannten Ausmaßes statt-
finden. Eine funktionsfähige ökonomische Ordnung ist hier nirgends
in Sicht. Die staatlichen Strukturen sind von Korruption und Vetternwirtschaft zerfressen, wenn sie sich nicht ganz auf die Herrschaft der
Armee oder des Geheimdienstes reduzieren. Von einem durchsetz-

baren Recht findet sich keine Spur. Die „universelle Gültigkeit" der
okzidentalen Kulturerscheinungen, von denen Weber sprach, beschränkt sich auf American Express und die Kalaschnikow. Daß dazu
irgendwann eine rationale Organisation des öffentlichen Lebens gehören wird, wagen heute selbst die optimistischsten Entwicklungs-
helfer nicht mehr zu hoffen. Rationale Ordnung ist zum Privileg einer
Minderheit von Gesellschaften geworden, nicht zum Ausgangspunkt
einer Neugestaltung der Welt.

Auch in bezug auf diese Minderheit kommt Webers Problembe-
schreibung nur mehr begrenzte Gültigkeit zu. Sie betrifft vor allem die
'Gesellschaft der Organisationen'. Der Ausbau der 'Versicherungsge-
sellschaft' und des 'Vorsorgestaates' (François Ewald) hat nicht nur zu
einer Linderung von Existenznöten geführt, sondern zugleich zu einer
Ausweitung der Bürokratie, insbesondere der staatlichen. In vielen
OECD-Ländern ist der Staatsanteil des Bruttosozialprodukts auf
über 50% gestiegen, ein Viertel der Beschäftigten arbeitet in Berufen
mit den Charakteristika des öffentlichen Dienstes. Das Alltagsleben
ist vom Papierkrieg und vom Schlangestehen in Ämtern geprägt, die
Politik vielerorts im Dickicht des Korporatismus verendet. Man muß
kein Prophet sein, um zu erkennen, daß damit das Ende des Prozesses
noch längst nicht erreicht ist. Die zahlreichen neuen Probleme, mit
denen die Industrieländer konfrontiert sind: die Auflösung der Familie und die Überwälzung bisher von ihr ausgeübter Funktionen auf
das öffentliche Gesundheits- und Erziehungswesen; der drohende
Kollaps des Individualverkehrs; die Prävention und Reparatur ökolo-
gischer Schäden; die Verwaltung der Massenarbeitslosigkeit und der
Immigrationswellen; der steile Anstieg des organisierten, meist grenz-
übergreifenden Verbrechens – dies alles und vieles andere wird zu
mehr Bürokratie führen, nicht zu weniger, zu einer weiteren Ausdehnung von Regelsystemen und Kontrollen, die den Weberschen Alp-
traum vom Gehäuse der Hörigkeit als realistisches Szenario erscheinen
läßt.

Parallel dazu aber, und vermutlich mit rascherem Tempo, wächst
die Desorganisation. Einmal auf dem Wege des Imports. Mit der
Flucht zahlloser Verzweifelter aus den Reichen des Elends und der
Folter werden die bis dahin relativ homogenen Kulturen im Zentrum
des modernen Weltsystems in einem Maße heterogenisiert, daß jeder
Gedanke an Integration illusorisch ist. Die Folge ist nicht nur ein ex-
zessiver kultureller Pluralismus, der auch noch das letzte Minimum an
Gemeinsamkeiten negiert, sondern eine Anhäufung von sozialem
Sprengstoff, da ethnische Separierung und wechselseitige Diskrimi-

nierung sich mit sozialen und ökonomischen Asymmetrien amalga-
mieren und Dritte-Welt-Strukturen inmitten der Metropolen entstehen lassen. Schon wenige Kilometer von den Kommandohöhen
des Weltkapitals an der Wallstreet beginnen die *no-go-areas* der Bronx
und Harlems, und selbst das einst kosmopolitische Brooklyn, lange
Zeit das Vorzeigeexempel der *melting pot*-Ideologen, wird heute von
Stammesfehden zwischen jüdischen und schwarzen Einwohnern erschüttert. Wie nahe beieinander Kosmos und Chaos inzwischen
liegen, hat niemand eindrucksvoller illustriert als Tom Wolfe in seinem
›Bonfire of Vanities‹, in dem schon ein so trivialer Vorgang wie das falsche Abbiegen vom Expressway genügt, um eine Kette von Minikata-
strophen auszulösen.

Ausfahrten wie die nach BRONX UPSTATE N. Y. finden sich
heute überall in der westlichen Welt. Städte wie London und Amsterdam sind keine okzidentalen Städte mehr, wie Max Weber sie beschrieb, sondern „orientalische" Städte, kulturell wie strukturell; um
Paris, die Hauptstadt des 19. Jahrhunderts und die Kapitale des rationalen Staates schlechthin, zieht sich ein würgender Ring von *banlieues*
wie Epinay, Saint-Denis, Stains, La Courneuve etc., die fest in der
Hand der Zulus und der *beurs* sind, also von Maghrebinern, deren El-
tern aus Algerien, Tunesien und Marokko eingewandert sind. Abge-
drängt von einer Gesellschaft, die sie nicht will und ihnen keine
Chancen gibt, führen sie eine Existenz inmitten von Gewalt, Recht-
losigkeit und Bandenterror, lebende Tote in einem Zwischenreich, das
keine Statuspassage mehr ermöglicht. Der institutionelle Flächenstaat, der, als der allgemeine Verband, alle besonderen Verbände in
sich aufhebt und durchdringt, ist hier längst zum Staat des Verzichts
geworden, zum Auslieferungsstaat, der die unwillkommenen, nicht
selten auch illegalen Einwanderer zwar duldet, sie zugleich aber aus
der Geltung des allgemeinen Rechts eximiert. Die weißen Flächen,
die einst auf den Landkarten unerforschte Gebiete, also Wüsten oder
Wildnis, bezeichneten, terras incognitas, werden größer. Der Rechts-
staat durchsetzt sich gleichsam selbst mit Inseln des Ausnahmezu-
stands, der nun freilich nicht mehr durch Überpräsenz der politischen
Gewalt, sondern durch ihre Abwesenheit gekennzeichnet ist. Die
Wüste wächst . . .

Aber man sollte den Anteil des Imports an der Produktion von
Chaos nicht überschätzen. Weitaus der größte Teil ist hausgemacht. Es
ist, als ob die westlichen Gesellschaften insgesamt eine Schwelle überschritten hätten, die für einen wachsenden Teil der Bevölkerung wie
ein Filter wirkt. Die Konkurrenz um die stets kleiner werdende Zahl

von Arbeitsplätzen, welche zugleich immer höhere Anforderungen an die formale Rationalität stellen, das Mißverhältnis zwischen den langen Ausbildungszeiten und den tatsächlichen Chancen, der ständige Zwang zu Mobilität und Flexibilität sowie die damit verbundene Pulverisierung sozialer Zusammenhänge, dies alles wird zwar von der 'Mehrheitsklasse' (Dahrendorf) teils stoisch, teils mit sadomasochistischer Lust ertragen, hinterläßt aber tiefgreifende Schädigungen der Familie, die noch zu Max Webers Zeiten keine Probleme hatte, Ordnungsmenschen hervorzubringen, Menschen also, die imstande waren, das Legalitätssystem zu respektieren und sich den Standards des Homo oeconomicus entsprechend zu verhalten. An ihnen herrscht auch heute noch kein Mangel, doch sind die Montagsproduktionen von Family Inc. mittlerweile Legion. Sechs Millionen Drogensüchtige allein in den USA, 120000 *Junkies* in der Bundesrepublik, die das Leben nur noch ertragen, wenn sie in regelmäßigen Abständen ihren Hunger nach einem archaischen, Allmacht und Vollkommenheit verbürgenden Objekt befriedigen können; Suizidraten, die jedes Jahr eine ganze Kleinstadt von der Landkarte verschwinden lassen; schließlich jene jüngste nachtmahrische Erscheinung eines vorwiegend aus männlichen Jugendlichen bestehenden Mobs, der seine brüchige Identität zu stabilisieren versucht, indem er Ausrottungsfeldzüge gegen die Personifikationen seiner unbewußten Ängste führt: Fremde, Obdachlose, Behinderte – das sind nur einige Indizien für einen umfassenden Verfallsprozeß, der mit der bei Soziologen so beliebten Anomie nicht mehr viel zu tun hat. Denn nicht die fehlenden Werte sind das Problem, sondern schon das Fehlen jener psychischen Instanz, in die Werte sich implantieren lassen. Was immer die Ursachen sein mögen: ein wachsender Teil der Bevölkerung erhält heute in der Primärsozialisation nicht mehr die Grundausstattung, an der eine Verankerung von Geltungsgründen, sei es traditionaler, sei es rational-legaler Art, ansetzen könnte. Nicht nur ökonomisch und ökologisch, auch psychologisch gerät die moderne Gesellschaft zusehends ins Defizit. Wie nach außen hat auch nach innen, nach der Seite der 'psychischen Systeme', wie es in der Systemtheorie etwas euphemistisch heißt, der Strukturabbau, die Desorganisation eine Dimension angenommen, die für einen Bürger des 19. Jahrhunderts wie Max Weber vollkommen jenseits des Vorstellbaren liegt.

So wächst das Gehäuse, und neben ihm und in ihm eine Welt, die sich den Kategorien der klassischen Soziologie mehr und mehr entzieht. Rationaler Kapitalismus? Ein beliebiges Großunternehmen muß heute Heerscharen von juristischen Spezialisten beschäftigen,

um sich nicht in den Fallstricken der EG-Binnenmarktordnung zu
verheddern. Rationales Recht? Zahllose Fragen zivilrechtlicher Art
könnten ebensogut im Würfelverfahren erledigt werden; das Strafrecht ist dank *plea bargaining* marktförmig geworden und ohnehin
eine abhängige Variable der Gefängnisauslastung. Ganze Normbe-
stände erscheinen schlicht überflüssig, wenn die Aufklärungsquote
zwischen 30 und 16 Prozent liegt, wie etwa bei Straßenraub oder Woh-
nungseinbrüchen. Die Menge der jährlich per Ladenstiebstahl ent-
wendeten Waren reicht in Deutschland aus, um einen Güterzug von
250 km Länge zu füllen. In einer Stadt wie New York verschwindet alle
vier Minuten ein Auto, ereignet sich alle sechs Minuten ein Raub, alle
viereinhalb Stunden ein Mord. Und der rationale Staat? Der ist
vollauf damit beschäftigt, begütigend auf Bauern oder Fischer einzu-
wirken, die Finanzämter in Brand stecken, Großmärkte stürmen und
ganze Wagenladungen von Produkten der ausländischen Konkurrenz
vernichten, weil sie einen Dissens mit den Zollbehörden haben. Oder
er verhandelt gerade mit Gewerkschaften und Transportunterneh-
mern, um die Freilassung von Millionen blockierter, kollektiv in Gei-
selhaft genommener Autofahrer zu erreichen. Oder mit Jugend-
banden, die ein Haus besetzt haben und die Gefahr der Räumung
abwenden wollen, indem sie mit Plünderungszügen in die City
drohen. Was Wunder, wenn die Wohlhabenden angesichts dieser Art
von 'Minimalstaat' sich ihre eigenen Sicherheitszonen schaffen, von
Mauern umgebene, mit Suchscheinwerfern und elektronischen Sen-
soren geschützte Hochsicherheitstrakte wie Alphaville in Brasilien
oder ähnliche Inseln in den Vereinigten Staaten. Nichts dokumentiert
den Niedergang des Staates so deutlich wie die Tatsache, daß selbst in
einem vergleichsweise noch so sicheren Land wie der Bundesrepublik
die privaten Sicherheitsdienste schon fast den gleichen Personalstand
aufweisen wie die Polizei. Der Staat dagegen gleicht zunehmend, wie
Rüdiger Altmann bemerkt hat, einem kastrierten Kater: Er hat zwar
an Umfang gewonnen, aber an Potenz verloren.

Wenn diese Überlegungen richtig sind, muß das Verhältnis von
Bürokratie und Charisma neu konzipiert werden. Die Webersche Soziologie denkt dieses Verhältnis als eine Art Nullsummenspiel: mehr
Bürokratie bedeutet ihr Einschränkung des Charismas, mehr Charisma dagegen eine Durchbrechung der Rationalität. Plausibler ist jedoch die Annahme, daß beide gleichzeitig zunehmen und dabei in
einem Maße durchlässig gegeneinander werden, wie Weber es sich
nicht vorstellen konnte. Im Schatten der gigantischen Bürokratien des
Vorsorgestaates gedeihen heute allenthalben Klientelismus und Triba-

lismus und sichern sich fette Weidegründe inmitten der Institutionen; die Wucherungen der Antistruktur wiederum beschleunigen den Ausbau des Sicherheits- und Überwachungsstaates, der mit allen Mitteln versucht, die Zirkulation einigermaßen störungsfrei zu halten. Gleichzeitig lockern die rationalen Systeme ihre internen Hierarchien und öffnen sich gegenüber ihrer Umwelt; ihr polyzentrischer, heterarchischer Aufbau wiederum färbt auch auf die Gegenstrukturen ab und verstärkt deren amorphe, proteische Natur. An die Stelle des einen, großen Führers, der alles, und zwar jetzt, will, sind längst die vielen kleinen Führer mit limitiertem Anspruch getreten, die Stars der Unterhaltungsbranche und des Sports, die Gurus und Sektenprediger, die Gangleader und Platzhirsche, deren Horizont oft nur bis zur nächsten Straßenkreuzung reicht; immer häufiger kommt es vor, daß die modernen Schwurgemeinschaften ad hoc einen Führer erfinden, um den Medien etwas präsentieren zu können, was dem Klischee entspricht. Die Zeit der Feldschlachten ist vorbei, der kleine Krieg hat den großen abgelöst.

Am weitesten fortgeschritten ist die Osmose von Rationalität und Charisma in den Medien, besonders den optischen und akustischen. Mit ihnen ist die Sphäre des Liminalen, des Außeralltäglichen, des Norm- und Kontrollfreien, in dem alle Tabus aufgehoben sind, Teil des Alltags geworden, jederzeit und jedenorts zugänglich. Per Fernbedienung kann sich jeder, vom Millionär bis zum Sozialhilfeempfänger, in eine Welt katapultieren, in der auch noch die letzten Scham- und Peinlichkeitsschranken gefallen sind; kann er in ein Pandämonium von Perversion, Brutalität und Zynismus eintauchen, an dem gemessen die gräßlichsten Visionen von Bosch oder dem Höllen-Breughel wie Gutenachterzählungen erscheinen. Das Ekstatische, die Besessenheit, die 'kosmische' Verschmelzung, das pornographierte Begehren, die Omnipotenzphantasie: all diese archaischen, antistrukturellen Bedürfnisse, die in älteren Gesellschaften nur zu genau festgelegten Zeiten an genau abgegrenzten Orten enthüllt werden durften, sind nun ebenso an- wie abdrehbar, also der rationalen Disposition unterliegend; und ebenso rational, hochrational, sind auch die technische Apparatur und die Verwaltungen, die diesen Service bieten. Es sind Herren im grauen Flanell, die täglich darüber entscheiden, ob dem Voyeurismus des Publikums heute eher mit einer Fellatio im Kuhstall oder der kunstgerechten Tranchierung eines weiblichen Körpers mit der Moulinex aufgewartet werden soll.

Einfache Kausalketten lassen sich hieran nicht anknüpfen. Es dürfte eine verschwindende Minderheit sein, die es danach drängt, das Gelernte sogleich in die Tat umzusetzen. Daß aber das ständige Aufreißen der Alltagsordnung, die immer tiefere Punktierung der Struktur mit Antistruktur, allmählich zu einer Grenzverwischung führt, ist keine ganz unwahrscheinliche Annahme. Die rationalen Ordnungen, die einmal errichtet wurden, um Ambiguität und Ambivalenz auszuschalten, um das Fließende, Chaotische und eo ipso Unsicherheit Erzeugende identisch, benennbar und berechenbar zu machen, sie werden in wachsendem Maße durchlässig gegen das Ausgegrenzte, Nicht-Lizensierte; und dies mitnichten im Sinne eines psychoanalytischen Heilungsprozesses, bei dem ein starr gewordenes Ich das Verdrängte durcharbeitet und dabei Stärke gewinnt, sondern im Gegenteil im Sinne einer fortschreitenden Überschwemmung, die die Ingenieure zwingt, immer höher zu bauen. Als Erbe der okzidentalen Aufklärung hat Max Weber den Prozeß der Rationalisierung noch ganz als Entzauberung denken können. Erst heute beginnen wir zu ahnen, wie verzaubert, um nicht zu sagen verhext ein Vorgang sein muß, der in einem Zug die Ordnung und ihr Gegenteil steigert. Wie lange noch?

COROLLARIEN

I. Hierokratie, Bürokratie und Charisma.
Zu einer alternativen Deutung der Rationalisierung des Staates

In der neueren Literatur über Max Weber ist die im zweiten und dritten Text dieses Bandes entwickelte Sichtweise nicht unumstritten. Eine andere Linie verfolgt etwa Wolfgang Schluchter, wenn er die Wurzeln der okzidentalen Sonderentwicklung bis weit in das Mittelalter, ja noch darüber hinaus bis in die Antike zurückführt und insbesondere auf dem herausragenden Beitrag des Christentums zur Genesis des okzidentalen Rationalismus insistiert. Schluchter ist ein viel zu gründlicher Kenner des Weberschen Werkes, als daß er sich dabei mit einem einzigen Kausalstrang begnügen würde. Sowohl seine Darstellung des antiken als auch die des mittelalterlichen Christentums gehen umfassend auf die wirtschaftlichen, sozialen und politischen Komponenten der verschiedenen 'großen Transformationen' ein. Dennoch schiebt sich in seinen Analysen eine Entwicklungslinie immer wieder in den Vordergrund: das eigentümliche Schicksal der christlichen Offenbarung und die von ihr ausgehenden Rationalisierungsimpulse. Schon in den nachpaulinischen Gemeinden vollziehe sich eine 'Versachlichung des Charismas' in dem Sinne, daß das genuine, personale Charisma Jesu Christi zwar umgeformt werde, daß aber gleichzeitig seine Kraft dauerhaft erhalten bleibe. Eine derartige Versachlichung sei von der Veralltäglichung des Charismas zu unterscheiden, bei welcher das Charisma letztlich verebbe und durch Traditionalisierung oder Legalisierung ersetzt werde.

Resultat dieser Versachlichung ist „die Ausbildung der christlichen Kirche, der ersten rationalen Bürokratie, die die Weltgeschichte kennt" (Schluchter 1988, II, 248; 238ff.). Die Kirche wiederum schafft jene anstaltsmäßige Organisation, die in der frühen Neuzeit das Vorbild für die moderne Verwaltung abgibt. Schluchter identifiziert dabei nicht Verwaltung und Staat. Der demokratische Verfassungsstaat hat andere Wurzeln, die sich aus der feudalen und der städtischen Revolution ergeben. Daß aber schon die Kirche im Prinzip über eine rationale Organisation und ein rationales Recht verfügt, gilt ihm als ausgemacht – durchaus in Übereinstimmung mit einigen Äußerungen Webers, die sich in diesem Sinne interpretieren lassen (WG 480 f.).

Was den hohen Rationalitätsgrad der (mittelalterlichen) Kirche betrifft, so beruft sich Schluchter mehrfach auf die eindrucksvolle Darstellung, die Harold J. Berman in seinem Buch ›Recht und Revolution‹ gegeben hat. Berman unterscheidet sich zwar von Schluchter insofern, als er nachweisen will, daß der moderne Staat und zahlreiche andere als modern erachtete Erscheinungen „ihren Ursprung in der Zeit zwischen 1050 und 1150 haben *und nicht früher*" (Berman 1991, 19). Doch berührt er sich mit ihm in der Auffassung, daß der päpstlichen Revolution – gemeint ist die gregorianische Reform um 1075 – eine Schlüsselstellung in der Genealogie der modernen Bürokratie und des rationalen Rechts zukommt. Dazu führt er zwei Gründe an. Zum einen wirkt die päpstliche Revolution „wie eine Atomexplosion, die die germanische Christenheit in zwei Teile spaltete: die Kirche als unabhängige, sichtbare, körperschaftliche, juristische Struktur und die weltliche Ordnung als zerfallend in verschiedene politische Gebilde" (ebd. 810). Zum andern setzt sie innerhalb der auf diese Weise ausdifferenzierten Kirche einen organisatorischen und rechtlichen Rationalisierungsschub in Gang, dessen Ergebnisse Vorbildcharakter sowohl für die weltlichen Behörden als auch für die weltlichen Rechtssysteme gewinnen. Das kanonische Recht wird damit zum ersten der modernen Rechtssysteme, die Kirche zum ersten modernen Staat, der über eine unabhängige, hierarchische Gewalt, das Recht der Gesetzgebung, eine Verwaltungshierarchie und eine Hierarchie von Gerichten verfügt:

„Zum erstenmal wurde das geistliche Schwert in ein Rechtssystem und eine Rechtswissenschaft gefaßt, nämlich das neu systematisierte und rationalisierte kanonische Recht Gratians und der großen Juristen-Päpste des 12. und 13. Jahrhunderts. Das Papsttum entwickelte auch die Regierungsinstitutionen und den bürokratischen Apparat, der dieses Rechtssystem in die Tat umsetzte: einen Berufsrichterstand, ein Schatzamt, eine Kanzlei. Das war das erste moderne westliche Regierungs- und Rechtssystem. Es wurde mit der Zeit von den weltlichen politischen Gebilden nachgeahmt, die in den folgenden Generationen Gestalt annahmen" (ebd. 791 f.).

Eine Kritik an dieser Position kann nicht darin bestehen, ihr jeglichen Wahrheitsgehalt zu bestreiten. Die päpstliche Revolution des Mittelalters hat in der Tat eine Entwicklung eingeleitet, die eine Konzentration und Verdichtung des religiösen Feldes begünstigte und damit ungewollt zu einer Herauslösung weltlicher Handlungssphären aus dem genuin Religiösen führte. Schon bei Thomas von Aquin, und weit mehr noch bei Autoren wie Dante und Marsilius, finden wir, obschon noch innerhalb einer religiös-metaphysischen Gesamtkonstruktion, die Eigenständigkeit des Weltlebens, allen voran des Staates, klar ausgesprochen und den Verzicht auf eine direkte Umsetzung der Prinzipien der christlichen Botschaft vollzogen (Troeltsch 1919, 272f.; Ullmann 1975, 184f.). Ebensowenig kann in Zweifel stehen, daß das Kirchenrecht einen hohen Grad an Systematik aufwies und daß die Kanonisten wichtige Vorleistungen für die okzidentale Rechtskultur erbrachten, etwa im Strafrecht, im Privatrecht oder im öffentlichen Recht, in welchem letzteren sich Verbindungslinien vom Konziliarismus zum neuzeitlichen Konstitutionalismus ziehen lassen (Treiber 1993, 116 m.w.N.). Ich selbst habe weiter oben argumentiert, daß das Charisma der Vernunft, das für die anstaltliche Variante des modernen Staates konstitutiv ist, nur aus dieser Traditionslinie heraus verständlich ist.

Schluchter und weit mehr noch Berman begnügen sich jedoch nicht damit, einzelne Komponenten der Vorgeschichte der rationalen Bürokratie bzw. des rationalen Staates herauszuarbeiten. Sie vertreten vielmehr die These, die Kirche *als ganze* sei bereits eine rationale Institution und damit als eine *Präfiguration* der modernen Bürokratie bzw. des modernen Staates anzusehen. Ich vermag mich dieser Sichtweise aus zwei Gründen nicht anzuschließen:

1. Gegen Berman, der offenbar jeden Ansatz zur Zentralisierung und Systematisierung bereits für einen Schritt zur Moderne hält, ist dessen eigene Einsicht ins Feld zu führen, daß es sich beim Kanonischen Recht um eine Rationalisierung des Heiligen handelt, die ganz und gar in dessen Kontext bleibt. Den Fortschritten, die in der Systematisierung des Rechtsstoffes und in der Zurückdrängung formaler Beweismittel (Ordale etc.) zweifellos erreicht wurden, steht ein Überhang an materialen Orientierungen gegenüber, z.B. in der Betonung moraltheologischer Grundsätze, die eine volle Entfaltung der Eigengesetzlichkeiten des juristischen Rationalismus nicht gestattet (Wieacker 1967, 77). Die Auffassung, schon das scholastische Denken verkörpere eine Antizipation der modernen Rationalität, geht außerdem darüber hinweg, daß die für diesen Typ eigentümliche „'Verbindung von Autoritätsglauben und intellektuellem Formalismus' (Oexle) ... dafür verantwortlich zu machen ist, daß ein modernes Verständnis von Wissenschaft als systematisch angeleitetem Bemühen um unendlich weiterschreitende Forschung (mit spezifischem Experimentiercharakter) im Rahmen dieses Denkens zunächst nicht aufkommen kann" (Treiber 1993, 117f.). Auch die päpstliche Bürokratie verdient aufgrund ihrer notorischen Gravitation zu Simonie und Nepotismus eher

dem patrimonialen Typus als dem rational-legalen zugeordnet zu werden (Reinhard 1974). Das, was ihr an Rationalität zugeschrieben wird – Regelbindung, Instanzenzug etc. –, findet sich auch in der konfuzianischen Bürokratie: dem Musterbeispiel patrimonialer Verwaltung in der Sicht Max Webers.

2. Grundsätzlicher noch ist zu fragen, was genau damit gemeint ist, wenn man mit Blick auf die Kirche von einer Versachlichung des Charismas spricht. Im Ausdruck Versachlichung schwingen zwei Bedeutungen mit: zum einen die Vergegenständlichung/Objektivierung einer Idee, einer Vorstellung, eines Begriffs; zum andern die Ausschaltung alles Persönlichen, Emotionalen, Affektiven. Wenn ich recht sehe, dominiert bei Weber die zweite Bedeutung. Unter der „Versachlichung der Gewaltherrschaft" versteht er z. B. die „Hinwegentwicklung der Gewaltsamkeit von der personalistischen Helden- und Gesellschaftsgesinnung zum rationalen 'Staat'" (WG 362); unter der „Versachlichung der Wirtschaft" den Übergang zu interpersonalen bzw. unpersönlichen Beziehungen, die sich der ethischen Reglementierung entziehen (WG 353). Auch die „Versachlichung des Charismas" wird eindeutig in diesem Sinne verstanden: als eine Verschiebung des Legitimitätsglaubens von der Person auf die erworbenen Qualitäten eines Amtsträgers und die Wirksamkeit bestimmter, v. a. hierurgischer Akte (WG 144). Es ist deshalb vollkommen korrekt, die Versachlichung des Charismas als eine Entpersönlichung zu bezeichnen, bei der die Sendung erhalten bleibt (Schluchter 1988, II, 549).

Mit Bezug auf die christliche Kirche kann m. E. von einer Entpersönlichung in diesem letzteren Sinne nur partiell die Rede sein. Für die Institution als ganze läßt sich nur von Versachlichung im Sinne von Objektivierung sprechen: Das Charisma wird hier auf eine Einrichtung übertragen, die zwar einerseits überpersönlich ist, andererseits aber nicht personenunabhängig gedacht werden kann. Die Kirche erwächst nach Troeltsch aus dem „mystischen Glauben(s) an die die Gemeinde erfüllende Gegenwart des himmlischen und auferstandenen Herrn", an die Vergegenwärtigung des „alles durchwirkenden, mit dem Gottesgeist identischen Pneuma-Christus" (Troeltsch 1919, 58 f.): also aus dem Glauben an ein zugleich menschliches, individuelles und göttliches Wesen. Auch ohne auf die verwickelten theologischen Spekulationen einzugehen, die sich an dieser Doppelnatur entzündet haben, läßt sich feststellen, daß, bei aller Insistenz auf dem überindividuellen göttlichen Geist, dem Christentum gerade die Darstellung dieses Geistes in bestimmten, zueinander in Relationen stehenden Personen wesentlich ist, wobei nicht nur der Sohn, sondern auch der Vater und der Heilige Geist als Personen gelten (tres personae – una substantia). Die Kirche wird in einem häufig verwendeten Bild ebenfalls als Person bzw. als Teil einer solchen gedacht, nämlich als „Leib in Christo" (Römer 12, 5). In diesem Sinne heißt es etwa in der Bulle ›Unam Sanctam‹ (1302): „(ecclesia) unum corpus mysticum representat huius caput Christus vero Deus" (Haller 1992, 813). Carl Schmitt hat deshalb zu Recht in der Repräsentation: der bildhaften Vergegenwärtigung der Person Christi, die Essenz der Kirche gesehen. Die Kirche, heißt es in der als Antwort auf Webers Protestantismus-Studie zu lesenden Schrift ›Römischer Katholizismus und politische Form‹, hat „die Kraft zur Repräsentation". „Sie repräsentiert die civitas humana, sie stellt in jedem Augenblick den geschichtlichen Zusammenhang mit der Menschwerdung und dem Kreuzesopfer Christi dar, sie repräsentiert Christus selbst, persönlich, den in geschichtlicher Wirklichkeit Mensch gewordenen Gott" (Schmitt 1925, 26).

Aus alledem folgt: die Kirche ist keine Präfiguration jenes „Kosmos sachlich rationalen Gesellschaftshandelns", der sich allen Anforderungen der religiösen Karitas verweigert (WG 353). Gewiß: Sie ist eine Institution eigener Art, nicht der persönliche Stab eines persönlichen Herrn. Und der Priester agiert ebenfalls nicht als dieses oder jenes konkrete Individuum, sondern als Erscheinungsform, Vermittlungsinstanz des Heiligen. Andererseits ist er aber auch kein Funktionär, kein bloßes Glied eines Apparats, dessen Aufgaben sich technisieren ließen. Der Priester, so wiederum Carl Schmitt, ist kein Kommissar, „seine Würde (ist) nicht unpersönlich wie die des modernen Beamten, sondern sein Amt geht, in ununterbrochener Kette, auf den persönlichen Auftrag und die Person Christi zurück" (Schmitt 1925, 20). Nur über seine Person teilt sich das Mysterium mit; wie auch nur Personen es empfangen können. „Die Idee der Repräsentation ist (...) so sehr von dem Gedanken persönlicher Autorität beherrscht, daß sowohl der Repräsentant wie der Repräsentierte eine persönliche Würde behaupten muß. Sie ist kein dinghafter Begriff. Repräsentieren im eminenten Sinne kann nur eine Person und zwar – zum Unterschiede von der einfachen 'Stellvertretung' – eine autoritäre Person oder eine Idee, die sich, sobald sie repräsentiert wird, ebenfalls personifiziert ... Die Repräsentation gibt der Person des Repräsentanten eine eigene Würde, weil der Repräsentant eines hohen Wertes nicht wertlos sein kann. Aber nicht nur der Repräsentant und der Repräsentierte verlangen einen Wert, sondern selbst der Dritte, der Adressat, an den sie sich wenden. Vor Automaten und Maschinen kann man nicht repräsentieren, so wenig wie sie selber repräsentieren oder repräsentiert werden können"[38].

---

[38] Schmitt 1925, 29 f. Dies bedeutet natürlich nicht, daß die moderne

Wenn der Prozeß der Rationalisierung im Okzident im wesentlichen darin besteht, „rein geschäftliche an die Stelle der persönlichen
Beziehungen, Tributpflichten an eine unbekannte, nicht sichtbare und
greifbare Macht" treten zu lassen (Weber 1894, 755), dann gehört die
Kirche eher auf die Seite der persönlichen als die der unpersönlichen
Ordnung. Und das macht es erforderlich, auch in der Erklärung der
politischen Rationalisierung auf andere Faktoren zu rekurrieren.

II. Cäsarismus

Die Mißverständnisse, die sich an Webers politische Theorie
knüpfen, sind zu einem nicht geringen Teil auf den unklaren Status zu-
rückzuführen, den der Begriff 'Cäsarismus' in ihr einnimmt. Dieser
Begriff war zu Webers Zeit noch nicht sehr alt. 1850 von dem Bonapar-
tisten Auguste Romieu in einem sogleich übersetzten Buch eingeführt
(L'ère des Césars), wurde er in Deutschland zunächst vor allem durch
Autoren wie Mommsen (1857) und Roscher (1888), später Naumann
(1900) und Michels (1911) heimisch, die allesamt in Webers wissen-
schaftlicher und politischer Biographie eine Rolle spielten[39]. Weber
selbst spricht von Cäsarismus bereits in seinen Jugendbriefen, und
zwar durchweg in pejorativem Sinne. Unter dem Einfluß des liberalen
Bismarck-Gegners Hermann Baumgarten äußert er sich kritisch über
Bismarcks cäsaristisches Regiment und nennt das allgemeine Stimm-
recht ein Danaergeschenk (Weber 1936, 143, 300). Die Antrittsvorle-
sung von 1895 spricht vom ersten Reichskanzler als einer „cäsarische(n)
Natur" bzw. einer „Cäsarengestalt aus anderem als bürgerlichem
Holze". Teile des Großbürgertums werden verdächtigt, sie sehnten
sich „nach dem Erscheinen eines neuen Cäsar, der sie schirme: nach
unten gegen aufsteigende Volksmassen, nach oben gegen sozialpoliti-

Kirche deshalb auf die Unterstützung von Automaten und Maschinen verzichtet. Der *Virgen de Guadalupe* am Nordrand von Mexico City etwa kann
sich der Gläubige nur per Fließband nähern.

[39] Zu Mommsen und Roscher siehe die Nachweise bei Groh 1972, 755, 764;
zu Naumanns Forderung nach einem 'neudeutschen Cäsarismus', bei dem sich
der 'Industriekaiser' in ein Immediatverhältnis mit den Massen zu setzen
habe, siehe Fehrenbach 1969, 202ff. und Theiner 1983, 61ff. Robert Michels
behandelt den Cäsarismus an verschiedenen Stellen seiner › Soziologie des Parteiwesens‹ und bezieht sich dabei vornehmlich auf das Frankreich des Zweiten
Kaiserreichs (1911, 39, 92, 211).

sche Anwandlungen, deren ihnen die deutschen Dynastien verdächtig sind" (GPS 20f.).

Zwei Jahre später, in einer Stellungnahme zur Flottenfrage der Allgemeinen Zeitung, bezeichnet Weber die Art des Regimes in Deutschland während der letzten zwanzig Jahre als „halb 'cäsaristisch', halb 'patriarchalisch'" und wirft ihm vor, die notwendige politische Erziehungsarbeit an der Nation verhindert zu haben (GPS 31). In den ›Agrarverhältnissen im Altertum‹ wird der Cäsarismus mit der Schwächung des Bauernstandes, der Entstehung persönlicher Militärapparate und einer aristokratischen Reaktion in Verbindung gebracht, von welcher letzteren zugleich behauptet wird, sie habe die Bourgeoisie dem Cäsarismus in die Arme getrieben – Faktoren, die Weber, mutatis mutandis, auch im Kaiserreich wirksam sah (1898, 78; GASW 242, 253). Der zweite Teil der ›Protestantischen Ethik‹ (1905) würdigt ausdrücklich die für den Calvinismus typische Perhorreszierung der Kreaturvergötterung und die damit verbundene „*relativ* große Immunität puritanisch gewesener Völker gegen den Cäsarismus, und überhaupt für die innerlich freiere (...) Stellung der Engländer zu ihren großen Staatsmännern, – gegenüber manchem, was wir davon von 1878 an in Deutschland, positiv und negativ, erlebten" (GARS I, 99). Noch 1917 hält Weber an dieser Kritik fest, wenn er dem deutschen Bürgertum Feigheit vor der Demokratie und Unterwerfung unter Bismarcks Cäsarismus bescheinigt (MWG I/15, 347). Als besonders verhängnisvoll wird dabei der Umstand herausgestellt, daß Bismarck sein 'cäsaristisches Regime' mit der Legitimität des Monarchen gedeckt und damit jede persönliche Verantwortung umgangen habe (ebd. 482f.).

Der Begriff des Cäsarismus, das zeigen diese Belege, trägt also lange einen überwiegend negativen Akzent. Er dient zur Bezeichnung bestimmter Züge des politischen Systems des Kaiserreichs, namentlich der Autokratie Bismarcks, allerdings nicht des Systems insgesamt: die erbliche Monarchie wird explizit als ein unverzichtbares Gegengewicht gegen „die cäsaristische Säbelherrschaft militärischer Parvenüs" deklariert, wie sie etwa in Frankreich immer wieder drohe (1904, 438). Zugleich fungiert der Begriff als Angelpunkt einer Kritik am deutschen Bürgertum, dem vorgehalten wird, es schrecke um seiner sozialen Privilegien willen vor der Demokratie zurück und überlasse die politische Führung der Nation einer unkontrollierten Exekutivgewalt – zunächst dem verdeckten Cäsarismus Bismarcks, dann der Beamtenherrschaft seiner Nachfolger. Beides sei ein Ausweichen vor den Anforderungen, vor denen ein moderner Großstaat wie Deutschland stehe. Der Herrschaftsverzicht des Bürgertums bedeute, daß die ökonomisch führende Klasse nicht in der Lage sei, eine den Interessen des deutschen Industriekapitalismus entsprechende Weltpolitik durchzusetzen und statt dessen das Feld ökonomisch rückständigen Klassen wie dem ostelbischen Junkertum überlasse; die Verselbständigung der Exekutivgewalt, daß die politische Leitung wohl technisch leistungsfähig, aber unverantwortlich und damit auch unberechenbar sei: Züge, die Weber dann besonders in seiner Parlamentsschrift zu einer furiosen Abrechnung mit der Politik des Kaiserreichs verdichtet hat.

Im politischen Spektrum vor 1918 ist diese Sichtweise eindeutig dem linken Pol zuzuordnen. Die Konservativen sahen im Cäsarismus bzw. dessen moderner Erscheinungsform, dem Bonapartismus, die logische Konsequenz der demokratischen Revolution, hielten diese aber zugleich für ein auf Frankreich beschränktes Phänomen. Ähnlicher Ansicht war ein lange dem Nationalliberalismus nahestehender Autor wie Heinrich v. Treitschke, der vom Cäsarismus nur im Hinblick auf Rom sprechen wollte und in dem ihm in der Neuzeit entsprechenden Bonapartismus eine französische Spezialität sah (Groh 1972, 762). Dagegen hatte sich in der Sozialdemokratie ein Sprachgebrauch eingebürgert, der mehr die Gemeinsamkeit der Entwicklung in Deutschland und Frankreich betonte und deshalb den Begriff des Cäsarismus gegenüber demjenigen des Bonapartismus bevorzugte. Hier war es, wo im Anschluß an Marx und Engels die Unfähigkeit der Bourgeoisie, selbst zu herrschen, betont und die Verselbständigung der Exekutivgewalt als Schutz der bürgerlichen Klassenposition vor der Revolution interpretiert wurde (ebd. 758ff.). So tief der Graben war, der Weber in fast allen politischen und wirtschaftlichen Fragen von der Sozialdemokratie trennte – die Nähe, die er in diesem Punkt zu ihr hielt, ist unübersehbar.

Um 1913 schiebt sich dann freilich in Webers Cäsarismus-Konzeption ein anderer Aspekt in den Vordergrund. Während der Begriff bis dahin vor allem auf eine quasi-diktatorische Form der Herrschaftsausübung zielt, von wenigen Hinweisen abgesehen aber gerade den Zusammenhang mit demokratischen Strukturen nicht thematisiert, rückt dieser letztere jetzt in den Mittelpunkt der Aufmerksamkeit. Zeugnis dafür sind zwei Passagen in der ersten Fassung von WG. Im Kapitel über 'Bürokratische Herrschaft' spricht Weber von dem „oft aus der Demokratie herauswachsenden 'Cäsarismus'" als der 'Herrschaft des persönlichen Genies' und bestimmt diese durch zwei Merkmale: durch die „Stellung des 'Cäsar' als freien, traditionsentbundenen Vertrauensmannes der Massen (des Heeres oder der Bürgerschaft)", und durch die Fähigkeit desselben, frei und ohne Rücksicht auf Traditionen einen Stab von höchstqualifizierten Offizieren und Beamten rekrutieren zu können (WG 554). Im Kapitel über 'Entstehung und Umbildung der charismatischen Autorität' wird der (französische) Cäsarismus als „das demokratische System der sogenannten plebiszitären Herrschaft" bezeichnet und der charismatischen Herrschaft zugeordnet. Das Plebiszit, heißt es, sei keine Wahl, sondern erstmalige oder erneute „Anerkennung eines Prätendenten als persönlich qualifizierten, charismatischen Herrschers".

Allerdings: Mit dem Rekurs auf die Abstimmung unter den Beherrschten wird in Webers Sicht die Bahn zum eigentlichen Wahlsystem und damit zur Umbildung der charismatischen Autorität betreten. Diese ist vollendet, sobald das Majoritätsprinzip durchdringt, sobald aus der bloßen Akklamation die eigentliche Herrscherwahl durch die Gemeinschaft der Beherrschten geworden ist – ein Weg, der in bezug auf die höchste Staatsspitze bislang nur in den Vereinigten Staaten konsequent zu Ende gegangen worden ist (WG 665 f.). Bonapartismus und amerikanisches Präsidialsystem erscheinen aus dieser Perspektive als zwei Stufen eines Prozesses, den Weber in einem anderen, m. E. aber ebenfalls vor 1914 entstandenen Text als antiautoritäre Umdeutung des charismatischen Legitimitätsprinzips bzw. als Übergang zur demokratischen Legitimität deklariert. Die freie Anerkennung durch die Beherrschten, die zunächst dem charismatisch legitimierten Prätendenten geschuldet wird, wird zur Voraussetzung der Legitimität,

„die Anerkennung zur 'Wahl' und der kraft eigenem Charisma legitimierte Herr zu einem Gewalthaber von Gnaden der Beherrschten und kraft Mandats. Sowohl die Designation durch die Gefolgschaft, wie die Akklamation durch die (militärische oder religiöse) Gemeinde, wie das Plebiszit haben geschichtlich oft den Charakter einer durch Abstimmung vollzogenen Wahl angenommen und dadurch den seinen charismatischen Ansprüchen gemäß gekorenen Herrn zu einem von den Beherrschten rein nach ihrem Belieben gewählten *Beamten* gemacht" (GAWL 487).

Das Charisma verschwindet damit nicht. Aber es fügt sich in die Verfahren und Institutionen einer legal-rationalen und zugleich bürokratisierten Ordnung.

Es ist diese kurz vor dem Krieg vollzogene Neubestimmung des Cäsarismus als einer Form der charismatisch verstandenen Demokratie, welche die auf den ersten Blick so überraschende Wendung Webers in den Weltkriegsschriften erklärt. An die Stelle einer Auffassung, die den Cäsarismus hauptsächlich als Regimeform versteht, rückt nun eine andere, die ihn auch als Modus der Führerauslese präsentiert; an die Stelle einer Sichtweise, die ihn im Frankreich des Second Empire oder im Deutschland der Bismarck-Ära lokalisiert, eine solche, die cäsaristische Züge vor allem in England oder in den USA ausmacht. Weber selbst markiert diesen Wechsel in der Optik 1917, wenn er vom 'System des Cäsarismus im weiteren Sinn des Wortes' spricht, worunter er die unmittelbare Volkswahl des Staats- oder Stadtoberhauptes verstanden wissen will (MWG I/15, 394). Cäsarismus bedeutet nunmehr, „daß der politische Führer nicht mehr auf Grund der Anerkennung seiner Bewährung im Kreise einer Honoratiorenschicht zum Kandidaten proklamiert, dann kraft seines Hervortretens im Parlament zum Führer wird, sondern daß er das Vertrauen und den Glauben der Massen an sich und also seine Macht mit *massen*demagogischen Mitteln gewinnt". Ob der Führer dabei auf militärischem Wege in die Höhe kommt wie Napoleon I. oder auf bürgerlichem Wege wie sein Neffe, oder ob er auf formell-demokratischem Wege gewählt wird wie der amerikanische Präsident: stets ist das Entscheidende, daß sich seine Machtstellung dem Vertrauen der Massen und ihrer Akklamation verdankt (ebd. 538f.).

Angesichts des Gewichts, das dem Cäsarismus in der Parlamentsschrift wie in ›Politik als Beruf‹ beigemessen wird, erstaunt es um so mehr, daß dieser Begriff später stillschweigend fallengelassen wird. In der zweiten Fassung von WG, die als Webers letztes Wort in dieser Frage anzusehen ist, ist vom Cäsarismus nicht mehr die Rede, selbst dort nicht, wo er bis dahin seinen systematischen Ort hatte, im Zusammenhang mit der Umbildung des Charismas. Weber wiederholt hier zwar alle Gedanken, die er zwischen 1913 und 1919 zu diesem Thema entwickelt hat – das Konzept der demokratischen Legitimität, die Auffassung vom Herrn als Vertrauensmann der Massen, die Betonung des Plebiszits als des spezifischen Mittels der Legitimitätsbegründung aus dem freien Vertrauen der Beherrschten –, er erwähnt sogar die alte Formel von der Herrschaftsform des Genies, vermeidet aber den Cäsarismus-Begriff selbst in auffälliger Weise. Als neuer Oberbegriff fungiert die antiautoritäre Umdeutung des Charismas. Aus ihr ergibt sich als Übergangstypus zur legalen Herrschaft die plebiszitäre Führerdemokratie, die u. U. in eine revolutionäre Diktatur umschlagen kann. Beispiele dafür sind: „die hellenischen Aisymneten, Tyrannen und Demagogen, in Rom Gracchus und seine Nachfolger, in den italienischen Städtestaaten die Capitani del popolo und Bürgermeister (Typus für Deutschland: die Zürcher demokratische Diktatur), in den modernen Staaten die Diktatur Cromwells, der revolutionären

Gewalthaber und der plebiszitäre Imperialismus in Frankreich" (WG 156). Diese Architektonik läßt keinen Zweifel: am Ende ist Weber nicht nur zu einer Sichtweise zurückgekehrt, die den Cäsarismus als eine Regimeform faßt – als revolutionäre Diktatur –, er ist sogar noch einen Schritt weitergegangen, indem er den Cäsarismus nicht mehr als idealtypische Verkörperung der demokratischen Legitimität versteht. Der Cäsarismus ist kein epochenübergreifendes Phänomen mehr, sondern eine bestimmte historisch-empirische Annäherung an den Idealtypus der revolutionären Diktatur, nicht anders als die antike Tyrannis, die mittelalterliche Signorie oder der moderne Bonapartismus.

Man kann diese Entscheidung nur als sachgerecht bezeichnen, denn die Phänomene, die Weber zuvor mit dem Begriff Cäsarismus belegt hat, haben mit der historischen Gestalt Cäsars nur sehr wenig zu tun. Dessen Position als Leiter des römischen Staates in Form der (verfassungsmäßig nicht vorgesehenen) Diktatur auf Lebenszeit verdankte sich nicht der unmittelbaren Volkswahl, sondern einem Senatsbeschluß; sein Aufstieg vollzog sich außerdem nicht so sehr über das Medium der Massendemagogie (obwohl er natürlich der popularen Tradition zugehörig war), als über die reguläre Ämterhierarchie in der römischen Republik, die ihm zunächst das Konsulat und dann das prokonsulare Imperium in Gallien bescherte. Cäsar war ein regulärer Armeebefehlshaber, der seine Machtstellung nicht aufgrund plebiszitär-demokratischer Wahl erlangte, sondern aufgrund seiner Verfügung über eine militarisierte Klientel, mit deren Hilfe er seine Konkurrenten in einem Bürgerkrieg ausschaltete. Auch als *dictator perpetuus* stützte er sich zu keinem Zeitpunkt auf plebiszitäre Methoden. Wie schon Eduard Meyer plausibel gemacht hat, kehrte er sich vielmehr von der demokratischen Tradition ab und strebte statt dessen eine Universalmonarchie nach hellenistischem Vorbild an, also eine Traditionalisierung seiner Herrschaft (Meyer 1918, 418, 508 ff.; vgl. WG 664).

Das heißt nun nicht, daß die Rolle Cäsars schlechterdings unvergleichbar sei. Die steigende Bedeutung der Geldwirtschaft, die Ausdehnung des auf unfreie Arbeit gegründeten Latifundienbesitzes und die ständigen Kriegszüge hatten im spätrepublikanischen Rom zu einer Expropriation des Kleinbauerntums und einer Vertreibung der Klienten von ihren Parzellen geführt, in deren Gefolge sowohl die plebs rustica als auch die plebs urbana mächtig anschwollen. Nimmt man den Strukturwandel der Armee hinzu, durch den sich diese in eine 'Versorgungsanstalt der Besitzlosen' verwandelte (GASW 241), so erscheint es gerechtfertigt, von einem Prozeß 'passiver Demokrati-

sierung' zu sprechen, durch den die traditionale Honoratiorenherrschaft der aristokratischen Republik in ihren Grundfesten erschüttert
wurde (WG 569). Die Betonung muß dabei jedoch auf passiv liegen,
denn auch wenn sich in diesem Prozeß eine populare Partei herausbil-
dete, die sich der Interessen der besitzlosen Plebs annahm, so lag doch
die politische Initiative ganz bei den Mitgliedern der adligen Füh-
rungsschicht, die zu keinem Zeitpunkt eine grundsätzliche Neuord-
nung anstrebten. Eine demokratische Partei im modernen Sinne hat
es in Rom nicht gegeben; das Stadtvolk wie auch die Soldaten oder Ve-
teranen wurden nur von Fall zu Fall politisch mobilisiert, wenn dies
einzelnen Adligen opportun erschien (Christ 1979, 147; Meier 1982,
248f.). Eine vergleichende Betrachtung kann deshalb wohl in Cäsars
Laufbahn Züge ausmachen, die eine punktuelle Annäherung an die
idealtypische Sequenz demokratische Führerherrschaft/revolutionäre
Diktatur darstellen. Eine gleichsam paradigmatische Illustration
dieser Sequenz ist sie jedoch nicht und deshalb für historische Verall-
gemeinerungen ungeeignet. Die Herabstufung des Cäsarismus in
Webers letzter Version der Herrschaftssoziologie ist dieser Sachlage
angemessen[40].

---

[40] Dieser Einwand gilt auch gegenüber dem Versuch Löwensteins, die Kategorie zu retten, indem man sie auf ihre engere, 'staatstechnische' Bedeutung
reduziert (1965, 76f.). Warum den Begriff 'Diktatur' verdoppeln?

LITERATUR

Albertini, R. v. (1951): Das politische Denken in Frankreich zur Zeit Richelieus, Marburg.

Alff, W. (1971): Der Begriff Faschismus und andere Aufsätze zur Zeitgeschichte, Frankfurt a. M.

Allerbeck, K. (1982): Zur formalen Struktur einiger Kategorien der verstehenden Soziologie, in: Kölner Zs. f. Soz. 34, 665–676.

Alter, P. (1985): Nationalismus, Frankfurt a. M.

Arndt, E. M. (1808): Geist der Zeit, Bd. II. Gesammelte Werke, hrsg. von E. Schirmer, Magdeburg 1920.

Aulard, A. (1892): Le culte de la Raison et le culte de l'Etre suprême (1793–1794). Essai historique, Paris.

– (1924): Politische Geschichte der französischen Revolution, 2 Bde., München/Leipzig.

Bach, M. (1990): Die charismatischen Führerdiktaturen. Drittes Reich und italienischer Faschismus im Vergleich ihrer Herrschaftsstrukturen, Baden-Baden.

Barudio, G. (1981): Das Zeitalter des Absolutismus und der Aufklärung, 1648–1779. Fischer-Weltgeschichte, Bd. 25, Frankfurt a. M.

Bauman, Z. (1992): Dialektik der Ordnung. Die Moderne und der Holocaust, Hamburg.

Below, G. v. (1925): Der deutsche Staat des Mittelalters, 2. Aufl., Leipzig.

Bendix, R. (1974): Work and Authority in Industry, 2nd. ed., Berkeley/Cal.

– (1980): Könige oder Volk. Machtausübung und Herrschaftsmandat, 2 Bde., Frankfurt a. M.

Berman, H. J. (1991): Recht und Revolution. Die Bildung der westlichen Rechtstradition, Frankfurt a. M.

Beyme, K. v. (1984): Parteien in westlichen Demokratien. Überarb. Neuausgabe München/Zürich.

Beyrau, D. (1991): Russische Intelligencija und Revolution, in: Hist. Zs. 252, 556–586.

Bickel, C. (1991): Ferdinand Tönnies. Soziologie als skeptische Aufklärung zwischen Historismus und Rationalismus, Opladen.

Blätter für die Kunst (1891–1919), hrsg. von C. A. Klein, Bde. I–XII, Berlin.

Boehringer, R. (1967): Mein Bildnis von Stefan George, 2. Aufl., Düsseldorf/München.

Bonwetsch, B. (1991): Die Russische Revolution, Darmstadt.

Borcke, A. v. (1977): Die Ursprünge des Bolschewismus. Die jakobinische Tradition in Rußland und die Theorie der revolutionären Diktatur, München.

Breuer, S. (1982): The Illusion of Politics: Politics and Rationalization in Max Weber and Georg Lukács, in: New German Critique 26, 55–80.

– (1985): Aspekte totaler Vergesellschaftung, Freiburg i. Br.

– (1991): Max Webers Herrschaftssoziologie, Frankfurt a. M./New York.

– (1992): Sozialpsychologische Implikationen der Narzißmustheorie, in: Psyche 46, 1–31.

Carrère d'Encausse, H. (1980): Le pouvoir confisqué. Gouvernants et gouvernés en U. R. S. S., Paris.

Chartier, R. (1981): Kulturelle Ebenen und Verbreitung der Aufklärung im Frankreich des 18. Jh.: die cahiers de doléances von 1789, in: Gumbrecht u. a., Bd. 2, 171–200.

Christ, K. (1979): Krise und Untergang der Römischen Republik, Darmstadt.

Constant, B. (1815): Principes de politique applicables à tous les Gouvernements représentatifs et particulièrement à la constitution actuelle de la France, dt. in ders.: Politische Schriften, Werke Bd. 4, hrsg. von L. Gall, Berlin 1972, 9–244.

– (1819): De la liberté des anciens comparée à la celle des modernes, dt. in: ebd., 363–396.

Dann, O. (Hrsg.) (1986): Nationalismus in vorindustrieller Zeit, München.

Darnton, R. (1985): Literaten im Untergrund. Lesen, Schreiben und Publizieren im vorrevolutionären Frankreich, München/Wien.

– (1989): Das große Katzenmassaker. Streifzüge durch die französische Kultur vor der Revolution, München/Wien.

Dinges, M. (1991): Frühneuzeitliche Armenfürsorge als Sozialdisziplinierung? Probleme mit einem Konzept, in: Geschichte und Gesellschaft 17, 5–29.

Dippel, H. (1986): Die politischen Ideen der französischen Revolution, in: I. Fetscher/H. Münkler, Bd. 4, 21–69.

Döbert, R. (1989): Max Webers Handlungstheorie und die Ebenen des Rationalitätskomplexes, in: Weiß, 210–250.

Dumont, L. (1991): Individualismus. Zur Ideologie der Moderne, Frankfurt a. M./New York.

Dyson, K. (1980): The State Tradition in Western Europe, Oxford.

Eichberg, H. (1986): Die Veränderung des Sports ist gesellschaftlich. Diskussionsband, hrsg. von W. Hopf, Münster.

Elias, N. (1975): Die höfische Gesellschaft, 2. Aufl., Neuwied.

Elliott, J. (1976): Imperial Spain 1469–1716, Harmondsworth.

Epting, K. (1952): Das französische Sendungsbewußtsein im 19. und 20. Jh., Heidelberg.

Estel, B. (1991): Grundaspekte der Nation. Eine begrifflich-systematische Untersuchung, in: Soziale Welt 42, 208–230.

Falke, A. (1992): Das Präsidentenamt und die Struktur der Exekutive, in: W. P. Adams u. a. (Hrsg.): Die Vereinigten Staaten von Amerika, 2 Bde., Frankfurt a. M./New York, Bd. I, 397–412.

Fehrenbach, E. (1969): Wandlungen des deutschen Kaisergedankens, 1871–1918, München.

– (1974): Traditionale Gesellschaft und revolutionäres Recht, Göttingen.

– (1986): Nation, in: R. Reichardt/E. Schmitt (Hrsg.): Handbuch politisch-sozialer Grundbegriffe in Frankreich 1680–1820, H. 7, München, 75–107.

Ferro, M. (1980): The Bolshevik Revolution. A Social History of the Russian Revolution, London.

Fetscher, I. (1985): Politisches Denken im Frankreich des 18. Jahrhunderts vor der Revolution, in: Fetscher/Münkler, Bd. 3, 423–528.

Fetscher, I./Münkler, H. (Hrsg.) (1985–1986): Pipers Handbuch der politischen Ideen, Bd. 3 und 4, München/Zürich.

Fichte, J. G. (1807): Der Patriotismus und sein Gegentheil, in: Fichtes Werke, hrsg. von I. H. Fichte, 11 Bde., Bd. XI, Berlin 1971, 221–274.

– (1808): Reden an die deutsche Nation, in: ebd. Bd. VII, 257–499.

Fischer, L. (1970): Das Leben Lenins, 2 Bde., München.

Fischer, P. (Hrsg.) (1974): Reden der französischen Revolution, München.

Forsyth, M. (1987): Reason and Revolution. The Political Thought of the Abbé Sieyes, New York.

Fraenkel, E. (1958): Die repräsentative und die plebiszitäre Komponente im demokratischen Verfassungsstaat, Tübingen.

Friedeburg, R. v. (1991): Sozialdisziplinierung in England?, in: Zs. f. hist. Forschung 18, 385–418.

Frühwald, W. (1986): Die Idee kultureller Nationsbildung und die Entstehung der Literatursprache in Deutschland, in: Dann, 129–141.

Furet, F. (1976): Der revolutionäre Katechismus, in: E. Schmitt (Hrsg.): Die französische Revolution, Köln, 46–88.

– (1980): 1789 – Vom Ereignis zum Gegenstand der Geschichtswissenschaft, Frankfurt a. M./Berlin/Wien.

– u. Richet, Denis (1968): Die Französische Revolution, Frankfurt a. M.

Gall, L. (1963): Benjamin Constant. Seine politische Ideenwelt und der deutsche Vormärz, Wiesbaden.

Gauchet, M. (1991): Die Erklärung der Menschenrechte. Die Debatte um die bürgerlichen Freiheiten 1789, Reinbek.

Getty, J. Arch (1985): Origins of the Great Purges. The Soviet Communist Party Reconsidered, 1933–1938, Cambridge.

Giddens, A. (1985): The Nation State and Violence, Cambridge.

– (Hrsg.) (1986): Durkheim on Politics and the State, Cambridge.

Gierke, O. (1873): Das deutsche Genossenschaftsrecht, Bd. II, Berlin.

Gilcher-Holtey, I. (1988): Max Weber und die Frauen, in: Chr. Gneuss u. J. Kocka (Hrsg): Max Weber. Ein Symposion, München, 142–154.

Groethuysen, B. (1971): Philosophie der Französischen Revolution, Neuwied/Berlin.

Groh, D. (1972): Cäsarismus, in: O. Brunner u. a. (Hrsg.): Geschichtliche Grundbegriffe, Bd. 1, Stuttgart, 726–771.

Guiomar, J.-Y. (1974): L'idéologie nationale, Paris.

Gumbrecht, H. U./Reichardt, R./Schleich, Th. (Hrsg.) (1981): Sozialgeschichte der Aufklärung in Frankreich, 2 Bde., München/Wien.

–: Für eine Sozialgeschichte der franz. Aufklärung, in: ebd., Bd. 1, 3–54.

Haferkamp, H. (1989): 'Individualismus' und 'Uniformierung' – Über eine Paradoxie in Max Webers Theorie der gesellschaftlichen Entwicklung, in: Weiß, 461–496.

Haller, B. (1992): Art. Repräsentation, in: Historisches Wörterbuch der Philosophie, hrsg. von J. Ritter/K. Gründer, Bd. 8, Basel 812–826.

Hamilton, A./Madison, J./Jay, J. (1788): The Federalist Papers. With an Introduction by C. Rossiter, New York/Scarborough 1961. Jetzt auf dt. von Zehnpfennig, B., Darmstadt 1993.

Hammer, K./Hartmann, P. (Hrsg.) (1977): Der Bonapartismus. Historisches Phänomen und politischer Mythos. Beihefte der Francia, Bd. 6, München.

Harten, H.-Chr./Harten, E. (1989): Die Versöhnung mit der Natur, Reinbek.

Hatschek, J. (1913): Englische Verfassungsgeschichte bis zum Regierungsantritt der Königin Viktoria, 2. Aufl., hrsg. von W. Kienast/G. A. Ritter, Aalen 1978.

Haupt, H.-G. (1974): Nationalismus und Demokratie. Zur Geschichte der Bourgeoisie im Frankreich der Restauration, Frankfurt a. M.

Hauser, A. (1973): Sozialgeschichte der Kunst und Literatur, München.

Heins, V. (1990): Max Weber zur Einführung, Hamburg.

– (1992): Max Webers Sozialismuskritik, in: Zs. f. Politik 39, 377–393.

Hennis, W. (1987): Max Webers Fragestellung, Tübingen.

Herder, J. G. (1774): Auch eine Philosophie der Geschichte zur Bildung der Menschheit, in: Werke in zwei Bänden, hrsg. von K.-G. Gerold, Neudr. Gütersloh 1982, Bd. II, 9–98.

– (1788): Idee zum ersten patriotischen Institut für den Allgemeingeist Deutschlands, in: ebd., Bd. II, 512–525.

– (1793–97): Briefe zur Beförderung der Humanität, in: ebd., Bd. II, 458–511.

Hildebrandt, K. (1965): Erinnerungen an Stefan George und seinen Kreis, Bonn.

Hildermeier, M. (1989): Die russische Revolution 1905–1921, Frankfurt a. M.

Hilgers-Schell, H./Pust, H. (1967): *Culture* und *Civilisation* im Französischen bis zum Beginn des 20. Jahrhunderts, in: Europäische Schlüsselwörter, Bd. III: Kultur und Zivilisation, München, 1–30.

Hinrichs, C. (1977): Der hallesche Pietismus als politisch-soziale Reformbewegung des 18. Jh., in: M. Greschat (Hrsg.): Zur neueren Pietismusforschung, Darmstadt, 243–258.

Hinrichs, E. (Hrsg.) (1986): Absolutismus, Frankfurt a. M.

– (1989): Ancien Régime und Revolution. Studien zur Verfassungsgeschichte Frankreichs zwischen 1589 und 1789, Frankfurt a. M.

Hintze, O. (1970): Staat und Verfassung. Gesammelte Aufsätze zur allgemeinen Verfassungsgeschichte, hrsg. von G. Oestreich, 2. Aufl., Göttingen.

Honigsheim, P. (1961): Max Weber und die deutsche Politik, in: Kölner Zs. f. Soz. 13, 263–274.

– (1969): Die Staats- und Soziallehren der französischen Jansenisten im 17. Jh., Nachdruck Darmstadt.

Hübinger, G. (1988): Staatstheorie und Politik als Wissenschaft im Kaiserreich: Georg Jellinek, Otto Hintze und Max Weber, in: Hans Maier u. a. (Hrsg.): Politik, Philosophie, Praxis. FS für W. Hennis, Stuttgart, 143–161.

Hunt, L. (1989): Symbole der Macht, Macht der Symbole. Die Französische Revolution und der Entwurf einer politischen Kultur, Frankfurt a. M.

Jahrbuch für die geistige Bewegung (1910–1912), Bd. I–III.

Jedin, H. (Hrsg.) (1985): Handbuch der Kirchengeschichte, Bd. V: Die Kirche im Zeitalter des Absolutismus und der Aufklärung, Freiburg i. Br./Basel/Wien.

Jellinek, G. (1895): Die Erklärung der Menschen- und Bürgerrechte, in: R. Schnur (Hrsg.): Zur Geschichte der Erklärung der Menschenrechte, Darmstadt 1964, 1–77.

– (1914): Allgemeine Staatslehre, 3. Aufl., Berlin.

Jowitt, K. (1978): The Leninist Response to National Dependency, Berkeley.

– (1983): Soviet Neotraditionalism: The Political Corruption of a Leninist Regime, in: Soviet Studies 35, 275–297.

Kaiser, G. (1961): Pietismus und Patriotismus im literarischen Deutschland, Frankfurt a. M.

Kantorowicz, E. (1990): Die zwei Körper des Königs. Eine Studie zur politischen Theologie des Mittelalters, München.

Keep, J. (1976): The Russian Revolution: A Study in Mass Mobilization, New York.

Kemiläinen, A. (1957): Auffassungen über die Sendung des deutschen Volkes um die Wende des 18. und 19. Jh., Helsinki/Wiesbaden.

Kennedy, P. (1989): Aufstieg und Fall der großen Mächte, Frankfurt a. M.

Kittsteiner, H. D. (1991): Die Entstehung des modernen Gewissens, Frankfurt a. M.

Klopstock, F. G. (1774): Die deutsche Gelehrtenrepublik, in: ders.: Werke und Briefe, Hist.-Krit. Ausgabe, hrsg. von H. Gronemeyer u. a., Bd. VII.1, Berlin/New York 1975.

Kluncker, K. (1985): Das Geheime Deutschland. Über Stefan George und seinen Kreis, Bonn.

König, R. (1987): Soziologie in Deutschland, München/Wien.

Kohn, H. (1950): Die Idee des Nationalismus, Heidelberg.

Kohut, H. (1976): Narzißmus. Eine Theorie der psychoanalytischen Behandlung narzißtischer Persönlichkeitsstörungen, Frankfurt a. M.

Kondylis, P. (1986): Die Aufklärung im Rahmen des neuzeitlichen Rationalismus, München.

Krawietz, W. (1976): Art. 'Körperschaft', in: Historisches Wörterbuch der Philosophie, hrsg. von J. Ritter/K. Gründer, Bd. 4, Darmstadt, 1101–1134.

Lacroix, B./Lagroye, J. (Hrsg.) (1992): Le Président de la république. Usages et genèses d'une institution, Paris.

Lagarde, Paul de (1886): Deutsche Schriften. Gesamtausgabe letzter Band, hrsg. von Paul Fischer, München 1924.

Landmann, E. (1963): Gespräche mit Stefan George, Düsseldorf/München.

Langbehn, J. (1890): Rembrandt als Erzieher, Weimar 1943.

Langen, A. (1968): Der Wortschatz des deutschen Pietismus, 2. Aufl., Tübingen.

Lehmann, H. (1982): Pietism and Nationalism, in: Church History 51, 39–53.

Lepenies, W. (1988): Die drei Kulturen. Soziologie zwischen Literatur und Wissenschaft, Reinbek.

Lepsius, M. R. (1990): Ideen, Interessen und Institutionen, Opladen.

Lessing, Th. (1935): Einmal und nie wieder. Lebenserinnerungen, Gütersloh 1969.

Lewytzkyi, B. (1967): Die Kommunistische Partei der Sowjetunion. Portrait eines Ordens, Stuttgart.

Lienesch, M. (1988): New Order of the Ages. Time, the Constitution, and the Making of Modern American Political Thought, Princeton, N. J.

Löwenstein, K. (1922): Volk und Parlament. Nach der Staatstheorie der französischen Nationalversammlung von 1789, München.

– (1961): Beiträge zur Staatssoziologie, Tübingen.

– (1965): Max Webers staatspolitische Auffassung aus der Sicht unserer Zeit, Bonn.

Lorenz, R. (1976): Sozialgeschichte der Sowjetunion I, 1917–1945, Frankfurt a. M.

– (1977): Die traditionale chinesische Gesellschaft, in: ders. (Hrsg.): Umwälzung einer Gesellschaft. Zur Sozialgeschichte der chinesischen Revolution, Frankfurt a. M. 11–93.

Lowi, Th. J. (1985): The Personal President. Power Invested, Promise Unfulfilled, Ithaca/London.

Lübbe, W. (1991): Legitimität kraft Legalität. Sinnverstehen und Institutionenanalyse bei Max Weber und seinen Kritikern, Tübingen.

Luhmann, N. (1983): Politische Planung, 3. Aufl., Opladen.

MacKay, A. (1979): Spain in the Middle Ages. From Frontier to Empire, 1000–1500, London/Basingstoke.

Mager, W. (1980): Frankreich vom Ancien Régime zur Moderne. 1630–1830, Stuttgart etc.

Markov, W. (Hrsg.) (1986): Revolution im Zeugenstand. Frankreich 1789–1799, 2 Bde., Berlin/DDR.

Mayer, O. (1895/96): Deutsches Verwaltungsrecht, 2 Bde., Nachdruck, Berlin 1969.

McNeill, W. H. (1984): Krieg und Macht, München.

Meier, Chr. (1982): Caesar. Berlin.

Meinecke, F. (1962): Weltbürgertum und Nationalstaat. Werke Bd. V, München.

Meyer, E. (1918): Caesars Monarchie und das Principat des Pompejus. Neudruck der 3. Aufl., Essen o. J.

– (1884): Geschichte des Altertums, Bd. I, neu hrsg. von H. E. Stier 1952 ff., Repr. in 8 Bdn. Essen o. J.

– (1902): Geschichte des Altertums, Bd. V, ebd.

Michels, R. (1911): Soziologie des Parteiwesens. Neudruck der 2. Aufl., hrsg. von W. Conze, Stuttgart 1970.

Mitchell, A. (1977): Der Bonapartismus als Modell der Bismarckschen Reichspolitik, in: Hammer/Hartmann, 56–76.

Mitzman, A. (1985): The Iron Cage. An Historical Interpretation of Max Weber, New Brunswick.

– (1987): Sociology and Estrangement: Three Sociologists of Imperial Germany, New Brunswick.

Möller, H. (1986): Vernunft und Kritik. Deutsche Aufklärung im 17. und 18. Jahrhundert, Frankfurt a. M.

Mommsen, W. J. (1974a): Max Weber. Gesellschaft, Politik und Geschichte, Frankfurt a. M.

– (1974b): Max Weber und die deutsche Politik 1890–1920, 2. Aufl., Tübingen.

– (1986): Max Webers Begriff der Universalgeschichte, in: J. Kocka (Hrsg.): Max Weber, der Historiker, Göttingen, 51–72.

Mork, A. (1990): Richard Wagner als politischer Schriftsteller. Weltanschauung und Wirkungsgeschichte, Frankfurt/New York.

Moser, F. C. v. (1765): Von dem deutschen Nationalgeist, Nachdruck o. O. 1766.

Müller, A. (1809): Die Elemente der Staatskunst, hrsg. von J. Baxa, 2 Bde., Wien/Leipzig 1922.

Münch, R. (1984): Die Struktur der Moderne, Frankfurt a. M.

Münkler, H. (1990): Staatsraison. Die Verstaatlichung der Politik im Europa der Frühen Neuzeit, in: G. Göhler u. a. (Hrsg.): Politische Institutionen im gesellschaftlichen Umbruch: Ideengeschichtliche Beiträge zur Theorie politischer Institutionen, Opladen, 190–202.

Muhlack, U. (1982): Physiokratie und Absolutismus in Frankreich und Deutschland, in: Zs. f. hist. Forschung 9, 15–46.

Murvar, V. (1984): Max Weber and the Two Nonrevolutionary Events in Russia 1917: Scientific Achievements or Prophetic Failures?, in: R. Glassman/ V. Murvar (Hrsg.): Max Weber's Political Sociology: A Pessimistic Vision of a Rationalized World, London, 237–272.

Neumann, F. (1977): Behemoth. Struktur und Praxis des Nationalsozialismus, Köln/Frankfurt a. M.

Neumann, H. (1990): Reißbrett und Kanonendonner. Festungsstädte der Neuzeit, in: 'Klar und lichtvoll wie eine Regel'. Planstädte der Neuzeit vom 16. bis zum 18. Jh., Bad. Landesmuseum Karlsruhe, 51–76.

Nienhaus, U. D. (1980): Revolution und Bürokratie: Staatsverwaltung und Staatskontrolle in Sowjetrußland 1917–1924, Frankfurt a. M.

Noltenius, R. (1988): Schiller als Führer und Heiland, in: D. Düding u. a. (Hrsg.): Öffentliche Festkultur. Politische Feste in Deutschland von der Aufklärung bis zum Ersten Weltkrieg, Reinbek, 237–258.

Nyomarkay, J. (1967): Charisma and Factionalism in the Nazi Party, Minnea-
polis.

Oestreich, G. (1969): Geist und Gestalt des modernen Staates, Berlin.

Ostrogorski, M. (1902): Democracy and the Organization of Political Parties,
hrsg. von S. M. Lipset, 2 Bde., New Brunswick/London 1983.

Parker, G. (1988): The Military Revolution. Military Innovation and the Rise
of the West, 1500–1800, Cambridge.

Pasquino, P. (1988): Die Lehre vom 'pouvoir constituant' bei Emanuel Sieyès
und Carl Schmitt, in: H. Quaritsch (Hrsg.): Complexio oppositorum. Über
Carl Schmitt, Berlin, 371–386.

Perry, R. B. (1947): Amerikanische Ideale, 2 Bde., Nürnberg.

Pipes, R. (1977): Rußland vor der Revolution, München.

Plessner, H. (1988): Die verspätete Nation, Frankfurt a. M.

Plodeck, K. (1976): Zur sozialgeschichtlichen Bedeutung der absolutistischen
Polizei- und Landesordnungen, in: Zs. f. bayr. Landesgschichte 39, 79–
125.

Pomper, Ph. (1990): Lenin, Trotsky, and Stalin. The Intelligentsia and Power,
New York.

Prignitz, C. (1981): Vaterlandsliebe und Freiheit. Deutscher Patriotismus von
1750–1850, Wiesbaden.

Pye, L. W. (1989): Das japanische Rätsel: Die Verbindung von Wettbewerb
und Konsens, in: U. Menzel (Hrsg.): Im Schatten des Siegers: Japan,
4 Bde., Frankfurt a. M., Bd. I, 41–75.

Rabinowitch, A. (1976): The Bolsheviks Come to Power. The Revolution of
1917 in Petrograd, New York.

Raychaudhuri, T./Habib, I. (Hrsg.) (1982): The Cambridge Economic History
of India, Bd. I: 1200–1750, Cambridge.

Reichardt, R./Schmitt, E. (1980): Die Französische Revolution – Umbruch
oder Kontinuität, in: Zs. f. hist. Forschung 7, 257–320.

Reinhard, W. (1974): Papstfinanz und Nepotismus, Stuttgart.

– (1983): Zwang zur Konfessionalisierung? Prolegomena zu einer Theorie des
konfessionellen Zeitalters, in: Zs. f. hist. Forschung 10, 257–277.

– (1986): Staatsmacht als Kreditproblem. Zur Struktur und Funktion des
frühneuzeitlichen Ämterhandels, in: Hinrichs, 214–248.

Riegel, K.-G. (1985): Konfessionsrituale im Marxismus-Leninismus, Graz.

– (1987): Sendungsprophetie und Charisma. Am Beispiel Leo Trotzkis, in:
W. Lipp (Hrsg.): Kulturtypen, Kulturcharaktere, Berlin, 221–237.

Riesebrodt, M. (1990): Fundamentalismus als patriarchalische Protestbewe-
gung. Amerikanische Protestanten (1910–28) und iranische Schiiten (1961–
79) im Vergleich, Tübingen.

Rigby, T. H. (1979): Lenins' Government: Sovnarkom 1917–1922, Cambridge.

– (1980): A Conceptual Approach to Authority, Power and Policy in the Soviet Union, in: ders./A. Brown/P. Reddaway (Hrsg.): Authority, Power and
Policy in the USSR, New York, 9–31.

– (1982): Political Legitimacy, Weber, and Communist Mono-Organisational

Systems, in: ders./F. Feher (Hrsg.): Political Legitimation in Communist States, New York, 1–26.

Roberts, M. (1986): Die militärische Revolution 1560–1660, in: Hinrichs, 273–309.

Robespierre, M. (1989): Ausgewählte Texte. Mit einer Einl. von C. Schmid, 2. Aufl., Gifkendorf.

Roche, D. (1981): Die 'Sociétés de pensée' und die aufgeklärten Eliten des 18. Jh. in Frankreich, in: Gumbrecht u. a., Bd. I, 77–116.

Rosenberg, H. (1966): Bureaucracy, Aristocracy and Autocracy. The Prussian Experience 1660–1815, Boston.

Roth, G. (1987): Politische Herrschaft und persönliche Freiheit. Heidelberger Max Weber-Vorlesungen 1983, Frankfurt a. M.

– (1990): Marianne Weber und ihr Kreis, in: Marianne Weber: Max Weber. Ein Lebensbild, Neuausg. München.

– (1993): Weber the Would-Be Englishman. Anglophilia and Family History, in: H. Lehmann/G. Roth (Hrsg.): Weber's "Protestant Ethic": Origins, Evidence, Contexts, Cambridge, 83–121.

Rouquié, A. (1975): L'hypothèse bonapartiste et l'emergence des systèmes politiques semi-compétitifs, in: Revue Française de science politique 25, 1077–1111.

Rousseau, J. J. (1755): Discours sur l'économie politique, in: ders.: Œuvres complètes, hrsg. von B. Gagnebin u. M. Raymond, Bd. III, Paris 1964, 241–280.

Rowney, D. K. (1989): Transition to Technocracy. The Structural Origins of the Soviet Administrative State, Ithaca/London.

Rubenstein, R. L. (1983): Anticipations of the Holocaust in the Political Sociology of Max Weber, in: L. H. Legters (Hrsg.): Western Society after the Holocaust, Boulder, 165–183.

Salin, E. (1954): Um Stefan George. Erinnerung und Zeugnis, 2. Aufl., München/Düsseldorf.

Schapiro, L. (1961): Die Geschichte der Kommunistischen Partei der Sowjetunion, Frankfurt a. M.

Scheler, M. (1915): Der Genius des Krieges und der Deutsche Krieg, in: ders.: Gesammelte Werke Bd. 4, Bern 1982.

– (1923): Nation und Weltanschauung, in: ders.: Gesammelte Werke Bd. 6, Bonn 1986.

Scheuch, E. K./Scheuch, U. (1992): Cliquen, Klüngel und Karrieren. Über den Verfall der politischen Parteien – eine Studie, Reinbek.

Schieder, Th. (1961): Das deutsche Kaiserreich von 1871 als Nationalstaat, Köln/Opladen.

Schiller, F. (1797): Deutsche Größe, in: ders.: Sämtliche Werke in 5 Bdn., hrsg. von J. Perfahl, Bd. III, München 1975, 442–448.

– (1893): Briefe. Kritische Gesamtausgabe, hrsg. von F. Jonas, Bd. 3, Stuttgart etc., 327–340.

Schilling, H. (1987): 'History of Crime' oder 'History of Sin'? – Einige Überlegungen zur Gesellschaftsgeschichte der frühneuzeitlichen Kirchenzucht, in: E. Kouri/T. Scott (Hrsg.): Politics and Society in Reformation Europe, London, 289–310.

Schluchter, W. (1988): Religion und Lebensführung, 2 Bde., Frankfurt a. M.

Schmidt, G. (1964): Deutscher Historismus und der Übergang zur parlamentarischen Demokratie. Untersuchungen zu den politischen Gedanken von Meinecke – Troeltsch – Max Weber, Lübeck.

Schmidt, J. (1985): Die Geschichte des Genie-Gedankens 1750–1945, 2 Bde., Darmstadt.

Schmitt, C. (1925): Römischer Katholizismus und politische Form, 2. Aufl., München.

– (1973): Verfassungsrechtliche Aufsätze, 2. Aufl., Berlin.

Schöne, A. (1958): Säkularisation als sprachbildende Kraft. Studien zur Dichtung deutscher Pfarrersöhne, Göttingen.

Schonauer, F. (1986): Stefan George. Reinbek.

Schröder, H.-C. (1982): Die amerikanische Revolution, München.

– (1986): Die Revolutionen Englands, Frankfurt a. M.

Schulze, W. (1987): Gerhard Oestreichs Begriff ‘Sozialdisziplinierung in der Frühen Neuzeit’, in: Zs. f. hist. Forschung 14, 265–302.

Schweitzer, A. (1984): The Age of Charisma, Chicago.

Seeba, H. C. (1987): Zeitgeist und deutscher Geist. Zur Nationalisierung der Epochentendenz um 1800, in: Dt. Viertelj. f. Literaturwiss. u. Geistesgeschichte, Sonderheft, 188–215.

Service, R. (1979): The Bolshevik Party in Revolution. A Study in Organisational Change 1917–1923, London.

– (1985): Lenin. A Political Life, Bd. I, London.

Sieyes, E. J. (1789 a): Qu’est-ce que le Tiers état, dt. in ders.: Politische Schriften, 1788–1790, übers. u. hrsg. von E. Schmitt/R. Reichardt, Darmstadt/Neuwied 1975, 117–196.

– (1789 b): Vue sur les moyens d’exécution dont les représentants de la France pourront disposer en 1789, dt. ebd., 17–90.

Simmel, G. (1958): Philosophie des Geldes, Berlin.

Sombart, W. (1913): Krieg und Kapitalismus, München/Leipzig.

Sternberger, D. (1986): Herrschaft und Vereinbarung, Frankfurt a. M.

Sternheimer, S. (1980): Administration for Development: The Emerging Bureaucratic Elite, 1920–1930, in: W. M. Pintner/D. K. Rowney (Hrsg.): Russian Officialdom, London, 316–354.

Süß, W. (1982): Partei, Bürokratie und Arbeiterklasse auf dem Weg in den ‘Stalinismus’, in: G. Erler/W. Süß (Hrsg.): Stalinismus. Probleme der Sowjetgesellschaft zwischen Kollektivierung und Weltkrieg, Frankfurt a. M./New York, 603–657.

Theiner, P. (1983): Sozialer Liberalismus und deutsche Weltpolitik. Friedrich Naumann im wilhelminischen Deutschland, Baden-Baden.

Tilly, Ch. (1990): Coercion, Capital, and European States, AD 990–1990, Cambridge.

Tocqueville, A. de (1978): Der alte Staat und die Revolution, München.

Tönnies, F. (1925): Soziologische Studien und Kritiken, Bd. I, Jena.

– (1929): Soziologische Studien und Kritiken, Bd. III, Jena.

– (1931): Einführung in die Soziologie. Neudruck Stuttgart 1965.

Treiber, H. (1984): 'Wahlverwandtschaften' zwischen Webers Religions- und Rechtssoziologie, in: S. Breuer/H. Treiber (Hrsg.): Zur Rechtssoziologie Max Webers, Opladen, 6–68.

– (1993): Am Anfang war das Recht, in: Soziologische Revue 16, 113–124.

Trimberger, E. K. (1978): Revolution from above. Military Bureaucrats and Development in Japan, Turkey, Egypt, and Peru, New Brunswick.

Troeltsch, E. (1919): Die Soziallehren der christlichen Kirchen und Gruppen. Gesammelte Schriften Bd. I, Tübingen.

Trotzki, L. (1973): Geschichte der russischen Revolution, Bd. I: Februarrevolution, Frankfurt a. M.

Tucker, R. C. (1968): The Theory of Charismatic Leadership, in: Daedalus 97, 731–756.

Turner, V. (1989a): Das Ritual. Struktur und Antistruktur, Frankfurt a. M./ New York.

– (1989b): Vom Ritual zum Theater. Der Ernst des menschlichen Spiels, Frankfurt a. M./New York.

Ullmann, W. (1975): Medieval Political Thought, Harmondsworth, Middlesex.

Verhandlungen des Zweiten Deutschen Soziologentages vom 20.–22. 10. 1912 in Berlin, Tübingen 1913.

Vierhaus, R. (1987): 'Patriotismus' – Begriff und Realität einer moralisch-politischen Haltung, in: ders.: Deutschland im 18. Jahrhundert. Politische Verfassung, soziales Gefüge, geistige Bewegungen, Göttingen.

Vollrath, E. (1990): Max Weber – Sozialwissenschaft zwischen Staatsrechtslehre und Kulturkritik, in: Polit. Vierteljahresschrift 31, 102–108.

Wagner, P. (1990): Sozialwissenschaften und Staat. Frankreich, Italien, Deutschland 1870–1980, Frankfurt a. M./New York.

Wagner, R. (1864): Über Staat und Religion, in: ders.: Dichtungen und Schriften. Jubiläumsausgabe in 10 Bdn., hrsg. von D. Borchmeyer, Frankfurt a. M. 1983, Bd. VIII, 217–246.

– (1867/68): Deutsche Kunst und Deutsche Politik, in: ebd. 247–352.

– (1880): Religion und Kunst, in: ebd. Bd. X, 117–163.

Waldmann, P. (1977): Bonapartismus in Argentinien? Einige vergleichende Bemerkungen zu den Regimen Napoleons III. und Peróns, in: Hammer/ Hartmann, 130–144.

Weber, Marianne (1950): Max Weber. Ein Lebensbild, Heidelberg.

Wehler, H.-U. (1987): Deutsche Gesellschaftsgeschichte, 2 Bde., München.

Weiß, J. (Hrsg.) (1989): Max Weber heute: Erträge und Probleme der Forschung, Frankfurt a. M.

Wickham, C. (1985): The Uniqueness of the East, in: Journal of Peasant Studies 12, 166–196.

Wieacker, F. (1967): Privatrechtsgeschichte der Neuzeit, Göttingen.

Wieland, C.M. (1788): Das Geheimnis des Kosmopoliten-Ordens, in: Sämmtliche Werke X (Bd.30), 155–203, Repr. Hamburg 1984.

Williams, R.C. (1986): The Other Bolsheviks. Lenin and His Critics, 1904–1914, Bloomington/Indianapolis.

Winckelmann, J. (1986): Max Webers hinterlassenes Hauptwerk, Tübingen.

Winkler, H.A. (1985): Der Nationalismus und seine Funktionen, in: ders. (Hrsg.): Nationalismus, 2. erw. Aufl., Königstein.

Wolters, F. (1909): Herrschaft und Dienst, Berlin.

– (1930): Stefan George und die Blätter für die Kunst. Deutsche Geistesgeschichte seit 1890, Berlin.

Wüstemeyer, M. (1986): Demokratische Diktatur. Zum politischen System des Bonapartismus im Zweiten Empire, Köln/Wien.

Wunder, B. (1986): Geschichte der Bürokratie in Deutschland, Frankfurt a.M.

Zängle, M. (1988): Max Webers Staatstheorie im Kontext seines Werkes, Berlin.

Zeldin, Th. (1958): The Political System of Napoleon III, London.

Zenner, M. (1971): Der Begriff der Nation in den politischen Theorien Benjamin Constants, in: Hist. Zs. 213, 38–68.

Ziegler, H.O. (1931): Die moderne Nation, Tübingen.

Zilsel, E. (1990): Die Geniereligion, hrsg. von J. Dvořak, Frankfurt a.M.

Zingerle, A. (1981): Max Webers historische Soziologie, Darmstadt.

ABKÜRZUNGEN

I. Werke Max Webers

1894   Was heißt christlich-sozial?, in: E. Pankoke (Hrsg.): Gesellschaftslehre. Bibliothek deutscher Klassiker Bd. 70, Frankfurt a. M. 1991, 749–759.

1898   Art. Agrargeschichte, in: Handwörterbuch der Staatswissenschaften, hrsg. von J. Conrad u. a., 2. Aufl., Bd. I, Jena, 57–85.

1904   Kapitalismus und Agrarverfassung, in: Zs. f. d. gesamte Staatswissenschaft 108, 1952, 431–452.

1906   'Kirchen' und 'Sekten' in Nordamerika, in: Max Weber: Soziologie, weltgeschichtliche Analysen, Politik, hrsg. von J. Winckelmann, 4. Aufl. Stuttgart 1968, 382–397.

1916   Die Wirtschaftsethik der Weltreligionen. Religionssoziologische Skizzen. Einleitung. Der Konfuzianismus I, II, in: Archiv für Sozialwissenschaft und Sozialpolitik 41, Tübingen, 1–87.

1917   Ein Vortrag Max Webers über die Probleme der Staatssoziologie (Wien), in: Neue Freie Presse Nr. 19 102, 26. 10. 1917, S. 10.

1936   Jugendbriefe, hrsg. von Marianne Weber, Tübingen.

1958   Wirtschaftsgeschichte, hrsg. von S. Hellmann/M. Palyi, 3. durchges. Aufl., Berlin.

1960   Rechtssoziologie, hrsg. u. eingel. von J. Winckelmann, Neuwied.

1966   Staatssoziologie, hrsg. u. eingel. von J. Winckelmann, 2. Aufl., Berlin.

GARS I   Gesammelte Aufsätze zur Religionssoziologie, Bd. 1, 6. Aufl., Tübingen 1972.

GARS II   Gesammelte Aufsätze zur Religionssoziologie, Bd. 2, 5. Aufl., Tübingen 1972.

GARS III   Gesammelte Aufsätze zur Religionssoziologie, Bd. 3, 5. Aufl., Tübingen 1971.

GASS   Gesammelte Aufsätze zur Soziologie und Sozialpolitik, 2. Aufl., Tübingen 1988.

GASW   Gesammelte Aufsätze zur Sozial- und Wirtschaftsgeschichte, 2. Aufl., Tübingen 1988.

GAWL   Gesammelte Aufsätze zur Wissenschaftslehre, 4. Aufl., Tübingen 1973.

GPS   Gesammelte politische Schriften, 3. Aufl., Tübingen 1971.

MWG   Max Weber Gesamtausgabe, hrsg. von H. Baier u.a., Abt. I:
        Schriften und Reden; Abt. II: Briefe.
        I/10 Zur Russischen Revolution von 1905, hrsg. von W. J. Momm-
        sen/D. Dahlmann, Tübingen 1989.
        I/15 Zur Politik im Weltkrieg, hrsg. von W. J. Mommsen/G. Hü-
        binger, Tübingen 1984.
        I/16 Zur Neuordnung Deutschlands, hrsg. von W. J. Mommsen/
        W. Schwentker, Tübingen 1988.
        I/17 Wissenschaft als Beruf. Politik als Beruf, hrsg. von W. J.
        Mommsen/W. Schluchter/B. Morgenbrod, Tübingen 1992.
        II/5 Briefe 1906–1908, hrsg. von M. R. Lepsius/W. J. Mommsen/
        B. Rudhard/M. Schön, Tübingen 1990.
WG   Wirtschaft und Gesellschaft, 5. Aufl., Studienausgabe, Tübingen
        1976.

II. Sonstige Literatur

GG   Ferdinand Tönnies: Gemeinschaft und Gesellschaft, 1. Aufl. 1887,
        Darmstadt 1972.
GW   Stefan George: Werke. Ausgabe in vier Bdn., München 1983.
LW   W. I. Lenin: Werke in vierzig Bdn. Dt. Ausgabe, hrsg. vom Institut
        für Marxismus-Leninismus beim ZK der SED, Berlin/DDR
        1972 ff.